ISABELLE LIEGL   Schule – Darf's auch etwas mehr sein?

W0060002

»… to the children of our country, regardless of your gender,
our country has sent you a clear message:
Dream with ambition,
lead with conviction,

and see yourselves in a way that others may not,
simply because they have never seen it before.
But know that we will applaud you every step of the way.«

KAMALA HARRIS

Isabelle Liegl

Schule –
Darf's auch
etwas mehr
sein?

Neue Lösungen
für alle Schulformen

Im Text wird der besseren Lesbarkeit wegen die männliche Form für Lehrer und Schüler verwendet, es sind aber immer alle Geschlechter gemeint, m/w/d (d steht für »divers« und schließt alle Gender-Kombinationen ein).

© 2021 LMV, ein Imprint der Langen Müller Verlag GmbH, München
Alle Rechte vorbehalten
Umschlaggestaltung: Sabine Schröder
Umschlagmotiv: istockphoto by gettyimages
Satz: VerlagsService Dietmar Schmitz GmbH, Heimstetten
Druck und Binden: Friedrich Pustet GmbH & Co.KG, Regensburg
Printed in Germany
ISBN 978-3-7844-3583-1

www.langenmueller.de

Inhalt

Teil III:
Wie geht Schule als Lebensraum?

Nachwort:
Erziehung zu Freiheit und Demokratie

Vorwort

Never waste a crisis – diese Handlungsmaxime des früheren US-Präsidenten Barack Obama sollte sich auch unser Schulsystem zu eigen machen! Die globale Zäsur der Corona-Pandemie hat im weltweiten Vergleich die Schwächen verschiedener Gesellschafts- und Bildungssysteme bloßgelegt, aber auch neue Entwicklungspotenziale für den Nachwuchs und enorme Chancen für die nachhaltige Stärkung des Wissens- und Wirtschaftsstandorts Deutschland offengelegt.

Diese nach der Krise zu nutzen, verlangt alles von uns ab. So sind wir gefordert, mit größter Kraftanstrengung die jahrelang ignorierten und coronabedingt offenbarten Defizite unserer Schulen, wie beispielsweise in der »Digitalisierung«, endlich zu überwinden. Denn auch in der neuen Post-Corona-Normalität werden Schulen, die digitale Lehrformate ergänzend zum Präsenzunterricht nicht sinnvoll nutzen, zu den ewig Gestrigen gehören, auf die morgen niemand mehr blicken wird. Deshalb braucht es jetzt mutige Entscheidungen der Politik, ohne sich hinter dem Bremsklotz des Föderalismus zu verschanzen.

Die Zukunft verlangt aber noch mehr von unseren Kindern. Anstatt täglichem Formelpauken und uniformem Lehren muss ein zukunftsorientiertes, verantwortungsvolles Schulsystem die jugendliche Neugier, die individuellen Talente und das kreative Potenzial der jungen Menschen aktivieren, ihre Selbstdisziplin und Teamkompetenz erproben und soziales Engagement und interkulturellen Austausch fördern. Denn nur so werden wir die Leidenschaft der Schülerinnen und Schüler entfachen, die erfahrungsgemäß späteren Erfolg grundlegt, sei es in der Ausbildung, im Studium oder im Beruf. Und nur diese Leidenschaft wird den Schülern die Angst vor dem Scheitern nehmen und sie umkehren in die Freude auf das Unbekannte.

Als Präsident der Technischen Universität München erfüllt es mich mit Stolz und Zuversicht, wie fachkompetent, scharfsinnig und zukunftsorientiert Isabelle Liegl in ihrem Buch unsere Schulen auf die Probe stellt. Mit viel Weitblick zeigt sie neue Perspektiven für unser Schulsystem und deren junge Menschen, für deren sichere, gesunde und nachhaltige Entwicklung wir heute die Verantwortung tragen – alle gemeinsam.

Prof. Dr. Thomas F. Hofmann,
Präsident der TU München, im April 2021

Vorbemerkung
Warum ich dieses Buch schreibe

Vor drei Jahren erschien mein erstes Buch mit dem Titel »Wo bitte geht's nach Stanford?«.[1] Zu dieser Zeit schien unsere Welt noch in Ordnung. Die »Work-Life-Balance« unserer Kinder war das alles beherrschende Thema. Gap Years, Praktika, Auslandsaufenthalte, eine Überzahl an Ausbildungsangeboten waren für uns selbstverständlich. Die Jobaussichten waren rosig. Entsprechend polarisierte der Inhalt des Buches noch, denn unser Erziehungs- und Bildungssystem war scheinbar unverwundbar, und der globale Wettbewerb wurde zumindest für unsere Kinder ausgeblendet. Die sollten so lange wie möglich spielen – und anschließend so wenig Leistungsdruck wie möglich erfahren. Damals wurde kritisch beäugt, wenn der erzieherische und schulische Weg in eine der besten Universitäten der Welt beschrieben, deren Werte und Leistungen hervorgehoben und zudem darauf verwiesen wurde, dass die Aufnahme ein Höchstmaß an Anstrengung erfordert und das Studium auch Geld kostet.

Mittlerweile hat sich das Blatt gewendet. Quer durch die deutsche Medienlandschaft werden inhaltliche, strukturelle, methodische wie technische Mängel unseres Bildungssystems aufgezeigt, die durch die Corona-Pandemie offenbar wurden: Distanzunterricht? Absolut machbar, dachten wir alle. Bis uns die Realität eines Besseren belehrte.

Ich werde in diesem Buch nach Antworten auf viele Fragen suchen und dabei auch auf konkrete Leerstellen, Defizite und Probleme Bezug nehmen – aber nur, weil sie wegbereitend sind. Mein Hauptanliegen sind pragmatische Verbesserungsvorschläge und Lösungen, die innovativ und zukunftsorientiert sind und sich zudem im Ausland oder auch bei uns in Deutschland, dank engagierter Lehrer und Schulleiter, bereits bewährt haben. Sie sollen dazu beitragen, Weitsicht und Kreativität in unsere Schulen zu tragen und die Schule zu einem Lebensraum für alle Schüler zu formen.

Alle Beiträge in diesem Buch entstanden durch viele Gespräche über lange Zeit, wurden von Buchautoren und vor allem Journalisten in klassischen und digitalen Medien thematisiert. Sie werden uns positive und erfolgreiche Einblicke und Aussichten eröffnen, und vor allem vor Augen führen, dass alle unsere Versäumnisse, Defizite und Probleme schon längst gelöst sein könnten, wenn wir Wandel als solchen akzeptierten und infolgedessen Veränderungen zuließen.

Dr. Isabelle Liegl
München, im April 2021

Einführung:
Wie ist Schule in Deutschland?

Nach dem Zweiten Weltkrieg reformierten die Besatzungs-
mächte das deutsche Schulsystem und drängten zunächst darauf,
die frühe Trennung der Schüler nach der vierten Grundschulklasse und deren anschließende Verteilung auf unterschiedliche
Schulformen zu beenden. Während die sowjetische Seite den
Umbau zu einer Einheitsschule mit Abschlussstufen sozialisti-
scher Prägung forcierte, sahen die Amerikaner in der zu frühen
Selektion und Klassifizierung der Schüler ein Hindernis für die
Demokratisierung der Bildung, denn Demokratie bedeutet, dass
allen die gleichen Bildungschancen geboten werden.[2]

Auch wenn dieser Reformansatz letztlich nicht zum Tragen
kam[3], so leistet die Schule auch im dreigliedrigen System die tägliche Egalisierung, weil alle Kinder beschult werden, der Unterricht für alle einheitlich ist und individuelles Lernen in einem
sozialen Kontext und einem festgelegten Zeitrahmen ermöglicht
wird.[4] Doch genau diese Einheitlichkeit von Lehrer, Lernziel,
Lerntempo, Lerndidaktik und -methodik ist das eigentliche Problem! Auch wenn mittlerweile die Schulstrukturen zumindest
durchlässiger geworden sind, wie der achte nationale Bildungsbericht feststellt. Auch wenn das dreigliedrige Schulsystem,
Haupt-, Realschule und Gymnasium, in einigen Bundesländern
einem zweigliedrigen System gewichen ist, mit einer Gemeinschaftsschule, die alle Abschlüsse anbietet, und dem Gymnasium.[5] Auch wenn dadurch späte Entscheidungen, späte Ent-
wicklungen und Umwege innerhalb des Schulwegs möglich
werden, wie auch das »Abschulen« in Sekundarschulen, was

lange Zeit nicht möglich war.[6] Auch wenn dadurch suggeriert wird, dass die Schulwahl nach der Grundschule nicht mehr bestimmend für den gesamten Bildungsweg eines Kindes ist.

Es bleibt das Problem, dass Lehrer eine individuelle Förderung ihrer Schüler unter den gegebenen Bedingungen und Umständen nicht leisten können. Zum anderen, und das ist sehr viel alarmierender, verlassen immer mehr Jugendliche die Schule ohne Abschluss und sind später auch ohne Berufsausbildung. Dieser Anteil an jungen Menschen hat sich seit 2013 um 20 Prozent erhöht, und gerade sie laufen im Zuge der Digitalisierung Gefahr, dass ihre Arbeitskraft von Robotern ersetzt wird, weil beispielsweise Lager in Zukunft digital bewirtschaftet werden.

Zudem hat die Corona-Krise für den Berliner Bildungshistoriker Heinz-Elmar Tenorth selbst die grundlegenden Errungenschaften unserer Bildungspolitik zunichte gemacht, denn Schule findet nur sehr bedingt statt, Leistungsnachweise und Noten sind größtenteils ausgesetzt, der soziale Kontext aufgehoben, und die sozialen Unterschiede sind wieder deutlich verschärft, weil der Geldbeutel der Eltern Nachhilfestunden ermöglicht, den Erwerb eines Laptops oder gleich den Wechsel auf eine gut funktionierende Privatschule – oder eben auch nicht.

Abgesehen von diesen zusätzlichen Erschwernissen, ausgelöst durch eine Pandemie, wie wir sie alle noch nie erlebt haben, ist für die meisten deutschen Kinder die Schule grundsätzlich ein eher beschwerlicher Weg, oder soll ich sagen ein Weg mit vielen negativen Erfahrungen. Oft ist es ein freudloser Weg bis zum Schulabschluss, inklusive Versagensängsten, familiären Konflikten und eben verzweifelten Nachhilfeaktionen. Und so, wie es momentan anmutet, werden die offensichtlichen Defizite unseres Schulwesens auch nach der Corona-Krise weiterhin beschleunigt und ungelöst die Zukunft unserer Kinder gefährden.

Die Schere klafft immer weiter auseinander

Deutschland hat zwar hohe Bildungsausgaben – die jährlichen Ausgaben je Schüler an einer öffentlichen Schule sind im Zeitraum von sieben Jahren bis 2017 um 22 Prozent auf 7300 Euro gestiegen[7], es sollen 2018 insgesamt 70 Milliarden gewesen sein –, doch gemessen am Bruttoinlandsprodukt liegt Deutschland mit 4,2 Prozent des BIP nach den Daten der OECD unter dem Durchschnitt von 4,8 Prozent.

Wenn ich vor diesem Hintergrund meine Eindrücke zum Thema »Schule in Deutschland« zusammenfasse und vereinfacht darstelle – für manche sicherlich übertrieben, dafür aber recht anschaulich –, dann würde ich sagen: Kultusministerien der Länder generieren föderalistische Lehrpläne, die keine zentralen Schulabschlüsse vorsehen. Damit verhindern sie die Vergleichbarkeit der Leistungen, den Wettbewerb unter gleichen Bedingungen und die Chancengleichheit für alle Schüler Deutschlands, unabhängig von ihrer regionalen Zugehörigkeit. Diese unterschiedlichen Lehrpläne sind, weil politisch beeinflusst, unterschiedlich schwer, was Inhalt und Überprüfung des Lernerfolgs betrifft.

Zudem wird seit einiger Zeit verstärkt die Inklusion an Schulen vorangetrieben, und nach wie vor dringlich ist die Integrationsproblematik. Wir haben aber nicht genug Lehrer, die sich allen Herausforderungen stellen können. Abgesehen von den fehlenden Kindergarten- und Kitaplätzen und den fehlenden Ganztagsplätzen für Grundschulkinder ist der Mangel an besser qualifiziertem Personal an den Grund-, Mittel- und Förderschulen ein altes Erbe. Für angehende Gymnasiallehrer gibt es hingegen Wartelisten, aber noch keine Jobaussichten.[8] Auch werden Gymnasiallehrer besser bezahlt als Grund-, Haupt-, Real- und Förderschullehrer, was mit der Länge der Ausbildung begründet wird! Das entspricht nicht einer bedarfsorientierten Mittelzuweisung, bei der die meisten Ressourcen im Bereich der

Frühförderung und Grundschule zur Verfügung zu stellen wären, wo mit ihnen der stärkste Lernerfolg erzielt werden kann.

Zudem geht seit Jahrzehnten viel Energie für Strukturveränderungen verloren, wie beim jahrelangen Streit um die Einführung der Gemeinschaftsschule, oder beim Umbau des Gymnasiums von G9 zu G8 und wieder zurück zu G9. Wir haben jetzt Gymnasien, die in manchen Bundesländern immer einfacher werden, und grundsätzlich wieder länger dauern, damit auch alle mitkommen können. Neben diesem »Gymnasium für alle« schrumpfen aber die anderen Schulzweige wie Realschule oder Hauptschule und/oder darben vor sich hin – als schlechtere aller Wahlmöglichkeiten, sowohl, was die Zukunftschancen, als auch, was Prestige und Ansehen betrifft.

Relativ neu hingegen ist der Streit um den schleppenden Ausbau von Ganztagsschulen, die nunmehr nach langem Hin und Her als wertvoll erachtet werden, jedoch vor allem, was die Integration benachteiligter Schüler betrifft.[9] Diese einseitige Auslegung fördert kontinuierlich den Zugang der anderen Schüler zu Privatschulen, die sich ihre Schüler aussuchen können. Die Klassen in öffentlichen Schulen sind übervoll und im Unterricht ist keine Zeit für den Einzelnen. Es gibt wenig Förderung und gezielte Unterstützung für den Schwachen und noch viel weniger für den Starken. Die Schüler werden zu oft allein gelassen, nachmittags sowieso, und die Eltern sollen weiter zu Hause als Hilfslehrer fungieren. Wenn sie das nicht können, hat man Pech gehabt.

Wenn Sie Start-up-Gründer zu Deutschland befragen, dann hören Sie: »zu bürokratisch, zu rückständig, zu zögerlich, zu ängstlich«. Damit ist auch unser Schulsystem gemeint, das entweder gar nicht oder sehr unflexibel und unangepasst auf seit Langem sichtbare und einschneidende Veränderungen und den Wandel der Welt reagiert und in hohem Maße die Anforderungen der Zukunft ignoriert. Die Bürokratie verhindert die flexible, dringliche und sofortige Umsetzung des 2019 geschlossenen

Digitalpakts, da Schulen erst ein Digitalkonzept vorlegen müssen, jedes Land eine Verwaltungsvereinbarung unterzeichnen und eine eigene Förderrichtlinie erlassen muss – und das dauert. Anschließend sind unterschiedliche Landesstellen für die Beauftragung des Providers, die Bestellung der Hardware, die Wartung von Geräten und die Weiterbildung der Lehrer zuständig – und das dauert noch länger.[10]

Nur 43 Prozent der deutschen Schulen nutzen überhaupt Online-Plattformen, 33 Prozent der Schulrektoren halten ihre Technik für ausreichend, und nicht einmal die Hälfte der Lehrer organisiert in der Krise echtes E-Lernen. Statt mit digitalen Medien zu arbeiten, drucken sie Arbeitsblätter aus, die sie verschicken[11] oder die sie den Müttern vor der Schule übergeben.

Die Durchführung des Unterrichts erfolgt mehrheitlich durch die Eltern, selbst die Kosten für den Unterricht werden auf die Eltern abgewälzt, und die verantwortlichen Stellen nehmen – anders als im Verlauf der Friday-for-Future-Streiks – den massiven Unterrichtsausfall billigend in Kauf.[12] Die Lehrergewerkschaften stellen sicher, dass Lehrer in ihren Pfingst- und Sommerurlaub fahren können, anstatt den ausgefallenen Unterricht nachzuholen oder sich mit den digitalen Anforderungen auseinanderzusetzen, und somit in einer Krisensituation ihrer gesellschaftlichen Aufgabe nachzukommen – wohlgemerkt, nicht bei Kurzarbeitergeld, sondern bei vollem Gehaltsausgleich.[13]

Überhaupt überwiegt die Standespolitik der Lehrerverbände, die die Bildungsforschung und somit auch die Erhebung von Lernstandsdaten eher abwehren, als sie für die Unterrichtsentwicklung nach Corona nutzen zu wollen. Dass lange Pausen Gift für das Lernen sind, ist hinlänglich bekannt. Es gibt viele Untersuchungen, die aufzeigen, dass es bei mehrmonatigen Unterbrechungen nicht nur zum Stillstand beim Wissensstand kommt, sondern zum Rückschritt.

Laut der Unterrichtsforscherin Felicitas Thiel gibt es zwei neue Studien, die zum einen aufzeigen, dass gerade junge Kinder im Homeschooling praktisch nichts dazulernen.[14] Daher empfehlen die Bildungsexperten der Friedrich-Ebert-Stiftung die Durchführung von Leistungstests, aber nur, um Lernrückstände zu diagnostizieren und den Förderbedarf zu ermitteln.[15] Zum anderen lernen Sekundarschüler im Gegensatz zu Grundschülern im Distanzunterricht genauso gut wie im Präsenzunterricht. Die Einbußen bei Kindern aus bildungsfernen Familien liegen um 55 Prozent höher als bei bildungsnahen Familien.[16] Das führt, laut Gabriel Felbermayr, dem Chef des Kieler Instituts für Weltwirtschaft, zu einem Einkommensverlust in ihrem gesamten Erwerbsleben von bis zu 50 000 Euro pro Schüler.[17]

Grundsätzlich betrachten wir die Schule als Institution der Wissensvermittlung, weisen aber jegliche Verantwortung hinsichtlich Erziehung im herkömmlichen Sinne oder hinsichtlich der Vermittlung von Werten, die eine Gesellschaft stabil und prosperierend erhalten, in der Praxis weit von uns – auch wenn die Leitlinien unserer Lehrpläne von der Persönlichkeitsentwicklung unserer Kinder fabulieren. Das ist doch Sache der Eltern, der Familie, die aber mittlerweile nur noch bedingt funktioniert oder aufgrund von Migration und vielen anderen Einflüssen oftmals kulturell verändert beziehungsweise aufgeweicht ist.

Dazu gehört auch und vor allem, dass unsere Kinder mittlerweile gleichzeitig in einer realen und einer virtuellen Welt leben. In diesem Zusammenhang erlebe ich Eltern und Lehrer, die sich dieser neuen Lern- und Arbeitswelt weitgehend verschließen, sei es aus Angst vor Technik, aus Unsicherheit infolge großer Uninformiertheit, aufgrund von Ignoranz und Rückwärtsgewandtheit. Für diese Eltern und Lehrer hält nur die klassische Allgemeinbildung ihre Legitimation hoch, und sie schieben die Tatsache, dass die Welt globaler, schneller und komplexer geworden ist, weit von sich, und sehen vor allem inhaltlich keinerlei Zusammenhang zur späteren beruflichen Ausbildung ihrer Kinder. Zeitlich denken sie lediglich bis zum Schulabschluss und verschieben alle Zukunftspläne ihrer Kinder auf die Zeit danach. Weder haben die Schulen das notwendige digitale Equipment, oftmals noch nicht einmal einen WLAN-Anschluss, noch sind Lehrer zukunftsorientiert, geschweige denn fachübergreifend ausgebildet. Weder haben wir eine ganzheitliche Ausrichtung der Lehrpläne und Lernkonzepte, noch können wir ertragen, dass noch mehr Inhalte, alte wie neue, in einen Gesamtlehrplan für unsere Schüler gestopft werden. Diese noch stärkere Überfrachtung der Lehrpläne, die ja bereits Realität ist und von vielen Eltern und ihren Kindern beklagt wird, führt meines Erachtens nicht zu sinnvoller und nachhaltiger Schularbeit, um das Denken zu lernen, sondern nur zu routiniertem Auswendiglernen und Vergessen, nachdem der Stoff abgefragt wurde.

In unserer Schullandschaft haben wir die staatlichen Schulen, wir haben aber auch die Montessori- oder Steiner-Schulen als wesentliche Bestandteile unserer eher kleinen Privatschul-Kultur. Ihre Lehrpläne sind von Lehren geprägt, die dem Wohl und der Entwicklung des Kindes sehr viel mehr Zeit und Raum geben, gegebenenfalls auf Noten verzichten oder die Natur zum Lehrmeister machen. Aber auch hier handelt es sich nicht um neue Visionen mit Blick auf die Zukunft, sondern um schulische Konzepte des 19. und 20. Jahrhunderts, die zudem und leider immer noch in den Augen vieler nicht »normal« sind, sondern dazu da, Kinder aufzufangen, die »Probleme« haben. Private Schulen werden nach wie vor mit Argusaugen beäugt, obwohl ihre Daseinsberechtigung, und die Vielfalt, die sie darstellen, in unserem Grundgesetz verankert sind. Das hat geschichtliche Gründe, die in unserer jüngsten Vergangenheit liegen. Denn in der Nazizeit wurden unter anderem liberale, jüdische, anthroposophische Privatschulen zurückgedrängt, geschlossen, verboten, weil die rassistische und antijüdische Ideologie in der völkischen Schule Einzug hielt[18], und in der DDR waren Privatschulen verboten. Interessanterweise liegt der echte Zuwachs privater Schulen in den neuen Bundesländern.

In Deutschland habe ich in Gesprächen mit Eltern oft den Eindruck, dass sie für ihren Nachwuchs alles wollen. Die Kinder sollen eine umfassende und klassische Allgemeinbildung erhalten. Wenn möglich aber ohne größere Anstrengung, ohne Einschränkung, und vor allem ohne Kosten. Dabei achten sie auf die Work-Life-Balance ihrer Sprösslinge und kritisieren den Stress in der heutigen Leistungsgesellschaft. Gleichzeitig erwarten sie aber, dass die Jugendlichen in kürzester Zeit zu English Native Speakern avancieren oder ihre digitale Kompetenz perfektionieren. Gern auch erst nach dem Schulabschluss – der Stress! – oder vielleicht im Rahmen eines Gap Years.

Danach wünschen sich immer mehr Eltern ein Studium an einer renommierten Universität im Ausland, in den meisten Fällen ohne jede Vorkenntnis der tatsächlichen Qualität der Universitäten oder der jeweiligen Bewerbungsanforderungen. Ein Masterstudium soll das Bild abrunden und entlässt die jungen Menschen im Vergleich zu konkurrierenden Ländern erst relativ spät in die Realität und Arbeitswelt. Alles, was mit der beruflichen Zukunft zu tun hat, wird auf die Zeit nach dem Schulabschluss verschoben. Nur die Qualität der Allgemeinbildung steht im Fokus und die Wissenswiedergabe wird als Quintessenz des Lernens begriffen. Die Kinder wachsen auf, ohne über sich nachdenken zu müssen, ohne sich mit ihrer Zukunft wirklich auseinandersetzen zu müssen, ohne Anleitung zu Kreativität und Innovation, ohne die Vermittlung eines Wertesystems, um diese künftige Realität möglichst positiv gestalten zu können.

Unsere Schulperspektive ist eher eine lokale und regionale, mit wenig Bezug zur Welt im Ganzen, zur globalen Wirtschaft und der internationalen Gesellschaft, zu den neuen Technologien, die unser aller Leben verändern. Weder wissen unsere Kinder, wie eine Krankenversicherung funktioniert, noch lernen sie in der Schule die wichtigsten wirtschaftlichen Zusammenhänge. Dieses, nach Meinung von Start-up-Gründern, besonders negative Merkmal des deutschen Bildungssystems, wenn nach der Einschätzung des Standorts Deutschland befragt, führt laut Fritzi Köhler-Gelb, Chefvolkswirtin der KfW, auch dazu, dass sich Frauen weniger Unternehmergeist zutrauen als Männer.[19]

Unsere Kinder genießen die Vorzüge einer kostenlosen Bildung in einem der wohlhabendsten Länder der Welt und ahnen nicht, in welch ärmlichen Verhältnissen Kinder in vielen asiatischen Ländern oder in Südamerika aufwachsen müssen. Ich kenne viele Kinder, die sich nie wohltätig engagiert oder vielleicht einmal gejobbt haben. Ich erlebe oft, dass Altruismus bei uns erst gar nicht verstanden wird. Was bekomme ich für mein Geld, ist die erste Frage!

Andere Nationalitäten oder Kulturen werden im besten Fall als »komisch« beschrieben, da Kulturkompetenz an unseren Schulen kein Thema ist. Warum gibt es nicht einmal die Woche ein Kennenlernen fremder Kulturen? Wir glauben immer noch, dass das westliche Europa der Nabel der Welt sei und unser Schulsystem den anderen überlegen. Wenn möglich grenzen viele Eltern ihre Kinder sozial gegen die anderen ab, die um dieselben Ausbildungsplätze und Jobangebote konkurrieren. Besonders beliebt sind dabei die Fächer Latein und Griechisch, und damit glauben sie, sind ihre Kinder gewappnet für die Zukunft.

Das alles hat zur Folge, dass viele Jugendliche internationale Chancen verpassen oder im internationalen Wettbewerb nicht bestehen können. Sie treffen falsche Entscheidungen, versäumen Zeit, nutzen sie nicht sinnvoll oder verlieren gar den Halt, weil die schulische Struktur plötzlich wegbricht. Sie haben nicht gelernt, mit künftigen Unwägbarkeiten und Herausforderungen umzugehen. Doch woher kommt unsere ambivalente, gefährlich gelassene Einstellung, wenn es um die Ausbildung und Zukunftsfähigkeit unserer Kinder geht? Warum realisieren wir nicht, dass wir aktuell oft nicht das Richtige und/oder Vieles viel zu spät tun?

Offensichtlich wird ausgeblendet, dass alle unsere Kinder eine Zukunft vor sich haben, in der künstliche Intelligenz, Globalisierung und Migration unsere Arbeitswelt quasi täglich, zum Teil disruptiv, verändern. Mittlerweile ist noch die Corona-Pandemie dazugekommen und mit den Schulschließungen der Zusammenbruch der herkömmlichen Beschulung unserer Kinder. Stattdessen werden sie nach Hause geschickt und mit veralteten Methoden über Wasser gehalten. Mehr aber auch nicht – abhängig vom jeweiligen Entwicklungstempo der Schule und vom individuellen Einsatzwillen der Lehrer. Jede der 43 550 Schulen in Deutschland hat ein eigenes Schritttempo und geht von unterschiedlichen Startlinien aus.[20] Diese Einstellung des »Wieso, uns geht es doch auch ohne Digitalisierung gut« hat eine Zukunftsforscherin noch im November 2018 auf dem Panel des Forums für den Frauen-Karriere-Index in München, zu dem ich eingeladen war, sehr gut auf den Punkt gebracht: »… und dann lernen sie sieben Jahre Latein für eine Zukunft, die es nicht mehr geben wird«.

Mittlerweile – ich muss das fast dankbar sagen – hat die Corona-Krise die Erkenntnis erzwungen, dass unsere Kinder für die Visionslosigkeit der Kultusminister, für die Rückständigkeit und Orientierungslosigkeit vieler Schulen und in letzter Instanz vieler Lehrer büßen werden. Sie hat die Einstellung vieler Eltern verändert, die sich zunehmend fragen, was die Zukunft ihren Kindern bringen wird, und die Ignoranz früherer Jahre ist einer großen Verunsicherung gewichen.

Betrachten wir also die Realität, kommt Gunnar Heinsohn, Professor der Soziologie und Kompetenzforscher, im November

20

2018 zu einer beeindruckenden wie beängstigenden Erkenntnis: Die Schere zwischen kompetenten und inkompetenten Menschen klafft weltweit immer weiter auseinander.[21] Zum Beispiel in Ostasien, hier werden die Länder zunehmend wettbewerbsfähiger, die besten Schüler der Welt leben dort. Von 1000 zehnjährigen Schülern sind bis über 500 in der höchsten mathematischen Leistungsklasse, in Deutschland hingegen sind es 50. In der Schweiz wenigstens noch 220. Die USA sind bei Spitzenbegabungen fast dreimal stärker als Westeuropa. Die Folge ist: Im Jahre 2017 hat Deutschland im Vergleich zu Japan 40 Prozent weniger PCT-Patente angemeldet. Die Chinesen bestreiten 43 Prozent aller Veröffentlichungen zur künstlichen Intelligenz, während Deutschland bei der digitalen Zukunftsfähigkeit bis 2018 vom achten auf den zwanzigsten Platz abgerutscht ist. Selbst im östlichen Europa schneiden Schüler im Vergleich deutlich besser ab als die westeuropäischen.

Und ein gutes Jahr später finden wir im *Handelsblatt* vom 22. Januar 2020 empirische Daten dazu, dass Deutschland Mittelmaß ist, wenn es um Lesekompetenz, Mathematik und Naturwissenschaften geht. Das kleine Estland, Finnland, Kanada und Schweden haben sehr viel bessere PISA-Ergebnisse als wir. Und nicht nur das: Die Tendenz der angezeigten Leistungen in Deutschland ist weiter sinkend und, noch viel wichtiger, für Kristina Reiss, Mathematikerin an der TU München, die den deutschen Teil der PISA-Studie leitet, ist »die Schere zwischen starken und schwachen Schülern (...) in Deutschland so groß wie in kaum einem anderen Land – und sie öffnet sich weiter«.[22] Hingegen erzielen »andere Staaten, etwa Finnland und Estland (…), insgesamt bessere Leistungen und halten zudem die Kluft zwischen guten und schlechten Schülern kleiner.« Dort gelingt »eine Förderung der leistungsschwachen Schülerinnen und Schüler, ohne die Förderung der Leistungsspitze zu vernachlässigen.«

Wie machen das estnische oder finnische Schulen, und warum machen wir das nicht nach?

Die neuesten internationalen TIMSS(Trends in International Mathematics and Science Study)-Untersuchungen Ende 2020 zeigen: Unsere Viertklässler sind in Mathematik und Naturwissenschaften schlechter als der OECD- und EU-Schnitt, und über 25 Prozent verfügen nur über rudimentäre Kenntnisse, was insbesondere Kinder mit Migrationshintergrund betrifft. Andere europäische Länder, wie Tschechien, Österreich und die Niederlande, sind besser als wir. Am stärksten sind Singapur, Hongkong, Taiwan, Südkorea, Japan, Finnland und die russische Föderation. In Singapur gehören 54 Prozent zu den stärksten Schülern in Mathematik, in Deutschland sind es sechs Prozent, die Begeisterung für das Fach ist weiter fallend.

Wann fängt die deutsche Bildungspolitik damit an, den Lehrern, den Kindern und ihren Eltern begreiflich zu machen, dass der langfristige Wohlstand und die Wettbewerbsfähigkeit von Deutschland auch davon abhängen, wie gut seine Schüler und Schülerinnen in den sogenannten MINT(Mathematik, Informatik, Naturwissenschaften, Technologie)-Fächern sind? Auf gut Deutsch: Wir brauchen intelligente »Streber«!

Vielleicht haben Sie das Glück, dass Ihre Kinder an einer Ausnahmeschule lernen dürfen. Ich habe jedenfalls angesichts unserer Möglichkeit, mit der Internationalen Schule vergleichen zu können, lange über meine eigenen Erfahrungen mit der deutschen Schule nachgedacht. Ich kann mich einfach an wenig Positives erinnern, und anscheinend hat sich daran nicht viel geändert. Ich höre von deutschen Eltern immer wieder, wie negativ die Lehrer bei uns sind, wie oft sie Kinder runtermachen und bei Problemen allein- oder sogar fallen lassen. Selbst wenn ich 50 Prozent der elterlichen Vorwürfe streiche, sehe ich immer noch nicht die Umsetzung eines überzeugenden Werte- und Erziehungskonzepts im Vergleich mit der Internationalen

Schule, geschweige denn die Bereitschaft, den Unterricht unserer Kinder mit Blick auf das 21. Jahrhundert zu ergänzen, zu modernisieren.

Was wir von Stanford lernen können

Die jährliche Einführung des neuen Studentenjahrgangs wird an den Universitäten der USA groß gefeiert. Nicht nur ernst und pathetisch, sondern auch voller Selbstbewusstsein, Fröhlichkeit und Humor – und mit einer gehörigen Portion Schlitzohrigkeit. Ich durfte selbst diesen Tag im Rahmen des Studienbeginns unseres älteren Sohns erleben. Nach den beeindruckenden Eingangszeremonien und Festakten hielt auch der Präsident der Stanford-Universität seine Rede an alle neuen Studenten und Studentinnen des Jahrgangs. Und die ging ungefähr so:

»Liebe Studenten und Studentinnen, heute früh fragte mich einer von Ihnen, ob ich auch wirklich sicher sei, dass er in Stanford willkommen sei. Und ob man ihn auch wirklich haben wolle. Ich antwortete ihm Folgendes: Wir haben jeden von euch ausgesucht, und wir wollen jeden von euch haben. Ihr seid die Besten der Besten, und mit euch wollen wir die Welt verändern. Ihr seid es, die etwas bewegen werden, die einen Unterschied machen werden, die uns alle weiterbringen werden.

Und weil das so ist, werden wir alles für euch tun. Wir werden euch fördern und fordern. Wir werden euch alles geben, was wir zu geben haben. Wir werden euch begleiten und unterstützen, so gut wir können, bis ihr erfolgreich seid. Bis ihr eure Aufgabe gefunden und eure Ziele erreicht habt.

Aber dann, wenn ihr es geschafft habt, wenn ihr Erfolg habt, wenn ihr erreicht habt, was ihr euch vorgenommen habt, dann gebt ihr uns zurück. Dann helft ihr uns, eine neue Generation auf den Weg zu bringen. Dann helft ihr die Zukunft unseres Landes zu gestalten und weiterzuentwickeln. Dann leistet ihr euren Beitrag für die Gemeinschaft und eure Universität.«

Ich versichere Ihnen, jeder von uns hatte Gänsehaut, und die Studenten und Studentinnen um mich herum waren um mindestens fünf Zentimeter gewachsen. Sie waren voller Enthusiasmus und Stolz, und sie waren sichtlich bereit ihr Bestes zu geben, um ihren Beitrag in der Universität, in der Zukunft und für die Welt zu leisten.

Die Rede des Präsidenten hatte Fürsorge und Anspruch ausgestrahlt, Vertrauen und Zuversicht vermittelt, Motivation und Optimismus beflügelt. Er hatte den Studenten und Studentinnen ganz klar vermittelt, was von ihnen erwartet wurde, und was sie von ihrer Universität erwarten konnten. Er hatte ihnen gesagt, dass sie willkommen seien und nicht ausgesiebt würden, so wie bei uns. Er hatte ihnen Regeln gegeben, die ihrem Studium Struktur und Halt geben würden. Er hatte ihnen die Zukunft zur Aufgabe gemacht, und gleichzeitig die Angst vor der Zukunft genommen.

Warum erzähle ich Ihnen das? Was hat eine »Elite«-Universität in den USA mit unseren Schulen in Deutschland zu tun? Nun, vor allem fällt auf, dass solche Reden bisher an deutschen Schulen nicht gehalten werden. Als 2017 mein erstes Buch »Wo bitte geht's nach Stanford?« erschien, war es insofern auch noch kühn, den erzieherischen und schulischen Weg in eine der besten internationalen Universitäten zu beschreiben und ihre Werte und Leistungen zu preisen, weil die Aufnahme und das Studium ein Höchstmaß an Bewerbungsanstrengung fordert und zudem Geld kostet, viel Geld! Dabei wurde vergessen, dass unsere Studenten ebenfalls Geld kosten, nur bezahlt das der Staat beziehungsweise alle Steuerzahler, und so fällt es nicht weiter auf.

In Stanford fordert die Universität von allen, für die es kein Geld kosten darf, aber ein noch höheres Maß an Einsatz und Energie, um eines der begehrten Stipendien ergattern zu können. Sie werden an immerhin 50 Prozent der Studierenden vergeben, wovon 29 Prozent aus nicht-akademischen Familien stammen.

Auch in den USA ist es Aufgabe staatlicher und privater Hochschulen, Bildung zu ermöglichen und Chancen zu eröffnen, doch tun sie es in einem sehr viel härteren System des Wettbewerbs. Was junge Menschen in diesem Land oft leisten müssen, um überhaupt studieren zu können beziehungsweise an einer der guten Hochschulen lernen zu dürfen, ist bei uns nicht vorstellbar. Wir blenden aus, dass Bildung in den meisten Ländern der Welt Geld kostet und/oder der Zugang vor allem zu akademischer Bildung mit sehr viel mehr Aufwand und Anstrengung verbunden ist als bei uns.

Wir dürfen daher nicht vergessen, dass wir in Deutschland eine kostenlose und vergleichsweise ausgeglichene Bildungslandschaft ohne eklatant hohe qualitative Niveauunterschiede genießen. Auf diese Weise erreichen wir eine Studienanfängerquote von 56,2 Prozent der Bevölkerung des entsprechenden Geburtsjahres, wie im Jahr 2019. In den USA hingegen sind alle der über 4000 amerikanischen Hochschulen in ihrer Ausrichtung, Qualität und ihrem Anspruch nicht nur sehr unterschiedlich, sondern auch sehr unterschiedlich gut, und Studienbewerber kämpfen folglich darum, in die für sie bestmögliche Universität aufgenommen zu werden. Ihre Universität wird für sie zur Alma Mater, die viele Bereiche ihres künftigen Lebens bestimmen wird: ihr Netzwerk, ihre Berufsaussichten, manchmal sogar ihren Lebenspartner.

Ein Jahr nach Erscheinen veränderte sich die Akzeptanz meines Buches grundlegend. Mir scheint, dass Eltern und ihre Kinder sehr viel intensiver über ihre Zukunft nachdenken. Nicht nur über ihre unmittelbare Zukunft im Heimatland, sondern über den langfristigen Werdegang ihrer Kinder, auch über nationale Landesgrenzen hinweg. Die Welt scheint nicht mehr so weit weg. Sich auf ein internationales Schul- oder Studienabenteuer einzulassen und sich im jeweiligen Bildungssystem und den dort herrschenden Verhältnissen zu bewähren, findet immer mehr Gefallen – nicht nur bei Gymnasiasten, sondern auch bei Realschülern und Lehrlingen, die sich für ein Jahr »abroad« interessieren. Wenn wir unseren Horizont erweitern, erfahren wir auch, dass unsere Länder zwar Grenzen haben, aber dennoch einen gemeinsamen Himmel. Diese starken, werteorientierten »Grenzen« unseres Landes verleiten uns dazu, uns möglichst lange hinter ihnen zu verstecken, so lange, wie es eben geht. Während sich Amerikaner mutig und begeisterungswillig auf Neues einlassen, während Asiaten mit unfassbarem Fleiß und Disziplin immer neue Wege suchen und gehen, tendieren wir dazu, möglichst lange zu erhalten und zu bewahren, was uns gut und richtig erscheint. Nicht die Zukunft lockt uns an, sondern die Vergangenheit gilt es zu verteidigen.

Diese Verdrängungsstrategie, inklusive »Kopf in den Sand«-Mentalität, hat uns geschadet und wird uns weiter schaden, und wir ahnen mittlerweile – spät genug –, dass wir die Zukunft auf diese Weise mehr schlecht als recht bewältigen werden, sicherlich aber nicht positiv gestalten können. Fakt ist, dass andere (auch weniger wohlhabende) Länder bereits Bildungs-Vorreiter sind. Auch Internationale Schulen, die United-World-College-Schulen oder vereinzelte »Schulen im Aufbruch« leisten teilweise schon seit langer Zeit, was Vertreter deutscher Bildungspolitik immer noch diskutieren oder aus diversen Gründen abbremsen. Allerdings werden Bildungsinitiativen und -projekte immer sichtbarer, Eltern werden lauter und namhafte Journalisten hinterfragen unser Bildungssystem und erklären uns die internationale Welt und ihre Herausforderungen.

Im Zuge des globalen Vergleichs wird deutlich, wie viel einfacher bei uns der Zugang zu Bildung ist, weil im Grunde nur unsere Noten zählen, und das wiederum hat zur Folge, dass sich junge Menschen vergleichsweise weniger anstrengen müssen, um sich beruflich qualifizieren zu können. Weder müssen sie eine Bewerbungsstrategie fahren, noch müssen sie zusätzliche Leistungsnachweise erbringen oder sonstige Wettbewerbshürden überwinden.[23] Selbst wenn sie sich allen kostenlosen Angeboten verschließen, werden sie vom Staat und seinen sozialen Unterstützungsmaßnahmen aufgefangen.

Ich konnte mit eigenen Augen sehen, was die Stadt München einem, sagen wir mal, unreifen jungen Menschen ohne Hauptschulabschluss alles bietet, um ihn nach vielen und kostenintensiven Anläufen, Programmen und Unterstützungsaktionen in die Arbeitswelt integrieren zu können. In manchen Bundesländern gibt es Schulen, die keine Leistungsnachweise mehr einfordern und keine Prüfungen mehr stellen, und für ein Studium brauchen wir im Regelfall nur das bestandene Abitur. Das hat bislang gut funktioniert, in einer Zeit, in der unser wirtschaftliches Wachstum, die Verfügbarkeit von Arbeitsplätzen und unser Wohlstand zementiert schienen. Und deshalb denken wir erst seit relativ kurzer Zeit wirklich darüber nach, warum wir Probleme haben, was das für uns bedeutet und wo unsere Beitragsqualität liegt.

Später im Buch werde ich unter anderem darauf eingehen, was unsere Kinder künftig können sollten, weil Computer dazu nicht in der Lage sind. Ich werde über Kreativität, Stärken, Optimismus und Wohlbefinden sprechen. Ich werde auch auf die Lehrer an unseren Schulen eingehen, und werde speziell von einer Lehrerin berichten, die ähnlich wie der Präsident von Stanford agierte, als sie eine Klasse zugewiesen bekam, die so schlecht war, dass sie sich nicht vorstellen konnte, wie sie diese Schüler zum Abschluss führen sollte. Lesen Sie, wie schlau und einfühlsam sie mit diesen Schülern umging, und warum wir uns von ihrer Strategie so viel abschauen können.

Nicht die hundertste Umfrage, die hundertste Analyse steht in diesem Buch im Mittelpunkt, wenn sie auch grundsätzlich sehr wichtig sind, sondern moderne, innovative und vor allem pragmatische Lösungen und Verbesserungsvorschläge für relevante Entwicklungs- und Problembereiche in allen Schulformen. Wir haben im deutschen Bildungssystem kein Erkenntnis-, sondern ein Lösungs- und Umsetzungsproblem, sagt Regine Pötke, die renommierte Leiterin der Roland Berger Stiftung, die auf ihre Berufserfahrung als Lehrerin, Schulleiterin und im Kultusministerium zurückgreifen kann.[24]

Mein Anliegen ist es auch nicht, die »normale« Schule oder eine der drei Hauptschulformen zu desavouieren. Es geht mir um ein effizientes Miteinander und ein zukunftsorientiertes Vorwärtsdenken und -handeln, um eine Ausrichtung auf das 21. Jahrhundert voranzubringen. Alle Vorschläge sind bereits »in Betrieb«, in manchen Fällen schon seit Jahren, sowohl in »Leuchtturmschulen« im Inland, als auch in fortschrittlichen und zukunftsorientierten Schulen im Ausland.

Auffällig dabei ist, dass wirklich innovative »Out of the Box«-Ideen sehr oft aus den USA stammen und wir diese im besten Fall dann kopieren. Alle Vorschläge sind untersucht, überprüft, können Erfolge aufweisen und sind Teil der jeweiligen Schul- und Unterrichtskultur. Warum nur kommt kein Ministerialbeamter oder Schulleiter auf die Idee, eine der Internationalen Schulen oder der United-World-College-Schulen zu besuchen, um ohne Scheuklappen zu lernen und zu erfahren, was sie anders machen und warum – zumal sich diese Schulen gerne austauschen würden?

»Schule im Aufbruch« ist ein von Margret Rasfeld, Stephan Breitenbach und Gerald Hüther gegründetes einzigartiges und fortschrittliches Bildungsprojekt in Deutschland, das Schulen zur Transformation anstiftet und sie bei der Einführung und Umsetzung neuer, innovativer schulischer Strategien und Lernformate begleitet. »Schule im Aufbruch« vernetzt die wenigen »Leuchtturmschulen« in Deutschland mit weiteren motivierten

Schulen, die ihre Schüler besser auf die Realität und Zukunft vorbereiten wollen.[25]

Leider haben diese Initiativen offensichtlich keinen bis wenig Einfluss auf die politischen Ambitionen der Entscheidungsträger, und folglich auch nicht auf die Lehrpläne für öffentliche Schulen. Ist es, weil Eltern zu viel jammern, wie mir ein Politiker sagte? Sind wir immer noch anderen überlegen, wie mir Altphilologen versichern? Da kann es doch nicht sein, dass irgendeine private Schule oder gar ein anderes Land eine gute weiterführende Idee hat, die in der Umsetzung auch noch klappt, oder einen echten Wettbewerbsvorteil verschafft!

Zur Gesamtsituation gehört auch, dass die (digitalisierte) Bildung weltweit immer besser wird. In Indien gibt es mittlerweile in jedem kleinen Dorf eine Schule, der reichste Inder hat die Hälfte seines Vermögens für Bildung in seinem Land gespendet, und der Antrieb, der Ehrgeiz und die Leidensfähigkeit indischer Kinder und ihrer Eltern ist nicht zu vergleichen mit dem Konsum des kostenlosen »Verwöhnpakets«, das Kinder und ihre Eltern vergleichsweise in Deutschland genießen.

Ist das der Grund, warum wir an den besten Universitäten der Welt viele Inder, aber nur sehr wenige deutsche Student*innen finden? Allen, die meinen, dass ein »Elitedenken« nicht zeitgemäß ist, möchte ich entgegenhalten, dass »Elite« im globalen Wettbewerb nicht nur auf den Geldbeutel der Eltern reduziert werden darf. In anderen Ländern sieht man in diesem Zusammenhang die Intelligenz von Menschen und ihre Qualifizierung zugunsten von Fortschritt und Wohlstand für alle – und meint damit auch nichts anderes!

Es bedeutet, dass sich ALLE Kinder nicht mit weniger Bildung zufriedengeben, als sie leisten und schaffen können. Es bedeutet, dass unsere Bildung ALLEN Kindern so viele Möglichkeiten bieten soll, wie sie bereit und in der Lage sind, anzunehmen und umzusetzen. Und es bedeutet auch, dass es DIE geben darf, die nicht nur mittelmäßig bis gut sein wollen, sondern die ganz »vorne« mitschwimmen können. Schlichtweg, weil die naturwissenschaftliche Intelligenz eines Landes den Wohlstand ausmacht, an den wir uns alle so gewöhnt haben, und der für uns alle so viele Vergünstigungen finanziert.

Die Lösung ist nicht das generelle Absenken des Bildungsniveaus, das »Spielenlassen« bis in die Zwanziger oder das Verteufeln der Leistungsgesellschaft. Es sind die Chancen, die sich für alle durch Weitsicht, Kreativität und Wohlbefinden im Lebensraum »Schule« ergeben, die eine individuelle Qualifizierung unserer Kinder ermöglichen, und die sie motivieren, ihren Weg in eine Zukunft zu finden, die sie lernen zu gestalten.

Politisch fehlgeleitet

Nur, um die bei uns so immanente Kritik vorwegzunehmen: Nicht alles kostet Geld, was unseren Kindern in Zukunft Vorteile bringen soll! Viele Verbesserungen können in den Bereichen Wahrnehmung, Wertekonsens, aber auch Struktur und Inhalt verankert werden und erfordern zunächst einmal die zukunftsorientierte Aufgeschlossenheit, eine Zusammenarbeit aller Akteure sowie die Flexibilität der Verantwortlichen für Schule und Lehre.

Ich denke da an den Bund und die Länder, die sich gegenseitig durch Machtgerangel, Passivität oder Bürokratie lähmen. Ich denke an Politiker und Beamte, die in die Ecke des unerreichbaren »Idealzustands« schieben, was nicht der betonierten Begrenztheit im Schulbetrieb entspricht. Ich denke speziell an Schulträger, die das Weiterleiten der Medienkonzepte der Schulen unterlassen, weil sie den Wettbewerb, den Zeitdruck und die Dringlichkeit aus der Wirtschaft nicht kennen. Ich denke an Lehrergewerkschaften, die vergessen haben, dass Lehrer nicht nur Beamte sind. Ich denke an die Lehrer und Schulleiter, die zwar mittlerweile wissen, was ein »Flipped Classroom« ist, aber keine Expertise und Erfahrungen in der Anwendung gesammelt haben.

Unser älterer Sohn Alexander erhielt bereits vor 15 (!) Jahren in der achten Klasse der Internationalen Schule seinen ersten Laptop. Bereits vor 15 Jahren verstanden Internationale Schulen die Notwendigkeit der Vermittlung von informatorischem Wissen, digitaler Kompetenz und Medienerziehung. Infolgedessen war auch die pandemiebedingte Umstellung von Präsenzunterricht auf Online-Schule für Schüler, Lehrer und Eltern kein Problem, denn sie waren bereits geübt im Wechsel von Präsenz- und digitaler Lehre. Die Auswirkungen der Pandemie, unser fataler Rückstand im digitalen Bereich und unsere sehr zögerliche Fantasie, wenn es um die Bildungszukunft unserer Kinder geht, wird, gelinde gesagt, die Chancen unserer Kinder in der Welt von morgen nicht gerade verbessern. Zukunft in der Bildung findet bei uns nur bedingt statt, und wenn sie das tut, dann oftmals stark verkopft, theoretisch und ideologisiert.

Das beste Beispiel für eine ideologisierte Schulform, deren Idee an einem tragfähigen pädagogischen Konzept scheitert, ist die Gemeinschaftsschule in Baden-Württemberg. Hier klaffen Theorie und Praxis weit auseinander, da Gymnasiallehrer auf verhaltensauffällige Schüler mit großen Lernschwierigkeiten stoßen, die eher dem Hauptschulniveau entsprechen. Für die schwachen Schüler ist eine offene Lernform mit freien Lernzeiten, mit Lernentwicklungsberichten statt Zeugnissen, mit dem Wegfall von Struktur und Kontrolle denkbar ungeeignet. Und die Lehrer, die sich als Wissens- und Kompetenzvermittler sehen, sind völlig überfordert, da sie keine Ausbildung als Sonderpädagogen absolviert haben.

Das Resultat dieser politisch fehlgeleiteten Schulreform sind zukunftsuntaugliche Kinder, die durch Scheinerfolge und einen eklatanten Mangel an Arbeitsdisziplin und Stressresistenz weder etwas lernen noch auch nur ansatzweise die Werte erkennen lassen, die es braucht, um im Leben, speziell im Beruf, bestehen zu können.[26]

Darüber hinaus wird die Corona-Pandemie die Zukunft unserer Kinder stark und langfristig beeinflussen. Alle Kinder, vor allem im Grundschulalter, leiden unter dem Wegfall von Unterricht, was sich zudem auch auf das spätere Einkommen und die beruflichen Möglichkeiten dieser Kinder auswirken wird.[27] Gerade die Schwächeren profitieren in ihrer körperlichen, kognitiven und sozio-emotionalen Entwicklung besonders vom Besuch des Kindergartens und der Schule.

Der Bildungsökonom Ludger Wößmann gelangt zu dem bedrückenden Befund, dass die Auswirkungen coronabedingter Kompetenzverluste drei Prozent des künftigen Bruttoinlandsprodukts ausmachen werden. Auch auf die älteren Schüler kommen Probleme auf dem Ausbildungs- und Arbeitsmarkt hinzu, denn die Corona-Krise trifft leider alle Wirtschaftsbereiche. »Aufgewachsen während eines scheinbar nicht enden wollenden Booms, in dem alles möglich schien, stehen sie nun vor einer ›moralischen Krise‹: Die Greta-Generation, die es sich leisten konnte, die Umwelt zu retten, wird nun zu einer Corona-Generation, die auf Wachstum setzen muss, um das Wohlstandsniveau ihrer Eltern auch nur ansatzweise zu erreichen.«[28] Und der Schulleiter des Carolinum in Neustrelitz resümiert in einem Interview: »Junge Leute lebten bislang mit der Sicherheit, überall gebraucht zu werden und sich ihre Zukunft aussuchen zu können. Das ist jetzt anders. Ganze Branchen fallen weg, der Verdrängungswettbewerb wird größer.«[29]

Und noch etwas wird sich ändern: Der About-you-Gründer Tarek Müller formuliert im *Spiegel* seinen Anspruch an »seine« Generation: »Ich finde es falsch, dass sich viele in unserer Generation mit dem Beobachten und Kritisieren zufriedengeben und die Umsetzung auch künftig anderen überlassen wollen. Wenn man ernsthaft etwas verändern will, muss man auch mal bereit

sein (…) Verantwortung zu übernehmen und mitzuarbeiten (…). Protest darf nicht zum Lifestyle werden.«[30]
Wer also schafft bei uns neue Arbeitsplätze, dank Kreativität und Innovation? Wer ist resilient genug, um im globalen Wettbewerb zu bestehen? Und wie lernt man Mut, Selbstbewusstsein und Begeisterung, um einen wertvollen Beitrag für sich und für die anderen leisten zu können, weil man seine Potenziale entwickeln und ausschöpfen kann? Wie kann man viele junge Menschen auf einen Weg bringen, der sie zufrieden und nach eigenen Ansprüchen erfolgreich macht – und gleichzeitig auch den wirtschaftlichen Erfolg unseres Landes sichert?

Wir können nicht auf die perfekte Lösung warten, die unser aller Konsens trägt. Das ist unrealistisch, beinahe weltfremd, denn Schule wird von zu vielen Faktoren bestimmt, von zu vielen Veränderungen beeinflusst, von zu vielen Menschen beurteilt. Es wird nie die perfekte Lösung für alle geben. Aber wir können pragmatischer werden. Wir können Schulen Problemlösungen aufzeigen, die sich eben nicht an politischen Glaubenssätzen ausrichten, sondern an den Problemen der Realität, an den individuellen Bedürfnissen der Kinder, am schulischen Alltag, an der Praxis, an der Wirtschaft und den Unternehmen, deren Arbeitsplätze wir wollen, an der Welt. Ich werde daher immer wieder auch auf das Ausland Bezug nehmen, denn wir spiegeln uns darin, wir messen uns mit ihm und wir sind von ihm abhängig – wir haben einen gemeinsamen Himmel.

Bildung in Deutschland kann nie fern von den Anforderungen der Globalisierung und Migration sein, nur ausgerichtet auf Spielen und sich Entfalten, möglichst in der Natur und ohne Bezug zu internationalem Wettbewerb oder zur Konkurrenz anderer Länder oder Kontinente. Wir leben von der Qualität und dem Export unserer Produkte und Dienstleistungen, und wenn wir unseren Wohlstand auch nur annähernd halten wollen, dann brauchen wir Schüler, die mit der Erkenntnis, dass alles mit allem zusammenhängt, lernen wollen. Die sich anstrengen wollen, um unsere Zukunft innovativ und erfolgreich gestalten zu können.

Wie kann es sein, dass sich Deutschland in der Kategorie »unternehmerische Schulbildung« auf Platz 36 befindet, umgeben von Armenien, Bulgarien und Guatemala?[31] Es sollte mehr als einleuchten, dass sofort getan wird, was auch immer getan werden muss, um die Chancen unserer Kinder auf dem nationalen und internationalen Ausbildungsmarkt zu verbessern.

Dazu gehört leider auch zu begreifen, dass die Komfortzone schrumpft, die Umstände schwieriger werden und unsere Kinder lernen müssen, mit Unwägbarkeiten zurechtzukommen. Das spüren die Praktikanten, die Absolventen von Ausbildungen und Studien bereits. Ich kann daher beim besten Willen den Sinn in Mittelmäßigkeit, Niveaulosigkeit und Gleichmacherei nicht erkennen und begreifen, wenn gleichzeitig der weltweite Wettbewerb um Ausbildung, Praktika, Jobs und Anstellungen zunehmen wird, auch weil wir uns in einer Zeit der Transformation befinden, in der viele Arbeitsplätze und Ausbildungsstellen wegfallen werden und neue, noch unbekannte, hinzukommen werden. Spätestens hier sollte uns klar werden, dass eine individualisierte Bildung nur noch wichtiger und wertvoller werden wird!

Unser Ziel sollte daher sein, junge Menschen so zu erziehen und zu unterrichten, dass sie lernen, in Zeiten des ständigen und unvorhersehbaren Wandels vorausschauend zu denken und zu handeln. Sie sollen in der Lage sein, Gelerntes auf neue und andere Technologien und auf andere Gemeinschaften und ihre Ideen anwenden zu können. Sie müssen Dissonanzen aushalten und ertragen können, dass Fragen im Raum zunächst nicht beantwortet werden können. Sie müssen nicht nur über zukünftige Skills verfügen, sondern ihre Adaptationsfähigkeit und ihre Resilienz unter Beweis stellen.

Entsprechend müssen wir die Bildung unserer Kinder umstellen. Haben Sie sich schon gefragt, wann Kinder bei uns lernen, kreativ und innovativ zu denken und zu handeln, und warum Auswendiglernen diesen Lernprozess nicht fördert? Ich möchte Eltern und ihren Kindern begreiflich machen, wie wichtig diese Zielsetzung in der künftigen Ausbildungs- und Berufswelt sein wird, weil die Schule leisten muss, was die Zukunft fordert. Auch müssen wir dafür mit Sicherheit nicht das Rad neu erfinden. Wir müssen nur endlich die vorhandenen Lösungen aufgreifen!

Was ist innovative Bildung?

Was ist innovative Bildung, löst sie unsere Schulprobleme und trägt sie uns in die Zukunft? Frank Thelen, Seriengründer und Tech-Investor, sagt, die Antwort sei simpel: Es seien die Schulen, die über die Zukunftsfähigkeit unseres Landes entschieden. Es sei unser Verständnis von der exponentiellen Entwicklung von Technologie und davon, wie Unternehmertum im Detail funktioniert. Die Grundlagen hierfür sollten bereits in der Schule geschaffen werden.[32]

Ist es wirklich so simpel? Klären wir zunächst, was innovative Lösungen sind. Innovativ steht dafür, Bestehendes weiterzuentwickeln und/oder Neues, Anderes zu kreieren. Innovativ und somit kreativ (erfindungsreich) kann nur denken und handeln, wer den offenen Umgang mit der Wissensexplosion zulässt, aber auch mit dem Wissensverfall an anderer Stelle in Verbindung mit immer schnelleren Prozessen und Zyklen zurechtkommt. Wer in einem Bereich über sehr viel Wissen verfügt, aber neue Denkstrukturen und Herangehensweisen fördert, weil er – ganz wichtig – die interdisziplinären und kulturellen Zusammenhänge verstanden hat, um daraus ein neues Denkkonstrukt zu entwickeln. Konkret bedeutet dies, so zu kommunizieren, zusammenzuarbeiten, zu lernen und zu spielen, dass wir, also Eltern und Lehrer, Assoziation und Fantasie fördern ohne Angst vor

Fehlern, vor Risiko, vor Beurteilung oder Wettbewerb, und dazu braucht es Mut, Entschlossenheit und Resilienz.

Von Lösung sprechen wir dann, wenn wir eine Antwort erhalten, ein Ergebnis erzielen. Innovative Lösungen erfordern demnach mehrdimensionales, interdisziplinäres Denken und Handeln, bei dem die Gewichtung eben nicht nur, wie so oft bei uns in Deutschland, auf der Analyse und Diagnose von Daten und Ursachen in abgegrenzten Fachbereichen liegt, um sodann erst einmal Grundlagenforschung zu betreiben, sondern ausdrücklich auf der Umsetzung von innovativen Ideen und der Schaffung von Tatsachen.

Was das bedeutet, habe ich vor sehr vielen Jahren in einem College an der Ostküste der USA am eigenen Leib erfahren. Ich werde nie vergessen, wie verzweifelt ich vor dem weißen Blatt Papier saß. Ich sollte in einem interdisziplinären Kurs zum Thema Politik, Psychologie und amerikanische Geschichte innovative Gedanken produzieren, anhand meines Wissens und des gewonnenen Verständnisses. Ich war nicht dazu in der Lage. Ich traute mich nicht.

Die deutsche Schule hatte nie von mir verlangt, innovative Gedanken zu produzieren, sie hatte mir nie die Angst vor nicht vertrauten Inhalten genommen. Ich war zwar ein Ass in chronologischer Geschichte und darauf gedrillt, erlerntes Wissen wiederzugeben. Aber nie hatte ich interdisziplinäre Zusammenhänge durchdacht oder war angehalten worden, selbst neue Lösungsvorschläge zu finden und auszuformulieren.

Das war 1981. Seitdem hat sich augenscheinlich nicht viel getan. Oft treffe ich Eltern, die mir stolz berichten, dass ihre Kinder über eine beachtliche »Festplatte« verfügen, da sie so viel auswendig lernen müssen. Weiterhin erzählen sie, dass die Schulen bemerkenswerte Hobbys nur so lange tolerieren, wie die Noten stimmen. Auf meine Frage hin, welche Unterstützung sie von der Schule erhalten, wenn die Noten nicht mehr »stimmen«,

war die Antwort immer ähnlich: Dann würden die Lehrer stren-
ger werden und den Druck erhöhen! Ehrlich gesagt hatte ich mir
jedes Mal eine andere Antwort erhofft. Wie innovative Bildung geht, erklärt Prof. Dr. Thomas Hofmann, der neue Präsident der Technischen Universität München,
anhand des Leitmotivs »Gemeinsam am Puls der Zukunft« der
neuen Initiative TUM. The Open University, die im Rahmen der
Agenda 2030 mit größtem Einsatz und Ideenreichtum umgesetzt
wird.[33] Historisch gewachsene Fakultäten werden Bestandteile
einer innovationsfördernden Schulstruktur, die fachübergreifen-
des Lehren und das Verbinden der Kompetenzen ermöglicht.

Die TU München ist für ihre Ingenieure, Informatiker und
alle anderen technischen Fachrichtungen nicht nur eine Kooperation mit der philosophischen Fakultät eingegangen, sondern
sie wird auch ein Institut für Kunst und Kultur gründen, um
mehrdimensionalen, fachlichen Tiefgang mit interdisziplinärer
Teamfähigkeit verknüpfen zu können. Durch die enge Verknüp-
fung mit anderen Wissenschaftseinrichtungen, mit der Industrie
und der Politik können Studenten und Studentinnen zeit- und
wirklichkeitsnah in Forschungsprojekten, Unternehmen und
Start-ups mitdenken, mitforschen und mitarbeiten. Sie profitieren von einer langfristigen, strategischen Zusammenarbeit, der
gelebten Symbiose und dem offenen Austausch von Universitäten, Wirtschaft und Gesellschaft. Sie übernehmen früh Verantwortung und erfahren durch die theoretische und praktische
Herausforderung eine Entwicklung ihrer gesamten Persönlichkeit. Zudem lädt Professor Hofmann auch Lehrer ein, sich unter
dem Dach des TUM Institute of LifeLong Learning weiterzubilden, ihr Kompetenzprofil zu schärfen, denn viele Lehrpläne
gerade im naturwissenschaftlichen Bereich hinken den For-
schungen um Jahre hinterher.[34]

Sollte man sich angesichts einer so mutigen und zukunftsorientierten Agenda der TU München nicht fragen, wo und ab

wann Kreativität und Innovation gefördert werden sollten? Erst in der Ausbildung, in der Universität, oder wäre es nicht sehr viel sinnvoller, damit bereits in der Kindergarten- und Schulzeit, und vor allem in allen Schulformen zu beginnen, wenn das Zusammenspiel von Spielen und Lernen noch nicht verkümmert ist und die Angst vor dem Unbekannten noch nicht gewachsen ist? Vielen Schulträgern in Deutschland sind meines Erachtens solche Überlegungen immer noch fremd. Zukunft findet bei uns nur bedingt statt, gebremst durch diejenigen, die hochhalten, was sie kennen, und sich nicht damit auseinandersetzen, was Kinder können sollten. Zugleich werden Pädagogikkonzepte und Schulzeiten den Herausforderungen durch Migration, Inklusion und Folgen der Digitalisierung nicht mehr gerecht. Auch die Politik tut sich traditionell schwer mit zukunftsweisenden Konzepten und reagiert nur dann, wenn eher mittelmäßige PISA-Ergebnisse das Image Deutschlands zu gefährden scheinen.

Hören wir bitte endlich auf den israelischen Vordenker und berühmten Autor Yuval Harari und auf Jack Ma, den chinesischen Gründer der Alibaba Group. Sie kommen aus sehr verschiedenen Welten, und doch sagen beide dasselbe: Unsere Kinder leben in einem Zeitalter des großen Wandels, vergleichbar mit der Industriellen Revolution im 19. Jahrhundert, und haben eine unvorhersehbare Zukunft vor sich, in der künstliche Intelligenz, Globalisierung und Migration unsere Arbeits- und Lebenswelt beinahe täglich, zum Teil disruptiv, verändern. Da wir nicht in der Lage sind, unsere Zukunft wirklich verlässlich prognostizieren zu können, müssen wir davon ausgehen, dass die einzige existierende Tatsache, die wir mit Sicherheit kennen, der Wandel selbst ist.

Jack Ma hatte in einem Vortrag einmal postuliert: Um ihre Kinder optimal auf die Zukunft vorzubereiten, sollten sich die Eltern überlegen, was ein Computer nicht kann! Und beide, Ma und Harari, fordern seit Jahren vehement, ebenso wie die OECD

(Organisation für wirtschaftliche Zusammenarbeit und Entwicklung) nach jeder PISA-Studie, unabhängiges Denken und selbstständiges Arbeiten zu fördern und das Auswendiglernen zurückzufahren.

Das stößt in Deutschland auf wenig Gegenliebe. Dabei geht es nicht darum, die »normale« Schule abzuschaffen, sondern es geht um ein zukunftsorientiertes und effizientes Miteinander. So könnte man beispielsweise darüber nachdenken, die Trennung ausgewählter Fächer zu reformieren, um die ganzheitliche und kreative Betrachtung von Inhalten oder Prozessen zu ermöglichen. Man könnte einzelne Klassenstufen verbinden, um die Zusammenarbeit und Kommunikation zu verbessern, um die gegenseitige Toleranz zu fördern.

Man kann es nicht oft genug betonen: Die Digitalisierung treibt den Strukturwandel und die Transformationsprozesse weltweit voran und verlangt von uns allen die digitale Kompetenz. Nur wer die Digitalisierung begreift, kann sie auch für sich nutzen und gestalten. Nur wer lernt, Daten effektiv und verantwortungsvoll zu nutzen, kann mit Daten umsichtig und selbstbestimmt umgehen. Es entstehen dadurch zwangsläufig neue Berufsbilder, andere fallen weg oder ändern sich umfassend.

Beim Blick auf morgen hilft die fundierte Recherche der YouTuberin Linguamarina, die in ihrem Video »23 jobs of the future (and jobs that have no future)« konkrete Berufsgruppen identifiziert. Ein guter Hinweis für alle Eltern und ihre Kinder, die in Zukunft Geld verdienen müssen, um ihren Lebensunterhalt finanzieren zu können. Kathrin Fussangel, Professorin für empirische Schulforschung an der Universität Wuppertal und Mitglied der Jury von »Der deutsche Lehrerpreis – Schule innovativ«, sagt dazu: »Viele Berufsbilder verändern sich. Wir müssen die Schülerinnen und Schüler stärker auf eine etwas ungewissere Zukunft vorbereiten, weil wir nicht wissen, wie sich die Berufswelt entwickeln wird. Da ist es wichtig, dass die jungen Menschen lernen, eigenständig zu arbeiten, sich selbst zu organisieren und sich selbst Wissen anzueignen. Das muss in der Schule angebahnt werden.«[35]

Ziel sollte folglich sein, engagierte Lerner zu entwickeln, die tief und interdisziplinär denken und verstehen können, die kreativ sind und innovative Lösungswege gehen können. Die jungen Menschen sollen Werte verinnerlichen, die ihre Persönlichkeiten darauf vorbereiten, eine globale Welt zu gestalten.[36] Innovative Bildung bedeutet demnach auch die Vermittlung von Eigenschaften wie Selbstverantwortung, Beharrlichkeit, Eigeninitiative oder Mut zum Risiko. Doch wie vermittelt man Kindern diese Qualitäten, wenn Anreize fehlen und Reflexion nicht erforderlich ist, weil alles da ist, das meiste umsonst, und das Leben im Vergleich zu indischen oder amerikanischen Kindern relativ bequem und verwöhnt ist?

In den USA stelle ich immer wieder fest, dass junge Menschen aufgrund der gegebenen Umstände bei Weitem früher dran sind, wenn es darum geht Verantwortung zu übernehmen, im Wettbewerb zu bestehen, Ziele umzusetzen und dabei durchzuhalten. Sie haben sowohl in der Schule als auch im Alltag und in der Freizeit oftmals und zwangsläufig wesentlich mehr Gelegenheiten, ihre Persönlichkeiten auszutesten, weil sie es schlichtweg müssen. Vielleicht müssen sie Geld für ihre Schulgebühr verdienen oder sie müssen zu Hause mitarbeiten, um sich eine gute Schule leisten zu können. Im besten Fall bieten ihre Schulen die Möglichkeiten, zusätzlich zum akademischen Wissenserwerb in nicht-akademischen Projekten, Veranstaltungen, Wettbewerben oder Organisationen mitzuarbeiten, die es den Schülern ermöglichen, wertvolle Lebenserfahrungen zu sammeln. Sie können in realen Situationen reflektieren, wie es um ihre Neugierde, Vorstellungskraft, um ihren Wissensdurst, um ihr Verantwortungsgefühl, ihre Selbstständigkeit, ihren Bürgersinn, ihr Verständnis für andere steht. Sie können oder müssen den Interessenausgleich üben und ihre Resilienz und Agilität mobilisieren.[37]

Eine innovative Bildung braucht auch zeitgemäße Inhalte. Informatorisches Wissen muss Einzug halten, MINT-Fächer forciert, Weltsprachen ausgebaut werden. Es geht um die Entwicklung einer kreativen Kompetenz, um beispielsweise eine Vision zu entwickeln, und es geht um unternehmerische Kompetenzen, die mit den Veränderungen mithalten können.[38]

Wir könnten im Gymnasium den siebenjährigen Lateinunterricht um vier Jahre kürzen. Bliebe mehr Zeit für moderne Sprachen und andere Kompetenzen, die in Zeiten fortschreitender Digitalisierung auch in allen anderen Schulformen immer wichtiger werden, wie Robotics und Programmieren oder eben demokratisches, wirtschaftliches und praktisches Wissen. Warum bilden wir unsere Kinder nicht in Kulturmanagement aus?

China ist unser wichtigster Handelspartner, doch lehren unsere Schulen weder eine inhaltliche noch eine sprachliche Chinakompetenz. Was wissen unsere Kinder über die dortige Wirtschaft und Kultur im Gegensatz zu den USA, wo es ganze Fachbereiche gibt, die sich mit »Contemporary China Studies« beschäftigen?[39]

Gemeinsame Projektarbeiten können den Kindern sogenannte Reality Skills vermitteln, auch die Toleranz fördern und Teamarbeit lehren. Dabei könnten die Internationalen Schulen Vorbild sein, denn sie bespielen auch ein weites nicht-akademisches Feld, bieten zusätzliche Inhalte und arbeiten mit einer Erziehungsvision und einem ausführlichen Wertekanon, der auch in deutschen Schulen umgesetzt werden könnte. Der nicht nur die Schüler und Lehrer, sondern auch das gesamte Schulpersonal und die Eltern in die Pflicht nimmt. Mit einer Pädagogik, die sich auch mit der kognitiven und emotionalen Ebene und nicht nur mit dem Intellekt auseinandersetzt, die nah am Kind ist, offen und pragmatisch wirkt und vor allem sofort greift und nicht erst, wenn alles zu spät ist.

Am wichtigsten aber sind die Fragen, die Internationale Schulen, die sogenannten United World Colleges, ihren Schülern stellen und dabei brillieren. Das sind internationale IB(International Baccalaureate)-Internate, die sehr viele Stipendien vergeben. Sie suchen ihre Schüler nicht nur nach Leistung, sondern nach Persönlichkeit, sozialem Engagement und Reife aus und sind in 17 Ländern auf vier Kontinenten vertreten.

Warum stellen unsere Schulen nicht dieselben Fragen, die UWCs ihren Schülern stellen: Bist du bereit Diversität zu erleben? Denkst du, dass deine Herkunft deine Zukunft bestimmt? Hast du große Träume und keine Angst sie zuzugeben? Bist du ein Problemlöser? Hast du Angst vor Veränderung, und bist du bereit dich trotzdem anzustrengen?

Durch ihr akademisches und nichtakademisches Curriculum lernen UWC-Schüler im Laufe ihrer Schulzeit, auf diese Fragen zu antworten, weil Selbstreflexion ein wichtiger Aspekt der Erziehung ist, und sie üben die Charaktereigenschaften ein, die sie vielleicht zu Hause nicht lernen konnten, die ihnen aber dabei helfen werden, ihre Zukunft positiv zu bewältigen. Für alle Zweifler sei erwähnt, dass die akademische Qualität der Schulabgänger so hoch ist, dass die besten Universitäten der Welt nach ihnen greifen. Sie akquirieren direkt an den Schulen.

In Deutschland gibt es, trotz vergleichsweise großem Luxus (und noch größeren Luxusproblemen), ein hohes Maß an Chancenungleichheit, gerade für Kinder mit schlechten Deutschkenntnissen, aus bildungsfernen oder sozial schwachen Familien. Und dieses Problem ist offensichtlich so groß, dass es die Ergebnisse der PISA-Studie bereits 2001 beeinflusst hat, nur hat sich seitdem offensichtlich nicht viel getan.[40]

Die Schere zwischen starken und lernschwachen Kindern öffnet sich immer weiter. In Zeiten der Pandemie potenziert sich dieses Problem, weil Kinder zu Hause selbstständig und selbstorganisiert lernen müssen, und das überfordert alle, die Kinder und die Eltern. Kinder sind es nicht gewohnt digital zu arbeiten, geschweige denn selbstständig. Eltern sind verständlicherweise überfordert, wenn sie zu Hause arbeiten müssen und gleichzeitig als Hilfslehrer ihre Kinder betreuen müssen. Die digitale Kompetenz der Lehrer wiederum hängt stark davon ab, ob sie sich grundsätzlich dafür interessieren und ihre Schule kreativ und fortschrittlich ist. Ansonsten müssen Arbeitsblätter ausgedruckt werden, und selbst das können Kinder nicht, die zu Hause keinen PC und Drucker haben.

Für Kinder aus wenig privilegierten und bildungsfernen Familien gelten die Nachteile der Schulschließungen umso mehr, als ihr Wohl und Wissen von dem jeweiligen Angebot ihrer Schule, von der Unterstützung im Elternhaus und von ihrer Lernentwicklung abhängt. Während Kinder mit gebildeten Eltern oftmals unter zu viel Kontrolle leiden, können sie jedoch darauf bauen, dass ihre Eltern ihnen viel erklären und bei den Aufgaben helfen können. Kindern aus prekären Verhältnissen hingegen fehlen die sprachlichen und kognitiven Anregungen im Elternhaus, sowie die grundsätzliche Erklärfähigkeit ihrer Eltern.[41] Die Kinder bleiben sich selbst überlassen und gehen »verloren« oder werden »vergessen«.[42]

Diese herkunftsbedingten Ungleichheiten setzen sich fort: 47,1 Prozent der Gymnasiasten haben Akademikereltern und 36,3 Prozent der Hauptschüler haben Eltern ohne Schulabschluss.[43] Selbst wenn die Noten stimmen, fehlt es den benachteiligten jungen Menschen oftmals an bildungsrelevanten Informationen, und es mangelt ihnen an Mut und Selbstvertrauen.

Daher ist eine innovative Bildung sicherlich nicht Homeschooling, das von Eltern verlangt, den Unterricht ihrer Kinder zu organisieren, sondern die frühzeitige, konsequente und differenzierte Ausrichtung der Schulbildung am Kind, an seinen individuellen Bedürfnissen, an seinem Entwicklungsstand, um es bestmöglich zu begleiten. Das gilt auch für die digitale Aufrüstung der Schulen: Nicht die neue Technik an sich kann Bildungsungerechtigkeit ausgleichen, sondern »eine neue, viel stärker individualisierende Pädagogik, die sich der Technik klug bedient«.[44]

Nicht zu vergessen die Beseitigung und/oder Verbesserung aller weiteren Schwächen der deutschen Schullandschaft: zu viel Bürokratie, zu wenig Innovation und Freiraum, fehlendes Verantwortungsbewusstsein und eine schlechte Ausrüstung.[45] Und in Anlehnung an Thomas Hofmann, Präsident der TU München: Wir müssen die Trägheit unserer Gedanken überwinden und den Mangel an freier Zeit, die es braucht, um Neues zu entwickeln.[46] Unser (Zeit-)Management ignoriert die Entwicklung und verhindert die Implementierung neuer (bereits existierender) Ideen. Was also muss innovative Bildung tun, um unsere Kinder in eine positive Zukunft mitzunehmen?

Teil I:
Wie geht Schule mit Weitsicht?

Wir schauen auf Zeiten, die als große Herausforderung vor uns liegen, und sollten uns fragen: Wie muss Schule sein, damit sie ein hohes Maß an Bildung gewährt, aber die Kinder in die Zukunft führt? Damit sie Kinder einer digitalen Generation unterrichten kann? Damit sie Werte erhalten und vermitteln kann und Jungen und Mädchen darauf vorbereitet, eine globale Gesellschaft zu gestalten, die sich konstant verändert? Damit Schüler und Schülerinnen lernen, vorausschauend zu denken und zu handeln, damit sie in der Lage sein werden, das, was sie gelernt haben, auf neue und andere Technologien, auf neue und andere Gemeinschaften und ihre Ideen anzuwenden?

Diese Fragen stellte sich eine renommierte Schule im Staate New York in den USA bereits im Jahr 2015 und entwickelte in Folge die Mission und das Konzept der Foresight Education – einer vorausschauenden, weitsichtigen und umsichtigen Bildung in der Schule.[47] Sollten wir uns nicht an dieser Vision einer Bildungszukunft für unsere Kinder orientieren?

Dafür müssen wir aber das Prinzip der Diversität bemühen, denn der daraus resultierende Wertekanon ist Inbegriff des Leitbilds einer Schule der Zukunft. Diversität bedeutet für die Ausbildung und Förderung von Kindern, dass die Individualität des Kindes eine zentrale Rolle spielt. Es geht um eine Haltung den Schülern gegenüber, mit der wir ihre Potenziale, Talente und Stärken, ihre persönlichen Fähigkeiten und Fertigkeiten in ihrer Entwicklung anerkennen. Es geht um die gleichen Chancen für alle Kinder, unabhängig von ihrem jeweiligen sozialen, ethnischen und kulturellen Hintergrund, damit sie Selbstvertrauen in die eigene Lernfähigkeit entwickeln und zur Selbstständigkeit erzogen werden, vor allem wenn sie von zu Hause keine Hilfe erfahren und alles selbst bewältigen müssen.[48] Zuletzt geht es um eine Durchmischung der Klassenzimmer.

Wichtig und zentral in der Bedeutung für eine diverse, und damit gerechtere, Bildung in Schulen mit Weitsicht ist folglich die Förderung der persönlichen Individualität jedes einzelnen Schülers. In Ländern wie den USA, Kanada, Australien oder Neuseeland steht in diesem Zusammenhang Intelligenz an vorderster Stelle, gefolgt von Kreativität, Leistungsbereitschaft und Wettbewerbskompetenz. Wir hingegen stellen die sozialen Kompetenzen unserer Kinder an erste Stelle und bemerken nicht, wie wir unter diesem Vorzeichen lediglich die Anpassung, Konformität und die Mittelmäßigkeit fördern und Konventionen huldigen, die möglicherweise schon ausgedient haben. Wenn Kinder nur möglichst effizient und reibungslos funktionieren sollen, stellt sich grundsätzlich schon die Frage, woher bei uns der Innovationsgeist, das Durchhaltevermögen und die Leidenschaft kommen sollen, die notwendig sind, um die Zukunft mitgestalten zu können.

Wie sollen unterschiedliche Kinder wachsen und sich weiterentwickeln, wenn alle über einen Kamm geschert werden? Kennen Sie den Cartoon, in dem der Lehrer dem Vogel, dem Affen, dem Pinguin, dem Elefanten, dem Fisch und dem Hund, der Fairness halber, die gleiche Aufgabe stellt: Alle sollen auf einen Baum klettern?

Der Diversität kommt angesichts unserer Bildungssackgasse große Bedeutung zu, denn sie bedeutet Veränderung, Horizonterweiterung, verlangt interkulturelle Kompetenz und Toleranz. Diversität bedeutet, dass wir über den Tellerrand hinausblicken und uns fragen, wie Schule sein muss, damit es unseren Kindern auch in Zukunft gut geht. Wie kann die Schule dabei helfen, unsere Kinder zu befähigen, auch in Zukunft ein glückliches, selbstbestimmtes und – nach eigenen Maßstäben – erfülltes und erfolgreiches Leben zu führen? Wie muss die Schule der Zukunft aussehen, die den dringlichsten Bedürfnissen Rechnung trägt?

I. Natur, Wahrnehmung und die frühe Förderung

In Deutschland sind Handwerken und Handarbeit nur noch in sehr seltenen Fällen in den Lehrplänen von Schulen zu finden. Zwar gibt es im Kindergarten das Basteln, aber bereits in den Grundschulen ist dieser Unterricht kaum mehr zu finden, später übernimmt dann der Kunstunterricht einen Bruchteil des Werkunterrichts, abhängig von der Schulform, vom bundeslandspezifischen Lehrplan und dem Alter der Schüler.

Weil aber unsere Kinder immer mehr in die digitale Welt eintauchen, müssen wir ihnen die Natur nahebringen und ihre Wahrnehmung fördern. Unsere Natur, unsere Umwelt und ihre Wahrnehmung stehen in engem Zusammenhang mit unserer Fähigkeit zu lernen und Gelerntes umzusetzen und machen unsere Kinder stabil, konzentriert und lernbereit. Alle Schulen sollten den inneren Bezug zur Natur und ihren Materialien mittels Lehrgarten, Schulküche oder Schulprojekten zu Wasser und zu Land fördern und ihre Schüler auch weiterhin in Handarbeiten und Handwerken unterrichten. Wenn möglich sogar in Gartenarbeit und auf dem Bauernhof. Auf diese Weise lernen Kinder in der Schule nicht nur ihre Hände zu gebrauchen und ihre Geschicklichkeit zu verbessern, sie erhalten dadurch auch die Möglichkeit, ihre kognitiven Fähigkeiten zu optimieren, indem sie ihre Hand-Kopf-Verbindung trainieren können.

Wir dürfen die kognitive Wahrnehmung nicht mit Intelligenz verwechseln. Intelligente Kinder können trotz ihrer Begabung in

Alltagssituationen versagen, wenn ihre zerebrale und folglich auch ihre psychische Koordination noch nicht so weit fortgeschritten ist wie bei anderen Kindern gleichen Alters. Ein noch so intelligentes Kind kann seine Intelligenz nicht zu Papier bringen, wenn ihm die Umsetzungsfähigkeiten hierzu fehlen und die Hand-Kopf-Koordination nicht ausreichend funktioniert.

Die Lektüre der renommierten Entwicklungspsychologinnen Jean Ayres (Bausteine der kindlichen Entwicklung) und Dr. Félicié Affolter (Wahrnehmungsförderung) hat mich darin bestärkt, dass die spielerische Einführung von ergotherapeutischer (Früh-)Förderung im Kindergarten und in der Grundschule, zur Förderung der Koordination und Konzentration bei Kindern, viele spätere Probleme in der Schule abschwächen würde.

Ergotherapie hilft dem Kind zu lernen, wie es schlüssige Handlungen durchführt und zu Ende bringt. Sie fördert die Zusammenarbeit der rechten und linken Gehirnhälfte und verbessert Koordination und Konzentration. Diese Hilfe zur Selbsthilfe sollte als Prävention optimalerweise zwischen dem dritten und sechsten Lebensjahr begonnen und durchgeführt werden. Dann ist das Gehirn am ehesten in der Lage auszugleichen und es besteht die größte Chance, Entwicklungsrückstände rechtzeitig aufzufangen, bestmöglich zu korrigieren, und die Motivation, die Anstrengungsbereitschaft, die Ausdauer sowie das Selbstvertrauen der Kinder in die eigene Leistungsfähigkeit zu fördern.[49]

Auf diese Weise lernen Kinder viel über sich selbst, aber auch über die Anderen und über ihre Umwelt. Sie lernen, dass der Weg das Ziel ist und welche Handlungen eine Aufgabe zu Ende bringen und mit Erfolg krönen. Sie lernen Problemlösungskompetenz. Wenn Kinder nicht mehr wissen, woher die Milch kommt, wie sie eine Schleife binden, einen Kuchen backen oder einen Nagel in ein Stück Holz schlagen sollen, dann fehlt ihnen auch auf abstrakter Ebene die Erkenntnis der Zusammenhänge und sie werden auch andere Handlungsabfolgen oder Herleitungen nicht mehr nachvollziehen können.

Nicht zu warten, bis die Kinder in die Schule kommen, weil sich bis dahin »die Probleme auswachsen«, ebnet den Weg für eine Erziehung und Förderung im Kindergartenalter und somit die Chance für die Kinder, rechtzeitig zu lernen, die eigene Intelligenz in ziel- und erfolgsorientiertes Verhalten umzusetzen. Wenn Ihr Kind lernt, dass man einen Kuchen zu Ende backen muss, damit es ein guter Kuchen wird, wie man das tut, welche Arbeitsschritte hierfür notwendig sind und wie man sich dabei verhält, dann ist es auch in der Schulzeit in der Lage, eine Aufgabe in ihrer Gesamtheit zu erfassen und diese dann Schritt für Schritt zu lösen.

Maker's Labs fördern die Hand-Kopf-Verbindung

Die Internationalen Schulen haben daher die sogenannten »Maker's Labs« eingeführt. Dieses überarbeitete, innovative Konzept des deutschen Werkunterrichts kommt aus den USA. Innovativ an der neuen Struktur und an den erweiterten Inhalten ist, dass Schüler in einer Werkstatt arbeiten und lernen können, die von der Laubsäge über die Nähmaschine bis zum digitalen 3-D-Drucker und zur Robotik ausgestattet ist.

Neu an dem Konzept ist ebenso, dass pädagogische Ziele auch digital gefördert werden. Neue und alte Techniken gehen Hand in Hand und laden die Kinder ein, Ideen zu entwickeln und Erfindungen in Prototypen umzusetzen. Das Internat Andover in den USA spricht in diesem Zusammenhang von einem »Mindset«, von einer Denkweise: Durch das Maker's Lab wird man zum »Macher«: Man sieht Bedarf und erfindet eine Antwort oder eine Lösung für ein Problem. Oder man wird zum »Kunsthandwerker«: Man kreiert einen Gegenstand, der durch seine künstlerische Anmut und Perfektion besticht. Dadurch wird das herkömmliche Basteln oder Werken zu einer gemeinschaftlichen Kultur, die sehr unterschiedliche Menschen mit sehr unterschiedlichen Begabungen und in sehr unterschiedlichen Projekten zusammenführt.[50]

In dieser Macher- und Erfinder-Kultur erleben die Jugendlichen zunächst das Gefühl der Entscheidungsfreiheit, und damit die Befähigung, eine Wahl treffen zu können. Sie entwickeln eine Can-do-Einstellung, wenn sie entweder eine Sache fertigen oder etwas für die Gemeinschaft erschaffen wollen. Wählen sie Dinge aus, die sie machen wollen, dann sollen diese Dinge Qualitäten haben, die ihre Werte reflektieren: Sie sollen vielleicht funktional, schön oder präzise sein. Entscheiden sie sich für die Gemeinschaft, dann wollen sie Dinge machen, die für alle einen Wert haben, die entweder unabhängig oder zusammen mit den anderen entstehen. Sie erfahren sich dabei als jemand, der zur Gemeinschaft beiträgt, der mit Empathie die Interessen der anderen vertritt und hilft.

Eine andere Begleiterscheinung des Machens ist die Entwicklung von Fähigkeiten, die mit zunehmendem Lernniveau identitätsbildend wirken, weil der Erwerb komplexerer Fähigkeiten zu einem verbesserten Selbstbewusstsein führt. Die Macher begreifen sich als neugierig, als jemand, der Risiken in Kauf nimmt, als beharrlich und ausdauernd, als einfallsreich, als jemand, der teilt, und als positiv. Sie lernen, weil sie gegen Widrigkeiten kämpfen. Sie entwickeln durch das Arbeiten an langfristigen Zielen das, was Angela Duckworth als »Growth Mind«[51] identifiziert hat, und was ich im nächsten Kapitel genauer erklären werde.

Auf diese Weise lernen junge Menschen, etwas mit Sorgfalt zu tun, sie lernen, etwas so zu tun, wie wenn es ihnen am Herzen liegt, und sie lernen, etwas zu tun, weil sie es gut machen wollen. Sie entwickeln dabei Einsichten in ihre eigene Disziplin und sie kultivieren ihr Wissen und ihre Fähigkeiten in Verbindung mit bestimmten Technologien und Werkzeugen. Sie machen einfach, sie kreieren, konzipieren, bauen. Sie diskutieren, hören zu und teilen. Sie machen Fortschritte und wachsen an der eigenen Aufgabe. Sie lernen, geduldig zu sein, sie erkennen die eigenen Grenzen und welchen Einfluss sie auf den Prozess des Machens haben. Sie lernen, zusammenzuarbeiten, sie lernen Respekt für Material und Werkzeuge, sie lernen, was gemeinschaftliches Arbeiten an einem Projekt bedeutet. Die Suche nach dem Fehler ist Teil des Prozesses von »Learning by Doing«. Alle Tätigkeiten sind gleichzeitig und ohne Einschränkungen möglich, nicht wie in einem Klassenzimmer oder in einer Bibliothek.[52]

Die Schweiz hat 2020 »Educreators« ausgezeichnet, die die digitale Transformation als Chance nutzen, um inspirierende Lernumgebungen zu erschaffen.[53] Darunter finden wir das Forscheratelier Neftorama an einer Schule in Winterthur, wo Kinder je nach Begabung an wechselnden Stationen experimentieren und entwickeln können, was kritisches Denken fördert. Bei Teenpreneurs an der Sekundarschule Burg lernen die Schüler, anwenderbezogen und kreativ zu denken und selbstmotiviert analog und digital zu gestalten. In der Mittelschule in Losone bauen Schüler Geräte auseinander und wieder zusammen, um dann in letzter Instanz einen mechatronischen Roboter zu bauen und zu programmieren. Dabei helfen fachkundige Senioren und Firmenbesuche, wie in einer Schule in Wohlen, wo Schüler elektronische Alltagsgegenstände herstellen.

Eine Form des Maker's Lab ist die EU-geförderte Initiative »Maker Space«, die internationale Netzwerke bilden möchte, indem sie Schulen mit zentraleuropäischen Fablabs (Fabrication Labatories) und mit Unternehmen verbindet.[54] Auf diese Weise sollen über Landes- und Interessensgrenzen hinweg gemeinsame Inhalte und Methoden verbreitet und kommuniziert werden. Die Zusammenarbeit mit Projektpartnern und Partnerorganisationen soll dazu beitragen, Wissen und Erfahrungen zu teilen und Aktivitäten und Fähigkeiten aufzubauen.

Dieser »Hands on«-Ansatz bringt uns wieder zurück zum Thema Wahrnehmen mit Verweis auf die bereits thematisierte Hand-Kopf-Verbindung. Wer mit seinen Händen eine Lösung erarbeitet, lernt das schrittweise Vorgehen, begreift die einzelnen Entwicklungsstufen und die Qualität der einzelnen Arbeitsschritte, gewinnt die Erkenntnis, wie und warum das gewünschte Resultat entsteht. Wer fühlt, der versteht auch. Das beste Beispiel hierfür kommt aus der Ergotherapie: Wenn Sie ein Glas mit spitzen Fingern anfassen, verstehen Sie nicht, was rund bedeutet. Wenn Sie das Glas mit der ganzen Hand umfassen, begreifen Sie die Form.

Die richtigen Fragen schaffen Wissbegierde

Als weiterer Schwachpunkt im deutschen Schulbetrieb sehe ich die zeitlich und inhaltlich magere Förderung während der Kindergarten-/Vorschulzeit, und vor allem in der Grundschule. Dort gibt es immer mehr Kinder, die den Stift nicht halten können, nicht am Tisch sitzen können, nicht wissen, wie man mit einer Schere schneidet, die Sprache nicht können.

Je benachteiligter die Eltern dieser Kinder sind, desto weniger oder weniger lange besuchen diese Kinder eine Kita. Die Kinder müssen dann in der Grundschule aufholen, was sie zuvor nicht gelernt haben. Das wiederum bedeutet für die weiterführenden Schulen, dass sie Schüler bekommen, die in ihrem Bildungsstand zwei bis drei Jahre zurückliegen. Sie brauchen entsprechend mehr Zeit, die es nicht gibt, wenn die Schule Defizite ausgleichen muss, die durch geringe und/oder mangelhafte Förderung im Kindergartenalter entstanden sind.

Daher finde ich es zeitlich mager, wenn der Grundschulunterricht in der Regel von 8 Uhr bis 11 Uhr 20 dauert, und mir ist bis heute nicht klar, warum das so ist. Ich finde die Unterrichtszeit zu kurz, sowohl für die Kinder, die wesentliche Kompetenzen lernen und die Welt verstehen sollen, als auch für die

Eltern, die arbeiten müssen oder wollen. Anschließende Betreuungsstunden sind nicht mehr als das Verwahren der Kinder und bieten oftmals weder interessante Inhalte noch lernorientierte Aktivitäten und Prozesse.

Zudem höre ich stets, dass sich der Lehrplan nie ändert. Eltern mit Kindern, die zehn Jahre auseinander sind, berichten von identischen Inhalten, Büchern und Arbeitsblättern. Dabei ist, wie die Roland Berger Stiftung feststellt,»die Notwendigkeit einer Ausweitung der frühkindlichen Bildungsangebote (…) inzwischen weitgehend unbestritten«. Sie wirkt»prägend auf die spätere Entwicklung«, ist»die Wurzel für nachhaltig erfolgreiche individuelle Förderung«, für die»Verbesserung späterer kognitiver Leistung und Sozialkompetenz in der Schule«.[55] Die Stiftung fordert deshalb ein Vorgehen nach der Devise:»früh investieren statt spät reparieren«.[56]

In den öffentlichen Kitas und Grundschulen gibt es Fortbildungen, Netzwerke, Umweltprojekte oder Stiftungen, die spezielle (auch kostenlose) Förderprogramme für Kindergärten anbieten. Was jedoch seit Jahren fehlt, ist die bundesweite Verpflichtung zu einer verbindlichen Teilnahme an diesen zusätzlichen Bildungs- und Erziehungsprojekten, geschweige denn eine Aufnahme in das grundsätzliche Curriculum aller Kitas und Grundschulen. Immer müssen Anträge auf Zusatzförderung gestellt werden, auf Zusatzpersonal. Immer bewegt sich die Förderung im Bereich der Ausnahme, der Randgruppen oder in Abhängigkeit von der Fortschrittlichkeit und Initiative der jeweiligen Institution.

In gleichem Maße und mit gleicher Verbindlichkeit sollten auch die Qualität von Kindertageseinrichtungen bewertet und die Stärken und Schwächen evaluiert werden, genauso wie die Aus- und Weiterbildung des Personals. Zusammenfassend sagt der Bildungsforscher Aladin El-Mafaalani, die frühkindliche Bildung sei in den letzten Jahren enorm ausgeweitet und von den

Eltern auch angenommen worden. Was jetzt noch fehle, sei eine zufriedenstellende Qualität für alle Kitas, denn die Bildungsergebnisse würden trotz vermehrten Kitabesuchs als unzureichend bewertet.[57]

Warum das sogenannte Primary Years Program (Programm für Kindergarten und Grundschuljahre) der Internationalen Schule inhaltlich und pädagogisch so überzeugt und für mich bis dato alle anderen Erziehungskonzepte aus dem Rennen wirft? Es existiert bereits seit Jahren und wird jedes Jahr weiterentwickelt und optimiert. Nur zum Vergleich: Die Stadt München nimmt sich bis zum Ende des Jahres 2022 Zeit, um dann endlich ein Bildungskonzept für Kitas vorlegen zu wollen, das die nachhaltige Entwicklung fördern soll, wie zukunftsfähig zu denken oder die Folgen des eigenen Tuns zu erkennen und entsprechend handeln zu lernen.[58]

Die Munich International School ist eine der weltweiten Internationalen Schulen. Ihr PYP folgt der Ausrichtung des Primary Years Programs aller Internationalen Schulen und beginnt im zweiten Jahr Kindergarten und reicht bis in die 4. Klasse Grundschule (Junior School). Die Schule hat das PYP in sechs interdisziplinäre Erkundungsfelder unterteilt und entsprechende Fragenstrukturen geschaffen, die die Wissbegierde und das Lernen fördern sollen. Die Lernziele stehen auf Lernrädern an der Wand, die Türen stehen offen, die Lehrer stehen inmitten der (Vor-)Schüler, es gibt feste Strukturen und freie Zeiten, statt Noten gibt es erst einmal Berichte und Eltern-Lehrer-Konferenzen, zu denen die Kinder immer mitkommen sollen.

In »Wer wir sind« lernen Kinder, was es ausmacht Mensch zu sein, und dass wir alle ähnlich sind, aber dennoch jeder Einzelne von uns besonders ist. Die Kinder erkunden sich selbst, ihre fünf Sinne, ihre Familie, ihre Freunde, ihre Gemeinde und ihre Beziehungen.

In »Wo wir sind in Zeit und Raum« beschäftigen sich die Kinder mit ihrer Herkunft, mit dem Ort, an dem sie wohnen, mit ihren Beziehungen und ihrer Verbundenheit zu ihrem persönlichen Umfeld und zwischen den Kulturen. Im Anschluss daran lernen sie, »Wie man sich ausdrückt«. Die Kinder lernen, wie sie sich selbst, ihre Gefühle, ihre Ideen, ihre Kultur, ihre Werte ausdrücken und ausleben können, sie lernen, ihre Kreativität zu reflektieren, auszuleben und auch zu genießen.

Diese Erkundungseinheit ist für Eltern besonders eindrucksvoll, denn die Kinder erzählen selbst, spielen Geschichten aus unterschiedlichen Kulturen nach, setzen ihre Fantasie in Kunst oder Musik um. Da werden ganze Dinosaurierwelten kreiert und vor der Gruppe präsentiert. Die Kinder helfen beim internationalen Kinder-United-Nations-Buffet oder üben zusammen mit dem Internationalen Chor afrikanische oder japanische Lieder. Sie arbeiten in kleinen Einheiten, aber auch mit allen anderen Klassen zusammen.

In »Wie die Welt funktioniert« erkunden sie die Natur und ihre Gesetze, den Zusammenhang zwischen Natur, menschlicher Gesellschaft und ihrer Verwendung von Forschung und Technik. Wie wird produziert, wie kommt das Essen auf den Tisch, wie helfen Maschinen bei der Produktion? Am United Nations Food Day bringen alle Kinder ein Gericht aus ihrer Heimat mit. In »Wie wir uns selbst organisieren« lernen Kinder, was Organisation bedeutet, was Entscheidungen sind, was der Unterschied zwischen Arbeit und Spiel ist oder welche Rollen und Aufgaben es zu Hause und in der Schule gibt.

Zuletzt beschäftigen sich die Kinder mit dem »Teilen der Umwelt«, was es bedeutet, nur über begrenzte Ressourcen zu verfügen und diese teilen zu müssen. Sie lernen über Tiere, Früchte und Pflanzen und wie man sie bewahrt. Es geht um die Fürsorge für andere, um die Verantwortung für sich selbst, für die anderen und für die Umwelt: Mit der Aufforderung »Respect yourself, respect the others, respect the environment« (respektiere dich selbst, respektiere die anderen, respektiere die Umwelt) gehen die Kinder von der Grundschule in die Mittelschule. Alle diese inhaltlichen Lernfelder werden durch gezielte Lernstrategien strukturiert und begleitet, damit die Kinder die Fähigkeiten und Werte lernen, die es ihnen ermöglichen, sich selbst zu managen und dadurch funktionaler zu werden. Wie viele Kinder tun sich gerade dann schwer, wenn es um Organisation, Motivation, Ausdauer, Verantwortung und Reflexion geht? Die Fähigkeit zum Selbstmanagement soll ihnen folglich auch dabei helfen, Zusammenarbeit zu lernen, so zu kommunizieren, dass sie sowohl informieren als auch verstehen und verstanden werden, sie sollen das Nachdenken lernen, sowie die teils analoge, teils digitale Suche nach Informationen.[59] Erziehung wird als selbstverständliche Aufgabe der Schule wahrgenommen.

Mit diesem Bildungsauftrag vor Augen stellt sich eigentlich nur eine einzige Frage: Warum finden wir dieses ganzheitliche, interdisziplinäre Lernprofil frühkindlicher Förderung nicht so oder ähnlich oder auch nur ansatzweise in allen unseren Kindergärten angesichts von Inklusion und Migration, Globalisierung und Digitalisierung? Wir wissen seit der sogenannten Heckman-Kurve (der Amerikaner James Heckman erhielt 2000 den Wirtschafts-Nobelpreis), dass Investitionen in eine frühkindliche Bildung eine bessere ökonomische Rendite und höhere Erfolge für die Gesellschaft erzielen als alle schulischen und nachschulischen Maßnahmen.

An diesem Punkt kommt auch die Sprachförderung bis vier Jahre als wesentlicher Teil der Frühförderung zur Sprache, die gegebenenfalls die Eltern miteinschließen muss (siehe hierzu das Kapitel »Sprachkompetenz und Sprachförderung«). »Lernen beginnt schon lange vor der Einschulung«, sagt Professor Frank Niklas, Professor für Pädagogische Psychologie und Familienforschung[60], und das Primary Years Program der Internationalen

Schule stellt eindrucksvoll dar, was kleine Kinder im Alter zwischen vier und zehn Jahren alles lernen können. Wie sollen Toleranz und Altruismus in einer Bevölkerung entstehen und gedeihen, wenn kulturell nach wie vor keine neuen Lerninhalte dazukommen und alles immer nur beim Alten bleibt? Die Kinder in der Preschool und in der Grundschule der Internationalen Schule singen natürlich auch, sie basteln und spielen, aber in einem weiten, anregenden, mehrdimensionalen und interdisziplinären Kontext.

Die frühkindliche Förderung ist ein bewährtes Mittel, um die Nachteile der Herkunft in unserem Bildungssystem auszugleichen und Kindern mit Migrationshintergrund und aus schlechteren Familienverhältnissen bessere Startmöglichkeiten zu geben. Frank Niklas erklärt, dass Studien immer wieder beweisen, dass Migranteneltern ihren Kindern im deutschen Schulsystem weniger zutrauen und im Zweifelsfall eher die niedrigere Schule wählen. Und dass Lehrer diese Kinder auch seltener für das Gymnasium vorschlagen. Meines Erachtens sind es die Kindergärten und die Grundschulen, die sehr viel mehr und besser auf die Bedürfnisse der Kinder bildungsferner Eltern eingehen sollten, damit eine spätere Beschulung gelingt, mit Hilfe eines für alle ähnlichen Vorwissens durch frühkindliche Bildung. Diese Förderung hat laut Frank Niklas auch einen positiven Einfluss auf die spätere Einstellung der Kinder zu Schule und Leistung. Sie sind weniger krank und später weniger arbeitslos.

Natürlich gibt es heute neben den städtischen und kirchlichen Einrichtungen vor allem sehr viel mehr private Kindergärten und Grundschulen, mit unterschiedlichen Programmen zur Auswahl, und man kann eine Wahl für das eigene Kind treffen, wenn die Gebühren gezahlt werden können. Bei Grundschulen hält sich die Auswahl in Grenzen, aber auch hier kann man sich erkundigen und versuchen, die geeignetste Schule für das eigene Kind zu finden. Es ist mir klar, dass die Möglichkeiten hierfür regional verschieden und die Wahlmöglichkeiten mal besser und mal weniger gut verteilt sind, aber Ausnahmen bestätigen den Fortschritt.

In diesem Zusammenhang möchte ich auf die Besoldung unserer Lehrer eingehen. Gymnasiallehrer werden am besten bezahlt, besser als alle anderen Lehrer an allen anderen Schulen. Das wird mit der längeren Ausbildung begründet. Im Ernst? Das würde abermals bedeuten, dass sich der Beruf des Lehrers auf die Wissensvermittlung reduziert. Das ist doch nicht zeitgemäß, wenn weltweit Studien belegen, dass gerade den Grundschullehrern die größte Bedeutung zukommt. In Deutschland aber wird in Kindergarten und Grundschule zu wenig investiert, zu wenig in Förderung, Erziehung und Sprachbildung, und deshalb haben wir auch so viele Probleme! Und was ist mit den Lehrern, die pädagogisch den schwersten aller Jobs erledigen, weil sie an Brennpunktschulen oder in Förderschulen unterrichten? Sollten nicht dort die bestbezahlten Lehrer arbeiten?

2. Digitale Kompetenz in einer hochtechnisierten Umwelt

Unsere Kinder wachsen nicht mehr im Wald auf, sondern in einer hochtechnisierten Umwelt. In dieser Umwelt sollen Kinder nicht nur digitale Konsumenten sein, sondern müssen zu digitalen Produzenten werden, die in der Lage sind, die internationalen Anforderungen der Zukunft zu meistern. Dieses Konzept der digitalen Emanzipation sieht »eine selbstbestimmte Rolle der Schüler im technologischen Entwicklungsprozess vor«.[61] Dazu gehören informatorisches Wissen und Programmieren, algorithmisches Denken, Kommunikationstechnologie und Anwendungskompetenz, speziell die Grundlagen des Online-Marketings. Mittlerweile werden auch die

Grundlagen des Datenschutzes und der gängigen Sicherheitsmechanismen gefordert. Daraus wiederum resultieren Denk- und Arbeitsweisen, die auch in der Schule zu neuen Lernformen, zu neuen Lerninhalten, anderen Prozessen und somit neuen Möglichkeiten führen und denen angesichts der Geschwindigkeit des Wandels ein hohes Maß an Agilität anhaftet (siehe hierzu die Ausführungen weiter unten in diesem Kapitel unter den Überschriften »Beginnen wir endlich mit qualifiziertem Unterricht« und »Beginnen wir endlich, uns am digitalen Unterricht anderer Länder und der Internationalen Schulen zu orientieren«). Und das alles steckt bei uns noch in den Kinderschuhen.

Wie desolat der schulische Wissensstand im Vergleich mit anderen Ländern und wie vielschichtig die Problematik der digitalen Inkompetenz unserer Schulen ist, haben erst die Corona-Krise und der mühsame Versuch ihrer Bewältigung augenscheinlich gemacht. Dabei machen das Ausland und die Internationalen Schulen schon seit Langem vor, wie viel effizienter Kommunikation und Zusammenarbeit stattfinden können. Sie haben schon vor einiger Zeit umfängliche Medienentwicklungspläne aus- und eingeführt, haben neue schulische Handlungsspielräume zugelassen oder unterstützen, wenn sich Lehrer zu Teams zusammenschließen und sich innerhalb von Kommunikationsstrukturen vernetzen.

So gehen auch unsere Nachbarländer, die Schweiz und Österreich, sehr viel pragmatischer mit den verschiedenen Online-Tools um. Sie haben digitale Lösungen bereits vor der Krise installiert, haben die Datenschutzvorgaben offensichtlich gelöst oder passen sie der Realität an, mit der Folge, dass ihre Tools auch einsatzbereit waren.[62] Sie haben bereits Pionierarbeit geleistet und bieten ihr Know-how und ihre Unterstützung an – die unsere Kultusminister und Schulen offensichtlich nicht annehmen wollen.

Natürlich wird nicht jedes Kind Informatiker werden, aber jeder Schüler und jede Schülerin sollte digital kompetent sein, denn diese Kompetenz überlagert bereits heute Rechnen, Schreiben und Lesen. Die digitale Kompetenz ist damit nicht nur Voraussetzung der späteren Berufsausbildung und der akademischen Studierbefähigung, sie ist auch grundlegend für den späteren beruflichen Alltag. Nicht iPad-Wischen, sondern iPad-Wissen ist das Thema der Zukunft.[63]

»Geld ist nicht das Problem«, sagte mir einst ein Kultusminister und verwies auf den Digitalpakt, der nun endlich nach langem, überflüssigem Streit umgesetzt werden soll. Unsere realen Probleme sind sehr viel grundlegender: Die wenigsten Schulen sind digital gerüstet. In über der Hälfte der deutschen Schulen gibt es keinen Breitbandanschluss oder WLAN in den Klassenräumen. Noch schlechter sieht es bei der Verfügbarkeit von Tablets, Laptops oder Rechnern oder bei der Realisierung von Medienkonzepten aus. 90 Prozent der Lehrer nutzen während der Corona-Krise ihren privaten Computer. Lediglich ein Drittel der Lehrer hat Fortbildungen in digitalen Lernmethoden absolviert[64], und weniger als die Hälfte der Schüler hat Zugriff auf ein Lernmanagementsystem.

Der jüngste Nationale Bildungsbericht auf Basis einer Datenerhebung 2018 ergab, dass nur 23 Prozent der Achtklässler digitale Medien im Klassenzimmer nutzen und nur die Hälfte der Fünfzehnjährigen mit Notebooks oder Tablets im Unterricht arbeitet.[65] Infolgedessen verfügt ein Drittel der Schüler nur über digitale Minimalkenntnisse und im europaweiten E-Learning-Ranking liegen wir auf dem 27. Platz und sind damit Schlusslicht.[66]

Und damit nicht genug: Die im Digitalpakt festgelegten bürokratischen Auflagen von Bund und Ländern tragen eher zur Verschleppung als zur aktiven Beseitigung der Schieflage bei. Umsetzung ist bei uns das Problem. Das beginnt bei unseren schlechten Ergebnissen in der PISA-Studie, weil sie prüft, wie gut unsere Schüler ihr Wissen anwenden und damit umsetzen können, und es endet mit Geldern, die für Strukturwandel und Zukunftsstrategien nicht ausgegeben werden, weil alles so kompliziert und umständlich ist.

Beginnen wir endlich den digitalen Wandel zu gestalten!

Schulen in Deutschland sollen nun endlich eine zukunftstaugliche digitale Infrastruktur bekommen. Dazu zählen funktionierende WLAN-Anschlüsse, neue Computer und Laptops für Lehrer und Schüler sowie diverse Lernkonzepte und -programme. Aber reicht das?

So wie es Vincent Steinl, Leitung Programm beim Forum Bildung Digital der Learntec, im Januar 2019 dankenswerterweise klar formuliert hat, könne es nur darum gehen, den digitalen Wandel »zu verstehen, zu reflektieren und nach Möglichkeit auch zu gestalten – im Sinne einer ganzheitlichen Bildung und einer Pädagogik, die die Kinder und Jugendlichen und ihre Bedürfnisse in den Mittelpunkt nimmt«.[67]

Auch der Erziehungswissenschaftler Klaus Zierer und der Philosoph Julian Nida-Rümelin halten im Zusammenhang mit der digitalen Bildung das Bildungsideal der Urteilskraft hoch. Schüler sollen lernen, den Nutzen und den Einsatz digitaler Mittel zu reflektieren, damit sie sich selbst mittels ihrer erworbenen Distanz und Kritikfähigkeit vor Ideologisierung und Isolierung schützen können. Die hierfür erforderliche Reduktion der Stofffülle auf sogenanntes Orientierungswissen soll die Schule nicht leichter, sondern herausfordernder und damit sinnvoller machen.[68]

Und Wolfgang Schimpf sieht mit dem Distanzlernen eine Chance für die »Fachgruppen, als schlafende Riesen der Schulentwicklung«, über lernwirksamen Unterricht insgesamt zu beraten. Für ihn ist die coronabedingte Notwendigkeit zeitweiser

Distanz eine entlarvende Rahmenbedingung für die Überprüfung der Qualität des Unterrichts. Ist er immer noch lernwirksam, stimmen die Ziele und die Gestaltung?[69]

Also fangen wir endlich an, unsere Schulen fit zu machen für die digitalisierte Welt! Hören wir damit auf, Schein-Widersprüche auf dem Niveau von »Tablet oder Tafel« zu konstruieren. Begreifen wir endlich, dass es nicht nur um neue IT-Infrastrukturen geht, sondern darum, dass neue Technologien auch ungeahnte Möglichkeiten für Inhalte, für den Unterricht, ja für das gesamte Schulsystem bieten. So wie das Industriezeitalter den naturwissenschaftlichen Unterricht hervorbrachte, so sollte das Informationszeitalter die Kinder darauf vorbereiten, digitale Systeme zu gestalten und zu beherrschen.

Natürlich kenne ich die Schwächen des digitalen Zeitalters und seine Wirkung auf Kultur und Bildung. Daten können missbraucht werden und Kinder scheinen jedes Jahr einen Teil ihrer Aufmerksamkeit einzubüßen. Klaus Schierer beschreibt das so: »Das Ablenkungspotenzial ist immens, Mobbing erhält eine neue Dimension, die Zeit fürs Lernen wird reduziert und die Zugangsweisen zum Lernen verändern sich. Die unreflektierte oder ausschließliche Anwendung digitaler Medien und Instrumente kann zu Isolation, Abhängigkeit, körperlicher Beeinträchtigungen oder zu einem Abnehmen der kognitiven Leistungsfähigkeit führen. Dadurch wird nicht nur erschwert, dass Jugendliche heute Goethe und Schiller verstehen (...), sondern überhaupt lesen können.«[70]

Wir wissen auch, dass sich das kindliche Gehirn nicht durch »Wischen« am Tablet weiterentwickelt, sondern durch Sinneseindrücke (siehe das Kapitel »Natur, Wahrnehmung und die frühe Förderung«). Wir wissen auch, dass Unterricht und Lernen im hohen Maß Beziehungsarbeit sind, und dass digitales Lernen die Beziehung zu einem wissenden und verstehenden menschlichen Gegenüber nicht ersetzt.[71] Und dennoch können wir den Fortschritt nicht aufhalten.

Oft höre ich Lehrer und Eltern sagen, dass weniger Digitalisierung viel besser wäre und es uns doch auch ohne sehr gut geht. Viele können sich nach wie vor nicht vorstellen, wie, wann und wo Lernen mit dem Laptop in der Schule sinnvoll ist und funktionieren soll. Immer noch ist die Angst vor diesem »Ding« größer als die Neugierde, die Begeisterung und der Wunsch die Zukunft zu gestalten. Mit der Folge, dass im Internet eine chinesische Touristin zitiert wird, die nach einer Reise durch Europa und mit parallelem Blick auf die technologische Turboentwicklung im eigenen Land ein vernichtendes Urteil fällt: Europa ist ein Freilichtmuseum. Sigmar Gabriel hat meiner Erinnerung nach einmal von einem »Schmuckstückchen« gesprochen, das man bei Bedarf auspackt und schön findet, das aber keine Verwendung mehr hat.

Dass eine komplexe schulische Ausbildung unter digitalen Vorzeichen möglich ist, beobachte ich bei europäischen Freunden in Hongkong. Ihre zehn- bis zwölfjährigen Kinder sind beeindruckend vielseitig geschult, in digitaler Kompetenz ebenso wie in Sprachen, Musik oder Naturwissenschaften. Selbst Latein gehört zum Angebot. Auch in Singapur und in Südkorea finden wir ähnliche Ansätze. Sie lernen, altersgerecht zu coden und zu programmieren und schulen damit ihre Teamfähigkeit, ihre Problemlösungskompetenz und ihr logisches Denken. Sie alle setzen das digitale Klassenzimmer längst selbstverständlich ein, können den Lernstoff schneller aufholen und die Systeme nach der Corona-Krise zügig wieder hochfahren.[72] Die Schüler sind selbstständiges Lernen in einer digitalisierten Struktur bereits gewohnt und können so die Umstellung auf Fernunterricht und das Fehlen des Präsenzunterrichts besser aushalten. Lehrer haben sich schon daran gewöhnt, auch digital zu unterrichten, sie haben verschiedene didaktische Methoden bereits evaluiert und eingesetzt. Selbst digitale Prüfungen sind bereits »ausgeklagt« und didaktisch durchdacht.[73]

Das können wir doch auch! Wir müssen eben eine deutsche Lösung finden, für unsere Kinder, für unsere Kultur, und zwar schnell. Die Corona-Krise muss Schock genug sein, dass klar wird, wie unvorbereitet wir sind, wenn es um nicht vorhersehbare Herausforderungen geht. Das Zögern und Zaudern, das Theoretisieren muss aufhören, zumal das Modell Internationale Schule und viele andere Länder seit Jahren vormachen, wie eine gelungene Transformation der Schule aussehen kann.

Wir können den digitalen Wandel unserer Schulen nur dann gestalten, wenn wir ihn endlich strategisch und pragmatisch angehen. Wo bleiben – seit Jahren – die digitalen Bildungsvisionen der föderalistisch organisierten Kultusministerien? Wurde die Zeit während der Corona-Krise genutzt, um den Schulen überzeugende und abgestimmte strategische Vorgaben zu machen, die sowohl datenschutzrechtlich standhalten als auch pragmatisch wirklich umgesetzt werden können? Werden Schulleitungen und Lehrer verpflichtet, sich digital zu bilden, und zwar so schnell wie möglich?

Im Gegenteil, es fehlen nach wie vor bundesweite Maßnahmen und strukturelle Vorgaben, denn Geräte ohne Lernsoftware und ohne die Unterstützung durch Systemadministratoren an den Schulen, ohne Hilfestellung bei den geforderten Medienkonzepten, ohne datenschutzrechtlich verfügbare Datenräume und Datenregeln nützen wenig, und daher wird die Chance, digitales Lernen zeitlich in den Sommerferien aufzuholen und in den Unterricht zu integrieren, auch verpasst. »Ein bundesweit tragfähiges Konzept für einen pädagogisch wertvollen Mix aus Fern- und Präsenzunterricht, ein Plan B, der sicherstellt, dass das Recht auf Bildung auch eingelöst wird, wenn irgendwo ein viraler Hotspot hochploppt, war nicht dabei.«[74]

Also müssen die Schulen und ihre Lehrer aktiv werden. Sie müssen leisten, was die Politik nicht schafft. Sie müssen endlich erkennen und akzeptieren, worauf es in Zukunft auf dem

Arbeitsmarkt ankommen wird und welche Konsequenzen sich für alle Beteiligten daraus ergeben. Ich kann nur immer wieder betonen: Schulen in anderen Ländern verfügen bereits über alle erforderlichen Inhalte, Maßnahmen und Regelsätze. Das Rad muss nicht neu erfunden werden!

Beginnen wir endlich unsere Einstellung zu ändern!

Die Unterrichtsqualität hängt nicht nur davon ab, neue Strukturen zu schaffen, was wir mit Vorliebe tun, sondern sicherlich in gleichem Maße davon, dass auch die Menschen darin gestärkt werden. Dazu gehört, die Schüler, das Lehrpersonal und, wenn notwendig, auch die Eltern digital zu bilden, zumal auch nicht jeder einen PC mit Drucker zur Verfügung hat. Damit sich zumindest kurzfristig die Verfügbarkeit von Hardware ändert, wenn Bund und Länder nicht tätig werden, können Initiativen helfen wie beispielsweise von M-Net in München oder »Hamburger for Homeschooling«, die gebrauchte Tablets und Laptops für Schüler sammeln, damit sie Zugang zum Online-Unterricht bekommen. Eine andere Möglichkeit zeigt die nachhaltige Online-Firma Green Panda, die gebrauchte Geräte prüft, reinigt und weiterverkauft.

Viele Schulen und Eltern, die nicht einsehen wollen, dass ein Laptop für Kinder auch ein Arbeitsgerät sein kann und nicht nur eine Spielekonsole, haben oft selbst keine Ahnung von der digitalen Welt. Das bestätigt leider auch der jüngste Nationale Bildungsbericht, der einem beträchtlichen Teil der Bevölkerung bislang allenfalls rudimentäre digitale Kompetenzen zuspricht.[75] Und eine Umfrage vom Meinungsforschungsinstitut One Poll ergab im Juli und August 2020, dass immer noch 20 Prozent der Eltern grundsätzliche Skepsis äußern und fürchten, dass Online-Unterricht generell schlecht für ihre Kinder ist.[76]

Lehrer und Eltern sind demnach nicht in der Lage, mit Daten planvoll und informiert umzugehen, um sie gegebenenfalls auch hinterfragen zu können. Das ist schlichtweg unmöglich, denn Schulen und Eltern, die einen wesentlichen Teil des kindlichen Kommunikations-, Lern- und Arbeitsverhaltens weder kennen noch verstehen, schaden den Kindern. Wie will man mit einer solchen Realitätsverweigerung teilhaben, fördern, unterstützen, wie will man die Kinder schützen, beraten oder auch einmal kontrollieren? Das kann nur gelingen, wenn Lehrer und Eltern zumindest auf dem Stand der Kinder sind, um anerkannte Partner und zugleich auch Vorbilder mit Autorität zu sein.

Es geht also nicht nur um die technische Ausstattung der Schulen – und wir verharren gerne im technischen Sektor des Lebens –, sondern es geht um die Veränderung der Einstellung bei den Erwachsenen. Ob und wie viel digitale Mittel im Unterricht eingesetzt werden, hängt im starken Maß von der jeweiligen Haltung der Schulleitung und der Lehrer ab, wie aufgeschlossen, fortschrittlich und lernbereit sie sind. Heute ist vieles nicht besser, aber anders, und darauf müssen wir eingehen.

Die Kinder muss man nicht bekehren. Sie sind oft technisch versierter und aufgeschlossener als ihre Eltern oder Schulen. Aber man muss ihnen beibringen, dass nicht Spielen der Sinn eines Computers ist, sondern dass sie in der Lage sein müssen, sich im digitalen Alltag zurechtzufinden und beruflich den nationalen und internationalen Wissensstandards zu genügen.

Auch wenn Kinder keine Informatiker werden, sondern einen ganz anderen Beruf ergreifen, vielleicht sogar ein Handwerk ausüben oder sich der Kunst widmen werden, werden sie auch mit Tablets lesen oder Bibliotheken besuchen, die zu Informationszentren ausgebaut wurden. Sie werden mittels algorithmischen Denkens ihre Denkstruktur bei der Lösung von Matheaufgaben verbessern, sie arbeiten mittels interaktiver Applikationen oder lernen unterstützt eine Sprache, weil sie auf mediale Techniken (Babbel, Duolingo) zurückgreifen können. Sie können im Kunstunterricht mit Photoshop oder 3-D-Druckern arbeiten, mit E-Book-Plattformen eigene Bücher veröffentlichen oder selbst einen Podcast produzieren. Oder sie trainieren ihre kognitiven Fähigkeiten durch repetitive Übungen des Arrowsmith-Programms.[77]

Eltern und Lehrer vergessen gerne, dass Kinder in einer digitalisierten Zukunft eine andere Ausbildung erhalten und erleben werden als wir. Sie kommunizieren bereits anders, interagieren anders, informieren (sich) anders und entscheiden anders. Insbesondere die digitale Zusammenarbeit und Kooperation muss man lernen, das gelingt nicht von allein – wie wir gerade erleben mussten. Da gehört es einfach dazu, dass sie mit digitalen Tools umgehen, online kooperieren, aber auch problemlos Dateien anlegen oder im Internet »researchen« können. Die »International Computer and Information Literacy«-Studie 2019 hat gezeigt, dass deutsche Jugendliche im internationalen Vergleich der Medienkompetenz Informationen im Internet zwar suchen, aber häufig keine fundierten Inhalte erstellen können. Im Gegensatz hierzu nutzen Schüler in Dänemark ihr Smartphone in der Schule und schnitten bei erwähnter Studie neben Südkorea unter den Besten ab.

Auch in der privaten Schule Neubeuern lernen die Kinder die Nutzung von Hard- und Software und erstellen unter Verwendung multimedialer Bestandteile sehr kreative und innovative Inhalte – bei Bedarf in internationalen Teams mit Schülern aus Indien, Kanada, Südafrika und Hongkong. Dadurch geschieht eine Horizont- und Perspektiverweiterung bei den Kindern, die auf diese Weise Diversität und Internationalität unmittelbar und direkt erleben.[78]

Viele private Schulen können Vergleichbares leisten, haben aber oftmals nicht mehr Geld als staatliche Schulen, auch wenn das immer und gern behauptet wird. Der Unterschied ist: Sie setzen ihre Prioritäten anders. Sie investieren lieber in Laptops für Schüler und Lehrer statt in schicke Smartboards an den Schulwänden, und sie nehmen nicht hin, bis zum Jahr 2025 auf einen WLAN-Anschluss zu warten. Wichtig ist auch, dass wir informatorische Bildung an wirklich jeder Art von Schule einführen, denn ich kenne Hauptschüler, die noch nie eine E-Mail geschrieben oder am PC gearbeitet haben. Sie kennen nur die Spiele auf ihrem iPhone. Professor Thomas Hofmann bringt es in einem seiner Interviews auf den Punkt: »Die Welt wartet nicht mehr auf Deutschland.«[79]

Beginnen wir endlich die Verantwortlichen zu verpflichten!

In München bekam das Wilhelm-Hausenstein-Gymnasium nach Monaten des Wartens eine Absage für einen WLAN-Anschluss vom zuständigen Kultur-Sport-Referat, mit der Begründung des fehlenden Datenschutzes! Was hat der Datenschutz mit einem WLAN-Anschluss zu tun? Das Referat erklärte das »Pilotprojekt« für den WLAN-Ausbau an zehn Schulen für abgeschlossen. Das Wilhelm-Hausenstein-Gymnasium hatte Pech, es war nicht dabei. Man wolle aber ab Oktober weitere »ausgesuchte« pädagogische Einrichtungen einbinden.[80]

Noch interessanter ist die Tatsache, dass die Mittel für die Dienstlaptops der 800 000 Lehrer in Deutschland aus dem Wiederaufbaufond der EU kommen sollten, der aber erst noch aufgebaut werden muss.[81] Und um das Ganze noch auf die Spitze zu treiben, lehnen beispielsweise die hessischen Kommunen die Lehrerlaptops bisher ab, weil die Finanzierung von Ersatzteilen, Reparaturen und Administration weiterhin ungeklärt ist.[82]

Das sind doch echte Amtsschimmel, denn den Verantwortlichen fehlt offensichtlich nicht nur das Bewusstsein für die Dringlichkeit der Lage[83], sondern auch für die Notwendigkeit einer engen Kooperation zwischen Bund und Ländern, wenn am Föderalismus nicht gerüttelt wird.

Daher gebührt Lob und Ehre den Schulen, die sich während der Corona-Krise über bürokratische Hürden hinweggesetzt und sich kreativ und fürsorglich für ihre Schüler eingesetzt haben, anstatt auf Ansagen und Anweisungen von oben zu warten und Lerndefizite billigend in Kauf zu nehmen. Schulen, die ihr Schicksal selbst in die Hand genommen haben[84], zeigen, was möglich ist, wenn es eben nicht an Veränderungsbereitschaft mangelt.

Leider waren es nur 40 Prozent der Lehrer, die auf diese Weise ihre Schüler während des Lockdowns digital interaktiv erreichen konnten. Es entstanden immense Unterschiede nicht nur zwischen den Schulen, sondern auch noch innerhalb der Schulen. Im selben Jahrgang hatte eine Klasse vernünftigen Online-Unterricht, die andere Klasse »arbeitete« mit E-Mail oder WhatsApp-Nachrichten und ohne Feedback des Lehrers. Fast 30 Prozent der Schüler wurden überhaupt nicht mehr erreicht, während in Dänemark die Umstellung aller Schulen auf Distanzlernen lediglich zwei Tage in Anspruch nahm, weil alle Lehrer und Schüler digital bereits geübt waren!

Wenn Ihre Kinder nach der Schule eine Ausbildung absolvieren werden, vielleicht studieren, dann zählen eben nicht nur gutes Lesen, Schreiben und Rechnen, sondern AUCH die vierte Kulturtechnik, die digitale Kompetenz. Daher gilt für alle Verantwortlichen, dass sie sich zusammenschließen, verzahnen und so schnell wie möglich die wichtigsten Aufgaben erledigen. Nicht nur mit Absichtserklärungen und lockeren Verabredungen wie bisher, oder wie Simone Fleischmann, Präsidentin des Bayerischen Lehrer- und Lehrerinnenverbands, es beschreibt, mit politischen Digitalgipfeln, die als »Wünsch-dir-was« der Technologie veranstaltet werden[85], sondern mit Nachdruck und Umsetzungsverpflichtung.

Die Verantwortlichen sind in Vertretung des Bundes unter anderem die Bundesbildungsministerin und die 16 Kultusminister unseres föderalistischen Bildungssystems, die nicht an einem Strang ziehen, sondern bis dato alle ihre eigene Schulcloud programmieren, eigene Richtlinien und Prozesse erlassen und in unterschiedliche Hard- und Software investieren, was der Präsident des deutschen Lehrerverbands »einen Witz« nennt.[86] Wie der Kommunikationsexperte Christoph Bornschein richtig anmerkt: »Fragmentierte Zuständigkeit führt zu fragmentierten Antworten.«[87]

Daher brachte der informelle Schulgipfel am 21. September 2020 trotz aller Kritik den lang ersehnten Fortschritt. Jetzt kommt es darauf an, dass auch umgesetzt wird: Der länderübergreifende Beirat soll langfristig eine sichere und datenschutzkonforme Infrastruktur ausstatten und warten. 500 Millionen Euro sollen für die Förderung technischer Administratoren ausgegeben werden, um mittels Firmen oder eigenen IT-Mitarbeitern die Schulen digital kompetent zu unterstützen. Lernmanagement- und Cloud-Ansätze sollen sinnvoll geordnet, zusammengeführt und vernetzt werden. Kompetenzzentren für digitalen Unterricht sollen entwickelt werden, die Schulen bei den technischen und pädagogischen Medienkonzepten und Schulentwicklungsplänen beraten und die Entwicklung qualitativ hochwertiger Bildungsmedien mit den notwendigen Fachleuten unterstützen.[88]

Warum nicht auch mit zeitnaher Hilfe einer professionellen Taskforce mit Coaches, Lern- und Transformationsbegleitern für Schulen, die ein digitales Medienkonzept nicht leisten können? Eine verbindliche und engmaschigere Berichtspflicht der Länder könnte erreichen, dass die Länder die ausstehenden schulischen Medienkonzepte schneller durchreichen, die erst von den Schulträgern »gesammelt« werden, bevor sie den Kommunen und Ländern zur Genehmigung vorgelegt werden. So könnten die Mittel des Digitalpakts schneller abgerufen werden.[89]

Es geht um die notwendige schnellstmögliche Einführung der Grundzüge des Codens und Programmierens, damit Kinder die Digitalisierung verstehen. Die Einführung von Medienpädagogik in allen Schulen soll sicherstellen, dass Lehrer in der Lage sind, ihren Schülern beizubringen, wie man mit Digitalisierung achtsam und vor allem verantwortungsvoll umgeht. Schulkollegen und -kolleginnen in anderen Ländern bilden sich bereits seit über zehn Jahren digital aus, sind deshalb ihren Schülern digital auch nicht unterlegen! Und bei uns? Zumindest in Hamburg ist die mediale Kompetenz der Lehrer bereits verpflichtender Teil der Ausbildung und für Fachleiter ist die digitale Fortbildung Pflicht.[90]

Auch hier wäre ein gemeinsamer und schneller Lösungsansatz unter der Ägide der Kultusministerkonferenz mehr als hilfreich, denn dort könnte es zum Austausch innovativer Konzepte und Produkte kommen, zur Vernetzung aller Verantwortlichen mit dem Ziel der Einigung und Umsetzung möglichst einheitlicher Programme. Auch ist eine zentrale Plattform für qualitätsgesichertes digitales Lernmaterial grundsätzlich von Vorteil, wo Lehrer gezielt nach passender Lernsoftware suchen können.

Das Angebot an digitalen Produkten ist derart explodiert, dass die Wissenschaftler der Leopoldina-Akademie für Kitas und Schulen »länderübergreifende Regelungen und Standards sowie einheitliche Rechtsauslegung und Transparenz« empfehlen. Sie fordern langfristig ein Zertifizierungssystem für digitale Lernsoftware, für den Zugang zu datenschutzrechtlich geprüften Lernplattformen und Videokonferenzsystemen. Sie empfehlen weiter, Rahmenverträge mit Hard- und Softwareanbietern zu schließen.[91]

Microsoft beispielsweise liefert sein Office-Paket vielen Schulen kostenlos – wovon Privatnutzer nur träumen können – und trifft nicht nur auf Kompetenz-, sondern auch auf Akzeptanzprobleme, obwohl die Nutzerdaten weitgehend auf deutschen

Servern gespeichert werden und das Geschäftsmodell nicht auf der Nutzung und Vermarktung der Kundendaten beruht, was auch vertraglich abgesichert ist.[92]

Bis jetzt wurden von den im Rahmen des Digitalpakts bewilligten fünf Milliarden des Bundes seit dem Frühjahr 2019 lediglich sechs Prozent der Fördermittel abgerufen und konkreten Projekten zugewiesen, was uns schlichtweg aufzeigt, wie wenig bis dato initiiert und umgesetzt wurde. Der Digitalpakt ist nicht nur schwerfällig, die Geldflüsse von Bund und Ländern zu den Schulen sind bürokratisch so unterschiedlich wie die Länder selbst. »Erst wenn die Beamten der jeweiligen Ebenen ihr Häkchen gesetzt haben, kann der Schulleiter das Geld einplanen.«[93]

Doch sieht manch einer die mangelnde Digitalkompetenz der Lehrer als vorrangiges Problem, und nicht die zu späte Ausstattung der Schulen. Bei uns werden technikaffine Lehrer immer noch ausgebremst, mit dem Hinweis, sie würden Erwartungen wecken, die der Rest des Kollegiums nicht erfüllen kann. Auch wenn Schulen und Lehrer sehr stark von den Weisungen abhängig sind, die sie von der Bezirks- und Landespolitik erhalten, mangelt es doch schlicht an der Bereitschaft, sagt Ulrich Bauer, Professor für Sozialisationsforschung und Dekan für Erziehungswissenschaften an der Universität Bielefeld. Das moniert auch Martin Löwe vom Elternverband, wie auch der Landesschülersprecher Joshua Grasmüller.[94]

Es gibt mehr Widerstand als Fortschritt. Noch im Sommer 2020 wurde deutlich, »in den meisten (Bundes-)Ländern wird die Fortbildung ruhen, werden Lehrer in die Ferien fahren«[95]– »ohne dass es eine Vorbereitung auf unterschiedliche Szenarien im kommenden Schuljahr gibt«.[96] Daher braucht es kurzfristig die Flexibilität einer starken Schulleitung, die mit ihrem Lehrerkollegium an einem Strang zieht, um, wie beispielsweise das private Isar-Gymnasium in München, virtuelle Klassenräume und Online-Unterricht innerhalb kürzester Zeit einzuführen.[97] Oder die SABEL Wirtschaftsschule, die für jeden Schüler einen PC, eine eigene E-Mail-Adresse, einen eigenen Zugang für den Rechner und ein Laufwerk mit eigenem Passwort bereitgestellt hat. Oder eine Lehrerin in einer Münchener Mittelschule, die in den Pfingstferien recherchiert hat, Webinare besucht, danach virtuelle Zugänge für Microsoft Teams angelegt und Lernapps für ihre Schüler ausgesucht hat, deren Verwendung sie auch kontrollieren kann.[98]

Wenn das ganze System der Schulsteuerung versagt, angefangen bei den Kultusministerien, die eher abwarten als managen und steuern, den Ministerialbeamten, die jede Veränderung aufschieben, weiter mit den Juristen der Ministerien, die nur danach suchen, warum eine Lösung nicht umgesetzt werden darf, etwa weil Datenschutzrichtlinien und konkrete Handlungsanweisungen für Schulen immer noch nicht existieren, wenn die Datenschutzbehörde mit ihrem Ampelsystem gleichzeitig fast alle Anstrengungen lahmlegt: Da fragt man sich schon, wie andere Länder alles bereits meistern konnten. Bei uns wurden die Monate während der Corona-Krise nicht genutzt, weder für die Konzeptionierung einer ganzheitlichen, digitalen Vision oder für klare, verbindliche Ansagen an die Lehrer noch für die Schaffung und Kommunikation bürokratischer Erleichterungen, um den krisenbedingten Schub in Richtung digitale Schule weiterzutreiben.[99]

Während in Shanghai auf Cyberschule per Video-Unterricht und Online-Aufgaben umgestellt wird.[100] Während die Lehrer in London in der Grundschule ihres Sohns, laut seiner Mutter, »in den Ferien komplett durchgearbeitet und sich ein Konzept für den digitalen Unterricht überlegt« haben[101], scheint bei uns weder die vom Bayerischen Kultusministerium angebotene Plattform Mebis eine große Hilfe zu sein noch das in Baden-Württemberg angebotene und gescheiterte landeseigene Schulportal Ella, Logineo in Nordrhein-Westfalen, Lernsax in Sachsen oder Online-Schule im Saarland.

Die als instabil, zu aufwendig und zu kompliziert gewerteten Plattformen wurden nur mit großer Verzögerung aufgerüstet und ergänzt und haben sich grundsätzlich als unzuverlässig erwiesen. Wie kann es sein, dass Microsoft Teams funktioniert, aber Mebis nicht, das auf der Basis der australischen Software Moodle läuft? IT-Experten sehen die Probleme bei den regionalen »Funklöchern«, bei der Software, beim IT-Support, beim sogenannten Hosting und bei der Anbindung der Datenbank.[102] Die zugehörigen Server unterstehen dem Bayerischen Finanzministerium, das die Gründe für den Datenstau für sich behält. Die Serverkapazitäten wurden seit März 2020 nicht erweitert, obwohl es viele Firmen gibt, die in Deutschland günstig und unkompliziert anbieten und somit den Datenschutz gewährleisten. Softwareprobleme lassen sich auf die vielen Anwendungen zurückführen, die nachträglich in die Plattformen hineingepackt wurden.

Die Experten empfehlen eine Basisvariante mit einem Kommunikationskanal, einer sicheren Cloud zum Hoch- und Runterladen von Dokumenten und einem Videokonferenzsystem, bis man ausreichend Erfahrungswerte gesammelt hat, was man die letzten 10 Jahre versäumt hat. Wenn Log-ins nicht funktionieren, muss man sich an den Support der Plattform wenden, der sehr schwerfällig reagiert. Und weil zu viele unterschiedliche Betriebssysteme benutzt werden und die Anwendungen nicht browserbasiert funktionieren, sind die Geräte nicht kompatibel, was wiederum das Arbeiten erschwert. Für Schüler ohne Geräte stehen keine »Internet-Cafés« zur Verfügung, wo sie finden, was sie fürs online Lernen brauchen.[103]

Ein weiteres Konfliktthema ist der Datenschutz. Je datenschutztauglicher die Schulportale sind, desto weniger Funktionen bieten sie. Es gibt keine Handy-Apps, keine Videokonferenzen, keine Chats. Auf diese Weise erschwert der Datenschutz den echten Schutz der Schüler, die zu WhatsApp oder Instagram abwandern, um kommunizieren zu können[104]. Auch die vom Bundesbildungsministerium beauftragte, von den Ländern wenig beachtete nationale Schulcloud des Potsdamer Hasso-Plattner-Instituts kämpft mit beträchtlichen Datenschutzlücken.

Obwohl sich die Liste der Portale zumindest stetig erweitert[105], funktionieren unsere schulischen Distanzmodelle nicht, und viele sehen schon gravierende Wissenslücken bei den Kindern, vor allem in bildungsfernen Familien, die nicht mehr aufgeholt werden können. Der Bildungsökonom Ludger Wößmann spricht von individuellen und gesamtwirtschaftlichen Folgen.[106] Weniger Schule kostet Geld, vor allem die Schüler – ohne dass sie es wissen. Denn hinlänglich bewiesen ist der Zusammenhang zwischen Bildung und Wohlstand: »Mit jedem Schuljahr und dem entsprechenden Kompetenzerwerb erzielen Schüler später ein zehn Prozent höheres Lebenseinkommen.«[107]

Wären mehr Schulen und Lehrer auch nur annähernd so fortschrittlich, offen, flexibel und engagiert wie in den genannten Beispielen, dann könnte Online-Schule den Alltag mit Präsenzschule bereits langfristig ergänzen, und kurzfristig eben auch ersetzen – so wie in sehr vielen anderen Ländern. Dann hätten wir nicht ein Szenario, das bereits die Bildungskrise nach der Corona-Krise heraufbeschwört, weil Lehrer in Nachhilfe müssen und die Bildungsungerechtigkeit immer stärker wird.[108] Wenn wir unsere Lehrer professionalisieren, können wir die Stärken des öffentlichen Schulsystems erhalten: gute Angebote, flächendeckende gute Qualifizierung und eine Verbesserung der Chancengerechtigkeit.[109]

Beginnen wir endlich die Lehrer fortzubilden!

Abgesehen davon, dass – oder auch gerade weil – unsere Lehrer immer noch mehrheitlich der Auffassung sind, dass digitaler Unterricht Schüler zwar motivieren kann, jedoch nicht wirklich zu individualisiertem Lernen und zu Lernerfolg beitragen kann, verfügen sie über wenig bis keine Kenntnis vom didaktisch sinnvollen Einsatz digitaler Technik im Unterricht.

Warum? Weil in unserem föderalistischen Staat die digitale Technik immer noch nicht systematisch in die Aus- und Weiterbildung integriert ist, die sich zudem, je nach Bundesland und Bildungsbereich, auch noch erheblich voneinander unterscheidet.[110] In Bayern sollen sich bis Ende des Jahres 120 000 Lehrer digital fortgebildet haben, und 90 Prozent der 1700 vom Online-Fortbildungsinstitut Fobizz befragten Lehrer nehmen die aktuelle Situation zumindest auch als Chance für ihre digitale Bildung wahr.[111]

Wenn Lehrer lernen auszuwählen, warum und wann welche digitale Methode oder welches digitale Tool zu ihren Schülern passt und sie in ihrer Besonderheit fördert und fordert, dann müssen sie sich dabei auf die Lebenswelten ihrer Schüler einlassen, sich diese oftmals erst erschließen. Das ist für viele nicht so einfach, denn 12,4 Prozent unserer Lehrer sind 60 Jahre und älter.[112]

Es gibt auch bei uns Ausbildungsmessen mit sehr vielen Angeboten für Lehrer und Schulleiter von privater und öffentlicher Hand. Angebote, die von den Schulen und Lehrern freiwillig leider kaum genutzt werden, sei es aus Lehrermangel, weil Freizeit geopfert werden muss, wegen fehlender Hardware, aus Desinteresse oder aufgrund bürokratischer Hindernisse. Daher fordert der Branchenverband Bitkom, die Lehrer sofort und vor allem fortlaufend bundesweit weiterzubilden – und zwar nicht außerhalb der Schule, sondern wenn möglich in Form vielfacher Mikrofortbildungen in den Schulalltag integriert, denn die digitale Aus- und Weiterbildung ist eine Daueraufgabe.[113] Des Weiteren fordern die Bundestagsabgeordneten Schön, Schipanski und Kemmer, eine Weiterbildungsplattform für Lehrer zu etablieren, eine bundeseinheitliche Bildungsplattform zu entwickeln, die Lehrmaterialien aller Anbieter zusammenführt, und eine Lizensierung von digitalen Lehrmitteln.[114]

Während der Zugang zu WLAN, Schulclouds und Laptops Sache des Bundes ist, sind es die Länder, die für die digitale Weiterbildung der Lehrer verantwortlich sind – und sie tun wenig! Die Vorsitzende des Deutschen Philologenverbands, Susanne Lin-Klitzing, wartet auf die Weiterbildungsangebote für 200 000 Gymnasiallehrer. Doch wenn man Verantwortliche staatlicher Fortbildung anspricht, erhält man, wen hätte es gewundert, Bedenken statt positiver Rückmeldungen über eine aktuelle und dynamische Einführung der wichtigsten Workshops, möglichst vor Ort. Lehrer wären scheu, würden nur unter sich bleiben, die Lehrerfortbildung sei kompliziert, analog orientierte Lehrer würden nicht erreicht.[115]

Was bei dieser Vermeidungsstrategie völlig außer Acht gelassen wird: wie viel gute digitale Tools und Handreichungen zu Beginn der Corona-Krise publiziert wurden, auch weil sie bereits da waren! Auch wenn private Initiativen nicht sicherstellen können, dass wirklich alle Lehrer zu Fortbildungen animiert oder verpflichtet werden, auch wenn sie nicht kontrollieren können, ob Lehrer nur unter sich bleiben und den Kontakt zu Wirtschaft und Forschung scheuen, leisten sie einen wesentlichen Beitrag zur Zukunftsentwicklung unserer Schulen.

Im März und April 2020 trugen Hunderte Freiwillige »eine Wissensbasis für zeitgemäße Bildung online« zusammen[116] und die Mediathek des Medieninstituts der Länder FWU hält Tausende Unterrichtsfilme, Arbeitsblätter und Bildergalerien entsprechend den Lehrplänen der Bundesländer vor.[117] Der Medienpädagoge Frederik Wittmann hat ebenfalls zu Beginn der Pandemie für alle Fächer digitale Tools und Materialien zur Verfügung gestellt. Drei Lehrerinnen haben sich zum digitalen DIY-Network zusammengeschlossen und bringen anderen Lehrern bei, warum es Sinn macht, die Klasse auf verschiedene digitale Räume zu verteilen, um so starke und schwache Schüler passgenau beschulen zu können.

Und das Onlinemodul »Lernen zu Hause« der ALP (Akademie für Lehrerfortbildung und Personalführung) greift die Praxiserfahrungen von Lehrern aller Schulformen auf und vermittelt Beziehungsarbeit, Lernen und Feedback mit digitalen Medien.[118] Fobizz ist ebenfalls eine private Online-Fortbildungsplattform für Lehrkräfte, die es ermöglicht, sich flexibel, zeit- und praxisnah direkt an der Schule und vor allem gemeinsam mit anderen Lehrern weiterzubilden. Google stellt unter dem Motto »Schule von zu Hause« viele Anwendungen zum Unterricht sowie Links rund um die digitale Bildung zur Verfügung.[119] Microsoft bietet ebenfalls Fortbildungsreihen für Lehrer.[120]

Und auch die BG3000 Smart Camps helfen bei der Lehrerfortbildung. Diese innovative Bildungsoffensive bietet Schulungen für das gesamte Lehrerkolleg einer Schule, individuell auf die Bedürfnisse des Schulsystems und auf die Anforderungen an die Lehrer zugeschnitten. Der Fokus liegt dabei auf Prävention, Cybermobbing, Datenschutz und digitalem Lernen und Lehren. Technische und pädagogisch-didaktische Aspekte eines digitalen Unterrichts werden vermittelt und ihre Umsetzung anhand von Beispielen und Erfahrungsberichten verdeutlicht. Die Smart Camps für Lehrer und Schüler wollen neue Kompetenzen vermitteln, moderne Lehr- und Lernimpulse für einen zeitgemäßen Unterricht und einen professionellen Blick auf die digitale Wirklichkeit ermöglichen.[121]

Der Branchenverband Bitkom zeichnet Schulen für ihr digitales Konzept als »Smart Schools« aus, bisher 41 Schulen in 14 Bundesländern. Diese Schulen werden als Leuchttürme bezeichnet, denn sie leisten die digitalen pädagogischen Konzepte und haben das didaktische Know-how, das alle Schulen haben sollten. Sie sind, wie auch die Internationalen Schulen, ein Vorbild für rückständige Schulen und Lehrer, denn nichts ist einfacher, als sich anzusehen, was andere offensichtlich gut und erfolgreich machen, um es dann anzupassen und zu kopieren. Auch das ist Weiterbildung.

Dann gibt es noch die digitalen Nachhilfeformate #Molol, WES4.0, Eduswabia oder »Digitale Schule Bayern« für Pädagogen.[122] Die Fortbildung der Mobilen Schule Oldenburg (Molol) ist die Quelle aller weiteren Gründungen von Weiterbildungskonzepten von Lehrern für Lehrer und als solche äußerst erfolgreich. Sie erreicht mehr Lehrer in Deutschland als irgendeine andere staatliche oder private Initiative. Es gibt dort Workshops für Anfänger (wie bedient man ein Tablet) und Fortgeschrittene (Feedback-Apps oder die Methode des »Flipped Classroom«, siehe Unterkapitel »Beginnen wir endlich mit qualifiziertem Unterricht!«). Gelernt wird in kurzen Minuten-Sequenzen, dann wird nachgefragt und geübt. Vor allem aber werden die neu erworbenen Kenntnisse durch die Lehrer in ihre Schulen getragen, die dort die geforderten Mikrofortbildungen als »Learning Snacks« für ihre Kollegen umsetzen.

Oberbayern hat begonnen, ein solches mobiles Fortbildungsteam in Schulen zu schicken, die dort Workshops und Arbeitsgruppen abhalten. Treibende Kraft sind digitalbegeisterte Lehrer, die »wissen, dass Schule sich nicht erst morgen, sondern schon heute verändern muss«.[123]

Beginnen wir endlich eine digitale Kommunikation zwischen Schülern, Lehrern und Eltern!

Ein weiterer wesentlicher Aspekt der Umsetzung des Digitalpakts ist die Veränderung des Miteinanders zwischen Schülern, Lehrern und Eltern. Die Vernetzung durch Laptops fördert die Zusammenarbeit und die direkte Kommunikation zwischen den Beteiligten. Schüler stehen mit ihren Mitschülern und Lehrern in Verbindung, wenn sie Aufgaben lösen, Projektarbeit leisten, Schulaufgaben machen, sich gemeinsam auf Prüfungen vorbereiten und sich dabei austauschen. Die Eltern können unkompliziert und ohne Umwege mit den Lehrern zusammenarbeiten, um ihre Kinder bestmöglich zu unterstützen. Die Munich International School macht es vor. Eltern loggen sich ein und können im Schulportal wichtige Termine und Veranstaltungen erfahren. Sie können die Kurse, Stunden, Projekte oder Noten ihrer Kinder einsehen. Diese multiple Vernetzung fördert nicht nur die Transparenz, sondern auch den Austausch zwischen allen Beteiligten.

Was die Ausstattung der Schüler betrifft, erhalten sie ab der vierten Klasse einen Laptop von der Schule sowie Computerkurse. Sie werden früh in Robotics unterrichtet, später lernen sie Computersprachen, Ansätze des Programmierens und werden in Medienpädagogik unterrichtet. Jedes Kind erhält eine E-Mail-Adresse an der Schule und die IT-Abteilung der Schule kümmert sich um die Technik und die Schulungen. Der Computer wird von Schülern, Eltern und Lehrern als selbstverständlicher Bestandteil des Schulunterrichts betrachtet, der nicht nur, aber sinnvoll und sinnstiftend eingesetzt wird.

Nicht »Spielen« steht im Mittelpunkt, sondern Lernen, Arbeiten und Kommunizieren, was nicht automatisch zur gefürchteten Spielsucht führt, sondern zu Selbstvertrauen und Selbstsicherheit in fachlicher Hinsicht, zu einem Mindestmaß an sozialem Kontakt, und damit zu einer größeren Zufriedenheit, gerade in Zeiten von Fernunterricht und Homeschooling. Durch die digitale Vernetzung wird der Mehrwert für den Einzelnen größer, die Gruppenleistung profitiert von der Gemeinschaft, Hierarchien werden abgebaut und Distanzen verringert. Der direkte Live-Kontakt erleichtert den persönlichen Austausch mit den Mitschülern und Lehrern, und die Durchführung interaktiver Videokonferenzen ermöglicht eine sehr viel bessere Zusammenarbeit. Lehrer und Schüler sehen sich zu festen Zeitpunkten, der Lehrer kann seine Schüler direkt ansprechen und sie so auch besser einschätzen. Feedback erfolgt prompt und direkt. Doch dafür muss die Schule Online-Plattformen nutzen dürfen oder idealerweise ihren eigenen Server haben, damit sie keine Datenschutzprobleme bekommt.

Beginnen wir endlich mit qualifiziertem Unterricht!

Dank der Corona-Krise entstehen digitale Freiräume und es gibt endlich und zwangsläufig erste digitale Gehversuche. Es soll in Ländern sogar neue Regeln für den Distanzunterricht an Schulen geben. Manch einer spricht sogar von einem multimedialen Aufbruch. Da »tun sich die Schulen, die das Digitalisierungsthema schon vorgedacht und geübt haben, jetzt ein bisschen leichter«, sagt Tobias Schreiner, Leiter der Realschule Gmund am Tegernsee[124], denn digitale Bildung bedeutet nicht, dass Arbeitsblätter digitalisiert werden oder dass der Frontalunterricht online übersetzt wird.

Julia Knopf, Professorin für Grundschuldidaktik und Initiatorin des neuen Portals »School to go«, sagt: »Etwas zu digitalisieren, das nicht von Anfang an digital gedacht ist, bringt nichts.«[125] Der Umstieg auf digitale Lernformate bringt die Reflexion der Didaktik, der Methodik und der Unterrichtsziele mit sich: Welche Lernziele sind wirklich wichtig und wie können sie für alle gut zugänglich umgesetzt werden?

Beim Online-Unterricht muss entschieden werden, über welche Kanäle in Gruppen und einzeln unterrichtet wird. Welche Lernplattformen und Lernsoftware benutzt werden. Wie Aufgabenstellungen, Fragen dazu und Feedback übermittelt werden. Schüler müssen Abläufe und Lernstrategien lernen und einüben. Sie lernen Teilziele zu setzen, um ihre Lernzeit auch wirklich zu nutzen. Es zählt, neben dem zeitgleichen und gemeinschaftlichen Lernen via Live-Stream, das Zerteilen des Lernstoffs in asynchrone Teile, die jeder Schüler zu seiner Zeit und in seiner

Geschwindigkeit bearbeitet. Dazu gibt es Fünf-Minuten-Videos, Texte zum Nachlesen, Übungen zum Vertiefen und Verständnistests.

Diese aktive Form des Lernens fordert von den Schülern mehr Initiative und Selbstständigkeit, denn der Stoff wird in seiner epischen Breite und Länge nicht mehr vorgekaut (…), sondern muss erarbeitet werden. Dafür erlaubt das Auslagern der Studierphasen mehr Zeit für eine anschließende individuelle Kommunikation mit dem Lehrer. Das alles muss vom Lehrer gut vorbereitet, strukturiert und begleitet werden, damit auch alle Kinder involviert und aktiviert werden.[126]

Folgen wir Eric Hudson von der Global Online Academy, dann sollten wir uns vorstellen, dass Schüler und Lehrer ein weltabgeschiedenes Team sind, das erst einmal bestimmte Protokolle und Prozeduren etablieren muss, damit die Kommunikation und Zusammenarbeit funktioniert. Mit der Flipgrid-Video-Plattform können Schüler als Hausaufgabe tägliche Kurzvideos erstellen und als Teil des Morgenmeetings hochladen. Es gibt Zielsetzungs- und Rückmelde-Routinen für kleine Untergruppen, wöchentliche Blog-Postings und, ganz wichtig, am Nachmittag oder Abend gibt es Konferenzen, in denen die Aufgaben und die Resultate besprochen werden und die Schüler reflektieren, wie der Tag und das Lernen gingen. Diese Kommunikationstechniken helfen eine Gemeinsamkeit aufzubauen, Ziele zu setzen und zu reflektieren.

Der nächste wichtige Hinweis ist, für die Schüler Lernerfahrungen zu gestalten und nicht Klassenzimmer mit 30 Kindern zu simulieren. Indem wir die täglichen Kommunikationsrituale mit Langzeit-Projekten mit offenem Ausgang kombinieren, fördern wir intensives Lernen (auch von neuen Inhalten) und das Engagement der Schüler.

Der dritte wichtige Schwerpunkt für den Erfolg von E-Lernen liegt in der Vermittlung, was eine wirklich gute Arbeit ausmacht. Damit Schüler verstehen, was von ihnen erwartet wird, sollen sie eine Arbeit analysieren, die dem entspricht, was sie selbst abliefern wollen. Was macht die Arbeit so gut? Welche Quellen wurden genutzt, und kann das daraus gewonnene Wissen auf das eigene Projekt angewendet werden? Auf diese Weise können Schüler lernen, wie man argumentiert, klar kommuniziert, seine Zuhörer begeistert und sein Wissen auf andere Aufgaben überträgt.[127]

In den bereits erwähnten Smart Schools können sie das. Lehrer in der Ernst-Reuter-Gemeinschaftsschule in Baden-Württemberg vermitteln ihren Schülern Medienkompetenz, damit sie aus dem Internet und ihrem Smartphone als »Träger des Wissens der Welt« qualitativ hochwertiges Wissen herausfiltern können. Lernen ist mobil, Frontalunterricht zugunsten von Selbstlernphasen und Gruppenarbeit reduziert, den Austausch von Daten, Dateien, Texten und Videos ermöglichen bereitgestellte Laptops. Schüler produzieren nicht nur Erklärvideos für ihre Mitschüler, sondern leiten auch Fortbildungen für ihre Lehrer und für Nachbarschulen.[128]

Robert Plötz, ein Münchner Mathematiklehrer, geht noch einen Schritt weiter. Er möchte die Effizienz digitalen Unterrichts verbessern, indem nicht jeder Lehrer seine eigenen Erklärvideos dreht, sondern »ein vom Kultusministerium beauftragtes Profiteam«. Dann könnten alle 1000 Mathelehrer diese Videos mit Begleitmaterial nutzen. Einen echten Fortschritt sieht Plötz allerdings nur in der Anwendung einer interaktiven Lernsoftware mit unmittelbarem Feedback, die Lernfortschritte beobachtet und evaluiert, Stoff wiederholt, wenn notwendig, den Schüler auf einen höhere Lernebene führt, wenn alles verstanden ist, oder Online-Tests bietet. Die gewonnene Zeit kann dann für Förderstunden oder Projektarbeiten verwendet werden.[129]

Auch das ESG-Gymnasium in Gütersloh praktiziert das projektorientierte Lernen. Fächer werden zusammengelegt, um den

Schülern gemeinsame Studierphasen zu ermöglichen, weil man nicht von 8 bis 13 Uhr per Videokonferenz lernen kann. Mittlerweile hat sich via Twitter eine Kooperation gebildet, in der sich 300 Lehrer über digitales Projektlernen austauschen.[130] Sportlehrer können mit Hilfe digitaler Unterstützung Sprünge filmen und Bewegungsabläufe analysieren, Musiklehrer können mit ihren Schülern Musik produzieren und Physiklehrer können sich mit ihren Schülern zu Experimenten austauschen. Doch nicht jeder kommt damit zurecht, wenn Frontalunterricht ein Leben lang alles war, was Schule ausgemacht hat.[131] Da sind auch die Schüchternen, die sich gar nicht mehr zu Wort melden, die Diskussionen, die viel weniger zustande kommen, und die informellen Gespräche, die fehlen, sagt Anne Frenzel, Professorin an der Fakultät für Psychologie und Pädagogik an der LMU. Eine Mutter erzählt mir vom Online-Unterricht im Internat ihrer Tochter, wo es zwar Videokonferenzen gibt, doch die Schüler trauen sich nicht etwas zu sagen, wenn in die Runde gefragt wird.

Der Fokus von Anne Frenzel liegt daher auf den positiven Gefühlen, die das Lernen leichter und in seiner Konsequenz auch erfolgreicher machen. Wenn das gelingt, geben Lehrer motivierende Rückmeldungen oder regen stille Kinder dazu an, ihre Ideen hochzuladen. Auch das müssen Lehrer lernen: online zu vermitteln, indem sie ihre Schüler ermutigen und anregen, indem sie auch online Zuspruch, Anregung und Rückmeldung leisten.

Oder schauen wir uns die August-Dicke-Schule in Nordrhein-Westfalen an. Dort organisiert die Englisch- und Mathematiklehrerin Petra Hobrecht die Digitalisierung und den Datenschutz, indem die Schule ein zentrales Konto für die Plattform anlegt und die Schüler sich dort pseudonymisiert anmelden und nur für schulische Zwecke bewegen. Auf der Klassenzimmer-Plattform richten Lehrer ihre Kurse ein, aber auch ein digitales »Lehrerzimmer«. Für jedes Fach gibt es einen eigenen Bereich, in dem Lehrer Aufgaben einstellen, korrigieren, Erklärungen posten und Fragen beantworten. Unterrichtsstunden mit Videoübertragungen ermöglichen auch den sozialen Austausch.[132]

Auch der Schulleiter der Hardt-Gemeinschaftsschule in Durmersheim nahe Karlsruhe wurde aktiv, nachdem Anfang März beschlossen wurde, die Schulen zu schließen. Er kaufte noch am selben Nachmittag ausreichend Lizenzen für ein besonders sicheres Messagingsystem und trainierte mit den Schülern Videokonferenzen. Kinder ohne Laptop bekamen diesen gestellt.

Damit kann er, wie er es nennt, ein Maximalszenario umsetzen: Schüler und Lehrer können jederzeit untereinander, zu zweit oder in größeren Gruppen kommunizieren und interagieren. Kein Kind geht beim Fernunterricht »verloren«, denn die digitale Vernetzung kann auch sozial, emotional oder leistungsmäßig abfallende Kinder auffangen, wenn, wie in dieser Schule, kleine Kommunikationsgruppen mit dem jeweiligen Schüler, dem Lehrer, Schulleiter und auch der Schulsozialarbeiter*in eingerichtet werden.[133] Es gibt für alle Schüler verbindliche Anfangszeiten und jeden Tag ein Abschlussmeeting. Lehrer sind bis 16 Uhr erreichbar und Eltern von der Betreuung entlastet.[134]

Auch das Ernst-Abbe-Gymnasium in Berlin-Neukölln hat einen klar strukturierten digitalen Unterricht eingeführt, mit klaren Anweisungen, kleinen und festen Einheiten, täglicher Kontrolle und Rückmeldung sowie Ethikregeln zwischen Schülern und Lehrern.[135]

Eine wesentliche Rolle spielt das Internet im Zusammenhang mit digitalem Unterricht, denn es ist ein »potenziell sagenhaftes Werkzeug zur Wissensvermittlung«, dessen Handhabung in unseren Schulen ganz selbstverständlich vorausgesetzt wird. Die Kultusministerien »ermuntern zum Gebrauch«, in den Schulbüchern liest man »recherchiere dazu im Internet«[136], doch gelehrt wird dieser Gebrauch des Internets nicht. »Sie würden doch auch nicht einem Kind einen Schlagbohrer oder eine Kettensäge in die Hand drücken, und sagen: ›Mach mal!‹.«[137]

Esther Wojcicki, die renommierte Lehrerin, Autorin und Mutter dreier berühmter Töchter im Silicon Valley, geht besonders auf den »Research Skills Gap« ein, der immer größer wird, weil Schüler und Lehrer, die bereits im Internet recherchieren können, diese Fähigkeiten kontinuierlich verbessern, was ihnen Vorteile verschafft, während diejenigen ohne diese Fähigkeiten immer weiter abfallen. Sie erklärt, wie das reine Auswendiglernen, im Gegensatz zum Erarbeiten von Informationen über das Internet, einen Sachverhalt nicht in Beziehung stellt, nicht die Abhängigkeiten oder Zusammenhänge aufdeckt, die für den jeweiligen Sachverhalt und das umfassende Verständnis wesentlich sind.

Die Schüler üben nicht den Umgang mit Wissen, sagt der Bildungshistoriker Heinz-Elmar Tenorth.[138] Sie lernen auch nicht, wie man an Informationen herankommt, wie man Inhalte findet und zusammenstellt. Esther Wojcicki empfiehlt daher Lehrern, solche Suchfragen zu stellen, die nicht nur tief in ein Thema eintauchen, sondern auch zu einem für die Schüler überraschenden Resultat führen. Sie rät Lehrern, sich möglichst auf eine bestimmte Research-Fähigkeit zu konzentrieren. Beispiele hierfür sind Fragen wie »Wie findet man Inhalte in Archiven?« oder »Wie findet man glaubwürdige Quellen?«.[139]

Beginnen wir endlich digitale Lern- und Kommunikationsräume zu nutzen!

Die Zeit, ausschließlich in Schulbuchseiten zu lernen, ist vorbei, denn um den Unterricht spannender zu gestalten, braucht es den Einsatz und das Zusammenspiel verschiedener Medien, sagt Simone Fleischmann, Präsidentin des größten Lehrerverbands Bayerns (BLLV).[140] Nur leider haben die Kultusministerien, außer in Hamburg und in Bremen, die privaten Anbieter kaum beachtet. Viele von ihnen könnten alle Schüler in Deutschland mit Aufgaben nach Lehrplan versorgen und bieten eine digitale Ergänzung zum Klassenzimmer.

Mit Portalen wie Sofatutor, Bettermarks, Blue Brain Club, Scoyo, Khan Academy, Simpleclub können Kinder in Lern- und Kommunikationsräumen, die über eine Datenwolke abgewickelt werden, ihr Wissen vertiefen, und sie können es anwenden, indem sie über Feedback-Kanäle, Live-Chats, Support-Groups oder Hangouts kommunizieren und zusammenarbeiten. Das kostenlose Portal School-to-go bietet Eltern, Lehrern und Schülern Lernangebote für alle Jahrgangsstufen. Es funktioniert wie ein soziales Netzwerk, bietet einen Chatbot, um Mathematik zu lernen, oder Escape-Rooms, um das Lesen zu fördern.

Wer sich mit diesen Begriffen und Angeboten nicht auskennt, sollte seinen Kindern zuliebe damit beginnen, sich mit den Möglichkeiten der digitalen Bildung auseinanderzusetzen. Für Mathematik, Deutsch, Biologie und Sachunterricht für die Klassen eins bis zehn eignet sich auch die Anton-App, eine ebenfalls kostenlose Lernplattform für die Schule. Kinder lieben auch Book-Creator-Apps.

Und ältere Schüler können sich den Lernstoff über YouTube-Tutorials selbst erarbeiten. Da gibt es den Kanal Lehrerschmidt von Kai Schmidt oder den Kanal by Daniel Jung, die beide Mathematik erklären, als Nachhilfe oder als Weiterbildung. Es gibt MrWissen2go zu aktuellen gesellschaftlichen und politischen Themen oder den englischsprachigen Kanal Learn Engineering für alle, die sich für Technik interessieren. Die Study-Smarter-App, zunächst nur für Studenten konzipiert, hat nach der Veröffentlichung einer kostenlosen Schülerplattform einen regelrechten Ansturm an Neuanmeldungen. Und Terra X des ZDF bietet kostenlose Bildung durch Video-Clips zur freien Nutzung für alle Schüler und Lehrer.

Mittlerweile weiß man, dass sich Mathematik, besser als andere Fächer, für den digitalen Unterricht eignet. Ranga Yogeshwar stellt gut verständlich dar, warum das Fach Mathematik ein globales Phänomen ist und in der Schule nicht nur zur Selektion missbraucht werden sollte. Er beklagt, dass nicht die Freude an Mathematik geweckt wird, indem Lösungswege gemeinsam durchdacht werden, sondern Mathe in der Schule »als Inquisition dient, die darüber richtet, wie deine Schulkarriere aussieht«.

Er empfiehlt als Ausweg den YouTuber und Blogger 3Blue-1Brown, der »komplexe mathematische Phänomene mit toll animierten Graphiken und in einfacher Sprache erklärt (…). Da steckt ein Begeisterungspotenzial drin, von dem sich die Schulen etwas abschneiden können.« Und weiter empfiehlt er den Lehrern, digitale Lerntools danach zu sichten, was sie für ihren Unterricht übernehmen können, was sie ihren Schülern weiterempfehlen können und was sie auf bessere oder neue Ideen bringen könnte. Durch YouTube als digitales Lerntool können talentierte Lehrer viel weiter ausstrahlen, und das sieht er als Chance, den Unterricht zu innovieren und vor allem auch am globalen Wettbewerb auszurichten.[141]

Initiativen in Schulen zeigen, wie positiv die Einführung digitaler Lern- und Kommunikationsräume wirken kann. Schülerinnen der Jules-Verne-Grundschule in München-Perlach haben mit der online verfügbaren Programmier-Plattform Open Roberta Lab einen Minicomputer selbst programmiert, der ein Sportprogramm für Astronauten bietet. Das Fraunhofer-Institut für Analyse- und Informationssysteme (IAIS) hat mit der Stiftung »Erste Deutsche Astronautin« einen Wettbewerb ausgerufen, der auch gezielt mehr Mädchen für die Naturwissenschaften begeistern soll. Für die Kinder gibt es Ratschläge und Hilfestellungen von den Wissenschaftlern und für die Lehrer gibt es kostenlos Fortbildung. Auf diese Weise konnte das Fraunhofer-

Institut bereits eine halbe Million Schüler erreichen[142] und diesen spielerisch die Grundlagen der Programmierung und der Robotik vermitteln. An der Jules-Verne-Schule ist die Begeisterung unter den Mädchen so groß, dass sie sich mit neuen Gruppen an neuen Projekten beteiligen wollen.

Ein Deutschlehrer an einem baden-württembergischen Gymnasium ergänzt seinen analogen Unterricht mit dem digitalen Rollenspiel Classcraft – ohne auf Erfahrungswerte oder auf die Würdigung seiner Lehrerkollegen zu warten. Diese sogenannte Gamifikation verbessert nachweislich Motivation und Lernerfolg, fördert Medienkompetenz, Teamfähigkeit und Führungskompetenz, wenn Schüler die Rollen von Fantasyfiguren einnehmen und gemeinsam den Gegner besiegen, der die Tür zum nächsten Level versperrt.[143]

Wenn Ihre Schule nicht weiterbildet, schreiben Sie Ihre Kinder in Computerkurse ein. Es gibt beispielsweise www.computercamp.de, wo Kinder in den Ferien das Coden lernen, oder die Programmierkurse für Kinder unter www.berlitz.com. Die gemeinnützige hacker-school.de bietet online IT-Kurse ab elf Jahren. Um das Thema IT-Sicherheit geht es im IT Security Girls Bootcamp, das ausschließlich Mädchen für das Thema begeistern möchte. Das Thema ist so wichtig, dass es im EU-Forum »Women in Cybersecurity« vorgestellt wurde. Schicken Sie Ihre Kinder in die Zukunftswerkstatt von Google, die mit Open Roberta, mit Calliope und Expeditions Open-Source-Programmierumgebungen geschaffen hat, die Lehrer und Schüler gleichermaßen digital bilden sollen.

Manche Eltern engagieren einen Informatikstudenten für ihre Kinder und deren Freunde, oder sie beschäftigen sich einfach gemeinsam mit ihren Kindern mit digitalen Themen. Es gibt eine Vielzahl von Lernangeboten, um die kreativen Möglichkeiten von Software auszuprobieren und um zu verstehen, wie digitale Produkte entstehen. Diana Knodel von App Camps hat sieben praktische und altersgerechte Empfehlungen:[144] Auf der Webseite code.org gibt es Programmierübungen für Kinder ab sechs Jahren. Mit Hopscotch können Kinder eigene Spiele coden und Scratch vermittelt Programmieren in Geschichten.[145] Stop-Motion-Filme werden ab acht Jahren empfohlen, Adobe Spark, mit dem man Social-Media-Graphiken, Webseiten und Videos erstellen kann, ab zehn Jahren. Mit dem App-Inventor kann man ab zwölf Jahren eigene Apps entwickeln und Glitch ist eine kollaborative Programmierumgebung ab 13 Jahren.

Beginnen wir endlich, uns am digitalen Unterricht anderer Länder und der Internationalen Schulen zu orientieren!

Estland, Dänemark oder Frankreich sind bei der Verbindung von Technik und Didaktik so viel weiter als wir. Dort sind Kinder gewohnt, zwischen analogem und digitalem Arbeiten zu wechseln. Das ist ein sehr wichtiger Punkt. Alle digitalen Tools sind dafür gedacht den Echtzeitunterricht zu ergänzen und nicht, wie manche Eltern zu glauben meinen, den Unterricht komplett zu übernehmen. »Digitales Lernen ist eben nur eine Methode neben vielen anderen.«[146]

In Estland[147] sind die meistgenutzten innovativen Web-Applikationen für Schulen eKool und Stuudium. Dadurch können Eltern, Lehrer und Schüler zusammenarbeiten, alle sind in den Informationsfluss eingebunden und können sich austauschen, denn jeder hat Zugang zu kostenlosem WLAN und Internet. Wer keinen eigenen Computer hat, kann kostenlos an öffentlichen Terminals arbeiten und alle Bildungseinrichtungen sind online.

In Frankreich gibt es bereits mehrere Varianten des virtuellen Klassenzimmers, von dem wir nur träumen können. Die Umstellung während der Corona-Quarantäne auf Fernunterricht verlief daher problemlos und zügig, denn alle Mittel- und Oberschulen verfügen bereits über Informationssysteme, über die gewöhnliche Hausaufgaben, Noten oder Ankündigungen laufen. Das nationale Fernlernzentrum CNED bietet Internetseiten mit allen Unterrichtsprogrammen von der Vorschule bis zum Abitur. Die Anmeldung erfolgt über E-Mail und ist kostenlos. Die Eltern können sich ein Bild davon machen, was von ihren Kindern erwartet wird, und die 13 Millionen Schüler machen dank digitaler Lehrmittel schulische Fortschritte wie vorgesehen. Zusätzlich gibt es natürlich wie bei uns auch Google Classroom (Google stellt ein komplett digitalisiertes Klassenzimmer zur Verfügung) und Zoom, zudem die Internetplattform lumni.fr, die pädagogische Videos entsprechend dem Klassenniveau bietet.[148]

Auch in Norwegen ist Fernunterricht kein Problem. Dank einer fortgeschrittenen Technologie können norwegische Schulen ein gutes Unterrichtsangebot aufrechterhalten, unterstützt von Online-Quiz-Tools, E-Books und neuen digitalen Unterrichtsmethoden. Bereits sechs Millionen Lehrer in 150 Ländern arbeiten mit der norwegischen Online-Plattform Kahoot, die sich insbesondere für den Fernunterricht eignet. Die Leseplattform Lesemester ermöglicht norwegischen Kindern den Zugang zu über tausend E-Büchern, Schüler können an Quizfragen teilnehmen oder Punkte für den Fortschritt sammeln und Lesefreundschaften schließen. Die Lehrer haben Einblick in Leseverständnis und Lesetempo.

Die Mathematik-Plattform Kikora wird von 250 000 Kindern genutzt und verdankt ihren großen Erfolg dem Umstand, dass sie die Schüler durch Belohnungen motiviert, die Aufgaben zu lösen. Sie kennen das von Computerspielen und schätzen die soziale Interaktion. Für Kinder, die langfristig dem Unterricht in Schulen fernbleiben müssen, hat das norwegische Technologieunternehmen No Isolation den Kommunikationsroboter AV1 entwickelt, um damit an der Schule und anderen sozialen Aktivitäten teilnehmen zu können.

Das amerikanische Internat Andover hat viele Einzelprojekte unter dem Projekt »Community, Class, Crisis« zur Aufgabe gemacht. Die Schüler überarbeiten Blog Posts, arbeiten an ihren Teilaufgaben und fügen dann alle Einzelprojekte zu einem Online-Magazin zusammen, das sie anschließend als Gesamtleistung kommunizieren und veröffentlichen.

Sehr anschaulich beschreibt eine Mutter in England, wie sie die Online-Schule ihres Sohnes in der Grundschule erlebt. Der Unterricht am Laptop dauert sechs Stunden pro Tag. Hat eine Familie keinen Laptop für die Kinder, wird er von der Schule gestellt. In einer Videokonferenz begrüßt die Lehrerin am Morgen die Kinder, der Tag wird gemeinsam besprochen. Es gibt drei Unterrichtseinheiten und dazwischen Spiele und Sport. Yoga, Tanzen oder eben das, was zu Hause möglich ist; der Sportlehrer ist dabei. Die gestellten Aufgaben in den Unterrichtseinheiten werden sofort eingefordert, korrigiert und die Ergebnisse mitgeteilt. Es gibt Matheaufgaben oder Diktate, und Research-Aufgaben in Englisch, um beispielsweise eine Biographie über einen Weltentdecker oder einen Regenten zu schreiben. Brauchen die Kinder Bewegung, gibt es Schatzsuche, Rätsel Lösen, Verkleidungspartys. Alle suchen einen lustigen Hut und kommen nach wenigen Minuten wieder. Sie lernen die Uhr und die Zeit einzuschätzen. Einmal in der Woche besprechen sich die Eltern über eine Videokonferenz mit den Lehrern und allen Eltern. Es wird gefragt, wie es läuft und ob jemand Verbesserungsvorschläge hat.[149]

Auch die Internationalen Schulen machen schon seit Langem vor, wie Kommunikation und Zusammenarbeit auf eine ganz andere, auch internationale Ebene gehoben werden, wenn sich alle über digitale Hilfsmittel zusammenschließen. Internationale Schulen haben eigene Lernsysteme etabliert. Ganze Klassen treffen sich mit ihren Lehrern in virtuellen Klassenzimmern, kommunizieren in Videochats, damit die Face-to-face-Kommunikation zwischen Lehrer und Schülern und zwischen den Schülern erhalten bleibt. Die Schüler bekommen klare Tagesabläufe mit Online- und Offline-Zeiten, und dadurch Halt, Struktur und ein Stückchen Normalität. Meldet sich ein Schüler nicht an, bekommen die Eltern eine Nachricht via E-Mail. Die Lehrer arbeiten mit Google Classroom, Google Meet und Seesaw.

Grundlagen für den Erfolg des Distance-Learning-Programms der Bavarian International School sind die frühzeitige technologische Ausstattung der Schule, digital geschulte Lehrer, die kontinuierlich weitergebildet werden, und innovative Lehrkonzepte. Seit 2002 ist Educational Technology Teil des Lehrplans, die Schüler erhalten in den Klassen vier bis sechs iPads und ab der siebten Klasse Laptops zur Verfügung gestellt.[150]

Eine mit mir befreundete Mutter, deren Sohn die Bavarian International School besucht, berichtet während der Quarantäne im März 2020, bedingt durch die Corona-Krise:»Mein Sohn freut sich jeden Tag auf seinen Online-Schultag und liebt den Unterricht zu Hause. Er ist in kürzester Zeit sehr selbstständig geworden und hat eigenverantwortliches Lernen gelernt. Kinder werden nicht süchtig durch E-Learning, ganz im Gegenteil. Das Interesse an der digitalen Welt wird geringer und echtes Spielen und echter Kontakt ist gefragter als zuvor.«

Beginnen wir endlich digitale Verhaltensregeln zu lehren und zu lernen!

Umfragen haben gezeigt, dass Schüler ihre digitale Kompetenz weit höher einschätzen, als es ihre tatsächliche Leistung zeigt. Das hat zur Folge, dass sie ihre mangelnde Datenkompetenz dazu verführt, gedanken- und kritiklos Gratis-Apps zu nutzen, die ihre Daten unrechtmäßig abgreifen. Oder noch schlimmer, sie erkennen nicht, wann mit Daten nicht Information, sondern Manipulation betrieben wird. Anders verhält es sich in Israel. Dort erhalten Schüler bereits Medienerziehung, und ihre Fächer heißen »iPad« oder »Gefühle«. Grund genug, einen Realitätscheck vorzunehmen, ob die Kinder und Jugendlichen bei uns in der Lage sind, sich konstruktiv und kritisch mit der digitalen Welt auseinanderzusetzen. Ob sie gelernt haben, verantwortungsvoll mit Daten und sozialen Medien umzugehen, und sich entsprechend im Internet bewegen. Ein Patentrezept gibt es nicht, dafür aber hilfreiche Ratschläge und Tipps für Eltern und Lehrer.

Was die altersgerechte Verfügbarkeit von iPhones und die sozialen Medien betrifft, plädiere ich für Zurückhaltung, weil man nicht unbedingt mit acht Jahren ein eigenes iPhone haben muss. Den Zugang zum Internet kann man begrenzen, die Nutzungszeiten auch, aggressive Computerspiele kann man löschen. Sinnvoll ist der Laptop, der nach Hause und in die Schulen kommt, denn damit stehen nicht »das Spielen« und die Unterhaltung im Mittelpunkt, was in westlichen Ländern von jeher nicht als Wert für die Charakter- und Persönlichkeitsentwicklung gesehen wird[151], sondern, ob und wie gut man die Lern- und Arbeitsprogramme auf seinem Laptop beherrscht.

Sicherlich ist es schwer zu verstehen, dass man sein Kind auf die Zukunft vorbereitet und im weitesten Sinn auch den wirtschaftlichen Erfolg und die Wettbewerbsfähigkeit Deutschlands unterstützt, wenn man gleichzeitig gegen ein Smartphone oder einen Laptop kämpfen muss, die die Kinder in ihren Bann ziehen und von wichtigeren Dingen ablenken. Daher mein Appell zur aktiven Steuerung: Machen Sie sich klar, um was es geht, mischen Sie sich ein, suchen Sie das Gespräch, artikulieren Sie Ihre Sorgen und suchen Sie gemeinsam nach Lösungen.

Achten Sie auf die digitale Welt Ihrer Kinder und Schüler, denn für Kinder und Teenager ist die Online-Welt einfach nur eine Verlängerung ihrer Realität. Das bedeutet für Eltern und Lehrer schlichtweg, dass sie in der realen und digitalen Welt der Kinder vorhanden sein müssen. Das macht Erziehen und Unterrichten sicherlich nicht einfacher, ist mitunter sogar ziemlich anstrengend und wird sich nicht nur in der Erziehung, sondern auch in der Didaktik und in der Unterrichtspraxis niederschlagen.

Jochen Koubek, Professor für digitale Medien an der Universität Bayreuth, sieht in Deutschland immer noch eine weitverbreitete Technikphobie, und die damit verbundene Sorge um die Zukunft der Kinder, die durch Technik Schaden nehmen. Sie sollen sich vor allem im Einklang mit der Natur entwickeln. »Dazu kommt noch die deutsche Bewährpädagogik, die lieber warnt, mahnt und schützt, als konstruktiv begleitet.«[152] Doch Kinder deshalb von der Technik fernzuhalten, bis sie groß sind, hält er für falsch und weltfremd, denn Kinder leben nicht im Naturzustand, sondern sie wachsen in einer Welt voller Technik auf. Daher fordert auch er, dass Eltern und Lehrer von Anfang an die medialen Welten der Kinder kennen sollen, sie zeitlich begrenzen und die Kinder nicht mit ihren digitalen Erfahrungen allein lassen sollen. Er sagt, dass wir ein Kind auch nicht auf ein Fahrrad setzen und von ihm erwarten, dass es uns am Ende des Tages den Straßenverkehr erklären soll.[153] Auch Annegret Montag, die zum Einsatz von Computerspielen im Deutschunterricht forscht, wünscht sich, dass Lehrer mit ihren Schülern über Computerspiele, wie zum Beispiel Fortnite, nachdenken und sprechen, über das, was sie mit ihnen machen.[154]

In diesem Zusammenhang möchte ich die Verhaltensregeln von Ana Homayoun wiedergeben, die eine anerkannte Erziehungsexpertin für Teenager ist:[155]

Wenn Sie nicht wissen, was beispielsweise Tiktok ist, laden Sie es herunter und informieren Sie sich. Die meisten Kinder und Jugendlichen gehen davon aus, dass ihre Eltern und Lehrer nicht wissen, was sie online machen, welche Seiten sie nutzen, welche Apps sie verwenden. Daher werden sie im Fall von Problemen auch niemanden ansprechen, der in ihren Augen »keine Ahnung hat«.

Seien Sie selbst ein gutes Vorbild. Wenn Sie Ihre Freizeit zu einem großen Teil vor dem Computer, Handy oder Tablet verbringen, dann werden Ihre Kinder oder Schüler es Ihnen nachmachen. Sie beobachten Sie und werden nicht verstehen, warum sie ihren Konsum reduzieren sollen, wenn Sie selbst mitten im Gespräch auf Ihr iPhone schauen. Schaffen Sie handyfreie Zonen, und entdecken Sie zusammen Themen, die keinen Bildschirm brauchen. Vorschläge gibt es viele, von Sport über Basteln, gemeinsames Kochen bis hin zu sozialen Projekten.

In den Medien gibt es immer wieder Artikel oder Informationen über Online-Aktivitäten, die fragwürdig sind oder Schaden anrichten, und die Sie dazu nutzen können, um sich mit Ihren Kindern oder Schülern darüber zu unterhalten. Thematisieren Sie diese Vorgänge, fragen Sie die Kinder, was sie darüber denken, hören Sie zu und lassen Sie zu, dass die Kinder selbst die richtigen Antworten finden. Fragen Sie sie nach ihren Werten, wie und warum sie sich so oder so verhalten, was sie gut und schlecht finden, wovon sie überzeugt sind. Diese Diskussion erlaubt die Überleitung zu Online-Themen und die Überprüfung, ob diese Werte auch mit ihrem Verhalten im Netz übereinstimmen. Auf diese Weise werden Dinge bewusst, ohne dass Eltern und Lehrer sofort wieder Erwartungen formulieren, die Stimme heben oder mehr reden als zuhören.

Bringen Sie Ihren Kindern oder Schülern bei, auf die drei »Ws« zu achten: WER sind meine Freunde, WER meine Follower, WER kann meine Nachrichten, Fotos etc. sehen, und ist das okay? Was will ich sagen, zeigen, posten, und würde ich das auch in der realen Welt tun? Warum schreibe, poste oder chatte ich, und würde ich mich wohlfühlen, wenn genau dieses Foto oder diese Nachricht öffentlich gemacht würde? Dazu gehört auch, mit den Kindern die Einstellungsmöglichkeiten bei Apps zu besprechen und so sicher wie möglich zu gestalten. Bei Videokonferenzen für die Schule sollte man darauf zu achten, was im

Hintergrund ist und gezeigt werden soll, denn Teilnehmer können Screenshots machen und die Bilder im Netz teilen.[156] Launen sind in der Pubertät keine Seltenheit und können das Verhalten der Kinder stark beeinflussen. Teenager tragen diese Gefühlslagen oft ins Netz und blenden in diesen Momenten die Konsequenzen aus. Helfen Sie den Kindern oder Schülern dabei, sich dessen bewusst zu werden und erst einmal durchzuatmen und nachzudenken, bevor sie etwas Emotionales ins Netz stellen. Mit der Zeit können die Jugendlichen weniger impulsiv und reflektierter entscheiden und begehen trotz emotionaler Erregtheit keine desaströsen Fehler, die kaum mehr wieder gutzumachen sind.

Sicherheit ist wichtiger als alles andere! Wenn Sie das Gefühl haben, das Vertrauen der Kinder zu missbrauchen, wenn Sie ihre Handys überprüfen, Zugang zu Passwörtern verlangen und das Herunterladen von Apps kontrollieren wollen, dann denken Sie nochmals gut darüber nach. Ist es nicht wichtiger, die soziale, emotionale und physische Sicherheit der Kinder oder Schüler an erste Stelle zu setzen? Versuchen Sie gemeinsam akzeptierbare Nutzungsvereinbarungen zu treffen, arbeiten Sie mit ihnen zusammen.[157] Erwägen Sie eine Überprüfungsapp, wenn Sie begründete Verdachtsmomente haben. Helfen Sie den Kindern oder Schülern, wenn online etwas vorgefallen ist, dass sie quält oder ihnen Ärger macht.

Wenn Sie das Gefühl haben, dass die Kinder einen Außenstehenden eher akzeptieren würden, suchen Sie nach einer Person des Vertrauens, die im Fall der Fälle dem Kind zur Seite steht und bei der Auflösung des Online-Problems helfen kann. Außerfamiliäre oder außerschulische Personen sind manchmal die bessere Wahl, wenn Teenager nicht mehr ein noch aus wissen und Eltern oder Lehrer überfordert sind.

Kinder und Jugendliche bewegen sich in einer Welt, die immer »auf Sendung« ist; da sind Fehler zwangsläufig, denn niemand ist in jungen Jahren so beherrscht und erfahren, dass er oder sie alles alleine stemmen kann. Vereinbaren Sie mit den anderen Eltern oder Lehrern einen Kodex, der zulässt, dass Probleme ans Licht kommen dürfen und behoben werden können. Akzeptierbare Nutzungsvereinbarungen auf Vertrauensbasis zu treffen rät auch Daniel Wolff, selbstständiger Digitaltrainer und Medienpädagoge an Bayerns Schulen.[158]

Wenn Sie den Eindruck haben, dass etwas schiefläuft, greifen Sie ein! Gehen Sie offen damit um, damit die Kinder nicht den Eindruck gewinnen, hintergangen worden zu sein, aber seien Sie aufmerksam, realistisch und schauen Sie nicht weg oder verharmlosen die Situation. Dennoch gilt: Wahren Sie den Respekt für Ihr Kind. Daniel Wolff spricht sogar von der »Würde des Kindes«. Zudem bieten Apple & Co. eine Vielzahl von Sperr-Apps, die allerdings auch Schwächen haben, wie zum Beispiel die Weitergabe von sensiblen Daten an andere Unternehmen oder die smarte Umgehung oder Aushebelung der Apps, wenn Jugendliche findige IT-Experten werden.

»Die Eltern verlassen sich auf ein Programm statt auf Absprachen mit den Kindern. Damit drücken sie aus, dass sie den Kindern nicht vertrauen (…).«[159] Deshalb der Rat von Ana Homayoun: Tun Sie sich mit den Eltern der Freunde Ihrer Kinder und ihren Lehrern zusammen. Berichten Sie, wenn etwas vorfällt, das nicht akzeptabel ist, wenn eine Online-Aktivität in Ihren Augen nur Schaden bringt. Es gibt keine »Petzer«, wenn es darum geht, Kinder auch vor sich selbst zu schützen.

3. Lernen, was Computer nicht können

Künstliche Intelligenz achtet auf Häufigkeiten. Die Erkennung von Ähnlichkeiten, Gemeinsamkeiten und Korrelationen lässt Muster entstehen, die erkannt werden. Ein Computersystem lernt diese Muster, aber es versteht und hinterfragt nicht, was es lernt und ausführt. Ein Mensch schon, er denkt selbst, und je vielfältiger und abwechslungsreicher das Gehirn genutzt wird, um so bessere Leistungen bringt es hervor.[160] Und hier wird das Feld weit und in unseren Schulen besonders leer, denn die klassische Wissensvermittlung steht an erster Stelle, nicht aber Kompetenzen wie Kreativität, kritisches oder unabhängiges Denken, Kommunikation und Zusammenarbeit sowie die Erziehung mit ihren Soft Skills. Einfacher ausgedrückt: Nicht nur die Wissensvermittlung und Selektion sind wichtig, sondern auch die Persönlichkeitsentwicklung der Kinder.

Wir haben bereits über die Kompetenzen Lesen, Schreiben und Rechnen gesprochen, die zunehmend von der digitalen Kompetenz überlagert werden. Es handelt sich um Kernkompetenzen, die dem kognitiven Bereich zugeordnet werden. Weil wir uns aber mitten in den turbulenten Zeiten eines umfassenden Wandels befinden, und nicht, wie manche immer noch meinen, an der Schwelle zu Wandel und Veränderung, erleben wir nicht nur, wie sehr sich unsere Technologie exponentiell verändert, sondern auch, welche gesellschaftlichen, wirtschaftlichen und geopolitischen Konsequenzen damit zusammenhängen.

Die erlebte Unsicherheit sollte jedoch nicht dazu führen, sich wieder nur den alten Idealen des Zeitalters der Industrialisierung zuzuwenden, sondern wir folgen Jack Ma, Juval Harari und auch Esther Wojcicki, die kritisches oder unabhängiges Denken, **K**ommunikation, **K**ollaboration und **K**reativität zu den nichtkognitiven sozialen und persönlichen Fähigkeiten zählen, die unsere Kinder lernen und entwickeln müssen, um die Innovatoren der Zukunft werden zu können.

Diese vier Ks beziehen sich nicht wie Rechnen, Lesen und Schreiben auf einen bestimmten Typus an Wissen oder Fähigkeit, sondern sie durchdringen viele akademische und nicht-akademische Lernbereiche. Besonders die Fähigkeiten in den Bereichen von Kommunikation und Kollaboration erfordern soziale und emotionale Kompetenzen, die auch als soziale Intelligenz zusammengefasst werden können.

Kernkompetenzen dieser sozialen Intelligenz liegen vor allem im Motivations- und Resilienzbereich und sind für unsere Jugendlichen heute und in Zukunft unverzichtbar, wenn sie auch international und langfristig reüssieren wollen. Sie sollen in der Lage sein, sich mutig auf etwas einlassen zu können, ohne Intensität, Zeitdauer und Umsetzung zu fürchten. Sie sollen auch unter widrigen Konkurrenzbedingungen bestehen, weil sie Probleme und Krisen als Anlass zu Weiterentwicklung und Innovation nehmen, und sie sollen lernen, ihr Verhalten zu reflektieren, damit sie in der Lage sind, auf Unvorhergesehenes oder Unbekanntes ohne nachhaltige Beeinträchtigungen reagieren zu können.

Rechnen, Lesen, Schreiben und die digitale Kompetenz als schulisches Basiswissen sowie die vier Ks kritisches Denken, Kollaboration, Kommunikation und Kreativität als neuzeitliches Allgemeinwissen können demnach nur entwickelt werden, wenn wir in der Lage sind, uns selbst wahrzunehmen, uns selbst zu managen, wenn wir über ein soziales (gesellschaftliches) Bewusstsein verfügen, wenn wir verantwortungsvolle Entscheidungen treffen können und vor allem zu Beziehungen fähig sind.

Hier können wir uns sehr viele Anregungen und Inhalte vom Wertekonzept und Lehrplan der Internationalen Schulen holen. Ihr Wertekonzept ist Ausdruck einer gelebten Diversität und eines positiven Wettbewerbs. Auf diese Weise können und dürfen Kinder besonders sein und sie sollen sich mit anderen Kindern positiv messen. Sie sollen ihre Stärken und Schwächen ohne Angst vor negativen Konsequenzen erkennen. Sie sollen früh beginnen, sich selbst, andere und die Umwelt zu reflektieren. Sie sollen sich sozial engagieren und lernen, ihre Errungenschaften mit Selbstbewusstsein zu vertreten und zu präsentieren. All das bedeutet die Förderung und Forderung junger Menschen auf allen Ebenen, die als Konsequenz daraus erfahren, was Leistungsbereitschaft, Durchhaltevermögen und Mut bewirken können. Und so erkunden die Juniors die Natur und Robotics gleichermaßen und erfahren sich im Kontext ihrer Herkunft, ihrer Umgebung, ihrer Aufgaben.

Die Middle- und Senior-School-Schüler arbeiten innovativ und kreativ, design- und führungsorientiert, insbesondere in den sogenannten MINT-Fächern, aber auch in Kunst, Kultur und Kommunikation. In einem Innovation Hub lernen sie die weltweite Projekt- und Netzwerkarbeit mit anderen Schulen, mit Stiftungen, Firmen und sonstigen Unterstützern. Im sogenannten Personal Project trainieren sie Wettbewerb, Kreativität und Lösungskompetenz sowie Teamarbeit und Präsentation. Und nicht alle diese Errungenschaften kosten viel Geld, um voreiligen Kritikern zuvorzukommen.

Die Autorität der Lehrkraft beruht demnach nicht nur auf »ihrer Beherrschung des Stoffs und der Deutlichkeit, mit der er dargestellt wird« sowie »auf der Fähigkeit, auf typische, aber auch überraschende Fragen zu antworten«.[161] Lehrer nehmen dann auch eine starke Vorbildfunktion ein, weil sie Mentoren sind, an denen sich die Kinder orientieren können.

Die sogenannte »erworbene Intelligenz« (umsichtig, weitsichtig, vorausdenkend zu sein) »kann sich nur bilden, wenn das Kind von klein auf ein Gegenüber hat, an dem es sich orientieren kann. Wenn es jemanden hat, der mit dem Kind auch Dinge einübt und sie abverlangt.«[162]

Nur wenn sich unsere emotionale, soziale Psyche entwickelt, können wir für uns und andere Verantwortung übernehmen. Das ist vor allem dann gefragt, wenn Eltern nicht in der Lage oder willens sind, dieses Gegenüber für ihr Kind zu sein. Dann muss das System Schule außerhalb der Familie übernehmen. Denn findet diese Reifung der sozialen Intelligenz nicht statt, nimmt das Kind nur sich wahr, kann Zusammenhänge nicht erkennen, hat keinen Sinn für Handlungsbedarf, für Abläufe und Strukturen. Es kann Situationen nicht erfassen und Prioritäten nicht setzen. Ein Kind ohne soziale und emotionale Intelligenz kann sich nicht auf andere einstellen und ist nicht teamfähig.

Die Corona-Krise hat uns gezeigt, wie wichtig soziale und emotionale Kompetenzen im Schulalltag sind, und wie sehr sie während der Schulschließungen und auch in der Übergangszeit danach vernachlässigt wurden. Unsere von Schule zu Schule unterschiedliche, teils rudimentäre, teils nicht vorhandene Online-Ersatz-Beschulung war und ist nicht in der Lage, zumindest einen echten Austausch mit den Schülern zu ermöglichen und einen Dialog mit Feedback zu generieren.

Im Vergleich dazu wird Schulerziehung in Estland als Teamwork verstanden. In Dänemark wird neuerdings Empathie als Fach gelehrt. In Neuseeland wird Whanaungatanga auch oder gerade in der Schule gelebt, das die Ureinwohner Neuseelands, die Maori, mit Fürsorge und Verbundenheit gleichsetzen. Kindness (bei Esther Wojcicki) oder Empathie führen dazu, dass sich Schüler untereinander und mit ihren Lehrern verstehen lernen, dass sie sich gegenseitig helfen, dass klassen- oder jahrgangsübergreifende Unterrichtsthemen die Zusammenarbeit und den Zusammenhalt fördern oder die Schüler sich in der Region, in der sie leben, sozial engagieren. Aus diesem Grund plant Andreas Schleicher, einer der renommiertesten Bildungsforscher der Welt, Mathematiker und Leiter der PISA-Studie, in Zukunft auch die Beziehungen zwischen Schülern, Lehrern und Schulen zu messen, und wie sie sich durch die Corona-Krise verändert haben.[163]

Es schmerzt mich zu sehen, wie wenig Whanaungatanga in unserem Kindergarten- und Schulsystem gefördert wird!

Ob ein Kind seine soziale und emotionale Intelligenz entwickeln kann, hängt stark von seinem frühkindlichen Umfeld ab.

In vielen empirischen Studien wurde nachgewiesen, dass die Fähigkeit zu emotioneller Kontrolle, also unter Druck ruhig zu bleiben sowie mit anderen gut zurechtzukommen, wesentlich ist für eine produktive Kommunikation und Zusammenarbeit. Um kritisch oder unabhängig denken zu können, müssen wir in der Lage sein, schwierige Situationen analysieren zu können, um dann auf unvorhersehbare Ereignisse mit einer Lösung reagieren zu können. Wollen wir kreativ sein, so können wir dies nur, indem wir Chancen wahrnehmen und eventuell auch ein Risiko eingehen, indem wir Hindernisse zu überwinden lernen und über eine hohe Belohnungstoleranz verfügen.

Für sehr viele Kinder, besonders aus schwierigen Familienverhältnissen, ist genau diese Summe an Fähigkeiten das eigentliche Problem, denn die soziale, emotionale und kognitive Entwicklung sind miteinander verwoben. Das kann ich auch aus eigener Erfahrung berichten. Kinder, die wir im Heim erlebt haben und die von unseren Kindern im Rahmen der Community Action – Service-Stunden, die an der Internationalen Schule verpflichtend waren – betreut wurden, waren so viel schneller frustriert, so viel schneller wütend, taten sich mit vielem schwer, was für unsere Kinder selbstverständlich war, und hatten meistens auch ein großes sprachliches Defizit, sie kannten viele Worte nicht. Mit ihnen hatte zu Hause niemand oder jemand nur sehr wenig gesprochen, geschweige denn ein Buch vorgelesen.

Der Kinder- und Jugendpsychiater Michael Winterhoff spricht davon, dass Erziehung nicht nur die Vermittlung von Regeln darstellt, sondern auch die Bildung der Psyche, und dafür brauchen Kinder Bezugspersonen. Diese Aufgabe können auch Kindergärten und Schulen übernehmen. »Dafür brauche es aber deutlich mehr Personal und eine neue Einstellung: Mit Betreuung und der reinen Weitergabe von Wissen«, so zitiert ihn *Die Welt*, »sei es dann nicht mehr getan.«[164]

4. Sprachkompetenz und Sprachförderung

Eingangs hatte ich schon davon gesprochen, dass es die Sprachanfänge sind, die man besonders beachten muss, und dass es klug wäre, die Eltern gleich mit einzubinden, falls Bedarf festgestellt wird. Eltern, die selbst nicht gut lesen und schreiben können, werden ihren Kindern kaum dabei helfen können, richtig sprechen zu lernen oder sich für das Lesen zu begeistern.

Gestern traf ich Eltern aus Bremerhaven, die mir versicherten, dass die dortige Bildung der Kinder am Boden läge, was sich seit Langem auf die wirtschaftliche Situation der Stadt niederschlagen würde. Kinder könnten nach der Grundschule weder ordentlich lesen noch schreiben oder rechnen, von digitaler Kompetenz wollten sie erst gar nicht reden.

Weil Bildung in Deutschland föderalistisch organisiert ist, bestimmt die jeweilige politische Einstellung im jeweiligen Bundesland die Qualität und das Leistungsniveau der Lehre. Wir haben also hinsichtlich des Leistungsniveaus »starke« und »schwache« Bundesländer, in denen immer mehr Eltern durch »Zukauf« privater Bildung versuchen, den Defiziten in der Schullandschaft auszuweichen. Das können leider nicht alle, und so beginnt die Bildungsungerechtigkeit von vorne.

Um Letztere in Angriff zu nehmen, müssten wir die Abhängigkeit der sprachlichen Kompetenz der Kinder vom Einkommen, Bildungsstatus und sozialen Netzwerk der Eltern abkoppeln. Kitas und öffentliche Schulen müssten folglich beim Erwerb der deutschen Sprache ein relativ hohes Qualitäts- und Leistungsniveau bieten.

Da aber bundesweit die altersgerechte vorschulische Sprachförderung kein verbindlicher Bestandteil der Erzieherausbildung ist[165], tun sie das offensichtlich nicht, wie die jüngste IGLU-Studie (Internationale Grundschul-Lese-Untersuchung) zeigt.

Danach können knapp 19 Prozent der Kinder in der vierten Grundschulklasse nicht ausreichend gut lesen und schreiben. Zudem zeigen Untersuchungen, dass der Wortschatz und die Wortgewandtheit der Kinder immer stärker abnehmen, die Wort- und Satzbildungsstörungen zunehmen. Wenn Kinder die deutsche Sprache nicht rechtzeitig erlernen, dann wird »Deutsch-Lernen« auch in der weiterführenden Schule wieder zum Unterricht und verlangsamt den Lernprozess für die Kinder, die Deutsch können.

Laut dem Bildungsforscher Michael Becker-Mrotzek, Professor für deutsche Sprache und Didaktik und Leiter des Mercator-Instituts für Sprachförderung, liegt der Anteil der Kinder in Deutschland, die eine nicht gymnasiale Schule besuchen und zugleich nur auf der niedrigsten Kompetenzstufe lesen können, bei 29 Prozent, im Gegensatz zu Estland mit 11 Prozent und dem OECD-Schnitt von 23 Prozent.

Das ist besorgniserregend, denn das bedeutet, dass jeder Dritte der Fünfzehnjährigen auf Grundschulniveau liest.[166] Die PISA-Studie vor zwei Jahren ergab, dass 21 Prozent der Fünfzehnjährigen ein nur geringes Textverständnis aufweisen. Berufsausbilder beklagen die sprachlich katastrophalen Bewerbungen und Universitätsprofessoren sprechen den Studenten aufgrund ihrer sprachlichen Defizite die Studierfähigkeit ab.

Frühe Sprachförderung verbessert die Chancengleichheit

Ich frage mich, ob Politiker in Bremerhaven wirklich begreifen, was sie den Kindern antun. Ich diesem Zusammenhang hilft auch nicht der Vergleich zu einem anderen deutschen Bundesland, um auf die Missstände einzugehen und vor allem passende Lösungswege aufzuzeigen, da ich nirgendwo in öffentlichen Kitas und Schulen einen wirklich präventiven Ansatz der sprachlichen Frühförderung vorfinde.

Ich zeige deshalb auf ein Land, das besonders weit weg ist von uns und das mehr Einwanderungsland ist, als Deutschland je sein wird. Neuseeland ist dieses Land und offensichtlich gelingt es den dortigen Schulen, gerade bei der frühen Sprachförderung, beim Lesen und Schreiben, die Kinder zu motivieren und zu begeistern. Auch dort stammen viele Kinder aus bildungsfernen Familien, auch dort haben viele Kinder einen Migrationshintergrund. Wie also schaffen sie es, dass Migrantenkinder so gut abschneiden wie Kinder von Einheimischen?

Bei uns geben 50,3 Prozent unserer Kinder an, dass sie nur lesen, wenn sie müssen. Und 34,2 Prozent halten Lesen sowieso für eine Zeitverschwendung.[167] Für den Erwerb der Lesefähigkeit braucht man aber Begeisterung und Leselust, und Letztere nehmen in Deutschland mit zunehmendem Alter der Kinder stark ab. Kinder lernen bei uns anscheinend nur dann lesen, wenn ihnen dadurch Informationen zuteil werden, die ihnen einen Vorteil verschaffen. Das ist reine Pflichterfüllung zum Zweck des Notenerwerbs, gerade so viel, dass es zur gewünschten Note reicht, das Klassenziel erreicht wird oder es zu einem gelungenen Schulabschluss führen soll. Und wenn das Leistungsniveau der Pflicht, abhängig vom jeweiligen Bundesland, niedrig ist, dann verhält sich auch die Leistungsbereitschaft so, da ein Output-orientiertes Lernen keine Lesebegeisterung entfachen und keine Schreibmotivation wecken kann. Zudem gibt es bei uns zwar technisch ausgereifte, aber emotional wenig inspirierende Lesewettbewerbe, Buchpakete oder Lesezertifikate, die nur diejenigen Kinder ansprechen, die bereits lesen können und wollen.

Es geht hier nicht darum, neuseeländische Leselernmethoden eins zu eins zu kopieren oder einen bestimmten Ansatz wie »Lesen in ganzen Sätzen« zu propagieren. Es geht darum, wie man Kinder zum Lesen verführt. Es geht darum, wie man ihnen die Angst vor Rechtschreibfehlern nimmt und ihre intrinsische Freude am Lesen und Schreiben weckt und fördert. Es geht für die Verantwortlichen darum, dass man »geografisch oder zeitlich Fernes an sich heranlässt und seinen Horizont nicht allein von den Ideen besetzen lässt, die gerade im Umlauf sind«.[168] Neuseeländische Lehrer lassen ein koreanisches Kind koreanische Wörter an die Tafel schreiben und übersetzen, damit die anderen Kinder sehen und erleben, was dieser Junge oder dieses Mädchen leisten muss, um die fremde Sprache zu lernen. Man lässt eben nicht zu, dass sich ein Kind ob seiner Nationalität unter- oder aber auch überlegen fühlen kann.

Und was das Lesen betrifft, so erlebt man dort ein ausgeprägtes Leseethos, das den Kindern die Liebe zu Büchern beibringt. Gleiches wird auch Estland und Finnland nachgesagt, die in den PISA-Studien weit besser abschneiden als Deutschland. In Neuseeland, sagt man, gibt es keine Kinder, die ungern lesen. Sie haben nur noch nicht das richtige Buch gefunden.[169] Das erinnert mich an meine Lehrerin, die mir die geliebten Abenteuerbücher wegnahm und mir dafür griechische Sagen zum Lesen gab. Ja, ich habe sie gelesen, aber verschlungen habe ich »Fünf Freunde« und »Hanni und Nanni«.

Auch heute hängt Lesemotivation stark davon ab, was gelesen werden darf. Der Lehrer Karsten Brill empfiehlt für seine Klassen, solche Bücher auszuwählen, die Kinder und Jugendliche erreichen, die ihnen verständlich sind, die ihnen die Möglichkeit geben, sich zu identifizieren, und zudem »gewisse Analysefähigkeiten« fördern.[170] Im Grundschulalter bieten Lehrer und Eltern bevorzugt lebensnahe Texte an. Ein Buch über das Meer und Delfine, wie mir ein zehnjähriges Mädchen erzählte. Aber die Delfine sterben bereits am Anfang des Buchs, und damit auch die Motivation weiterzulesen: zu traurig, zu real, zu wenig Fantasie. Kinder, vor allem Jungs, wollen doch lieber Abenteuergeschichten lesen.[171] Und für Jugendliche empfiehlt es sich, ein Mitspracherecht bei der Auswahl der Bücher einzuräumen, oder einfach mal das Fantasy-Genre zuzulassen!

Für den Unterricht über den Holocaust greift Brill den Comic »Maus« des Amerikaners Art Spiegelman auf, erschienen vor 30 Jahren auch auf Deutsch. »Mouse« ist ein Standardwerk in amerikanischen Schulen und wird als interdisziplinäres Thema in den Fächern Geschichte, Sprachen, Politik, Philosophie und Religion besprochen (siehe hierzu 8. Kapitel).

Bei uns völlig unbekannt, thematisiert es den Holocaust aus jüdischer Perspektive, die nicht nur das Davor, wie es dazu kam und wie der Alltag aussah, thematisiert, sondern auch auf das Trauma der Überlebenden und der nachfolgenden Generationen Bezug nimmt. Weil diese meist nicht mehr auf Deutsch schreiben, und Übersetzungen im Unterricht nur selten durchgenommen werden, finden sie im Unterricht keinen Platz.

Durch »Maus«, stellt Brill fest, bleiben die Erinnerungen der Überlebenden und ihrer Nachkommen nicht »jüdisch fremd«, erzeugen nicht nur Schweigen, Andacht, Respekt, sondern finden den Zugang zu den heutigen Jugendlichen, die die »Gegenwart in der Geschichte« begreifen sollen.[172]

Weil eine durchgängige sprachliche Bildung über alle Schulformen bis in die gesamtuniversitäre Aufgabenstellung reicht, ist die Diagnose der Sprachkompetenz und die präventive und lückenlose Betreuung der Kinder bis in die weiterführende Schule und in die jeweilige Ausbildung eine unserer wichtigsten Aufgaben. Michael Becker-Mrotzek und der Schulforscher Hans Pant schlagen daher vor, die Sprachbildung, Leseförderung und Schreibförderung an deutschen Schulen systematisch, durchgängig und umfassend zu gestalten. Einen wesentlichen Vorstoß finde ich die Idee, Kinder bereits in den Kitas und Kindergärten sprachlich zu fördern, und damit eng verbunden auch kulturell zu bilden. Entstehen in frühen Jahren bereits Lücken beim Lesen und Schreiben, werden sie oft nicht aufgeholt und verschärfen die Problematik.

So entstand auch die Idee, den Müttern, die selbst Leseunterricht vertragen könnten, bei den Vorsorgeuntersuchungen beim Kinderarzt Bilderbücher und Vorlesetipps mitzugeben. Wenn sie die deutsche Sprache und das Lesen für sich entdecken, dann werden sie auch ihre Kinder dafür begeistern können. Ich würde sogar so weit gehen, die sprachliche Kompetenz der ganzen Familie zu fördern, einfach weil die Sprachbarrieren sonst nicht durchbrochen werden. Die Kinder kommen nach wenigen Stunden Schule nach Hause, oder sie bleiben aufgrund der Schulschließungen ganz zu Hause und sprechen nur ihre Muttersprache. Auch kann ihnen niemand vorlesen oder bei den Hausaufgaben helfen.

Im Kindergarten sollte »eine bestimmte Stundenzahl an Sprachförderung verpflichtend vorgeschrieben werden«.[173] In der Grundschule sollte mit einem »Leseförderband« begonnen werden, der kurze, tägliche Übungen über einen langen Zeitraum vorsieht. So soll die Negativspirale vermieden werden, dass nicht lesen zu können zu immer weniger Lesen führt und die Kinder kontinuierlich immer schlechter werden. Die Leseförderung sollte zudem an den Punkten ansetzen, die individuell diagnostiziert werden, sei es mangelnde Leseflüssigkeit oder mangelnde Leselust oder beides. Dazu braucht es auch eine Erzieher- und Lehrerausbildung, die auf die kognitiven Fähigkeiten des Kindes, allen voran auf das Thema Wahrnehmung, eingeht.[174]

Es nützt nichts, die Motivation durch Lesepaten, Buchclubs, Leseabende etc. zu fördern, wenn dem Kind die basalen Fertigkeiten fehlen. Das frustriert nur noch mehr. Wichtig ist auch, dass die Leseförderung kontinuierlich und konsequent in allen Fächern umgesetzt wird, nicht nur während des Schriftspracherwerbs in der Grundschule. Die Sprachförderung sollte Teil der gesamten Unterrichtsentwicklung durch das gesamte Lehrerkolleg sein und in jedem Fach umgesetzt werden.[175] Dabei helfen multiprofessionelle Lehrerteams, die aus Fach- und Deutsch-als-Zweitsprache-Lehrkräften bestehen.[176]

Davon sind wir noch weit entfernt – und das gilt insbesondere für die Kitas, Grund- und Hauptschulen, denn Erstere legen den Grundstock für die Sprachkompetenz aller Kinder und Letztere müssen der Heterogenität ihrer Schülerschaft Herr werden und mit enormen Leistungsunterschieden der Kinder zurechtkommen. Dabei ist gerade der Anteil an Kindern mit Migrationshintergrund und Sprachproblemen besonders groß.[177] Allein in NRW wurden zwischen 2015 und 2017 55 000 Kinder und Jugendliche als Asylanten aufgenommen. Im selben Zeitraum wurden aber nur 961 Deutsch-als-Zweitsprache-Lehrer eingestellt.[178]

Bei diesen Grundschulklassen und Kitas mit einem niedrigen Sozialindex setzt der Verein coach@school e.V. an. Die Vision der Gründerin Kerstin Wiskemann ist die Wertschätzung von Sprach- und Kulturvielfalt in der Gesellschaft, denn wenn Herkunftssprachen in der frühkindlichen Bildung mehr Platz hätten, wären verbesserte Bildungschancen und die Integration für diese Kinder leichter umsetzbar. Die Hamburger Bücherkoffer enthalten mehrsprachige Kinderbücher, die von Eltern vorgelesen werden, die Lesefreude der Kinder wecken und ihre Mehrsprachigkeit fördern sollen.

Unterstützen Eltern die erstsprachliche Kompetenz durch Vorlesen, können ihre Kinder eine zweite Sprache – Deutsch – sehr viel leichter erlernen. Sie haben bereits die entsprechenden Lern- und Lesetechniken eingeübt und die emotionale und soziale Nähe erfahren, die den Spracherwerb begünstigt. Gleichzeitig verbessern Eltern und Geschwister oftmals ihre eigene Lesekompetenz.

Dürfen die Sprachen der Kinder auch in Kita und Grundschule lebendig bleiben, kommen wir sehr in die Nähe des neuseeländischen Ansatzes: Wie klingen Buchstaben in anderen Sprachen? Wie heißt ein Märchen auf Kurdisch, Farsi oder Urdu? Die Akzeptanz von Mehrsprachigkeit fördert die Toleranz und somit auch die Integration, und wer lesen kann, versteht die Aufgaben in der Schule, kann dem Unterricht folgen und entwickelt sich besser. Lesen ist der Schlüssel zur Bildung und eine Reise, mit einem Himmel, der keine Grenzen kennt.[179]

Dazu kommen noch die Herausforderungen durch das Lesen mit digitalen Medien, denn dort sind die Texte hinsichtlich ihrer Qualität nicht kontrolliert und sollten von den Lesern zusätzlich auf Glaubwürdigkeit und Relevanz überprüft werden. Hier bieten digitale Programme, Apps und Plattformen die Möglichkeit zu individueller Sprachförderung, die abhängig vom zuvor festgestellten Förderbedarf und Entwicklungsstand die für den Leistungsstand richtigen Aufgaben und Übungen bereithält.

Vor dem Hintergrund der digitalen Konkurrenz für den klassischen Sprachunterricht in der Schule sieht der Fremdsprachendidaktiker Dirk Siepmann die Notwendigkeit, den seiner Meinung nach sträflich vernachlässigten Anfangsunterricht zu überdenken und zu ergänzen, auch in der Grundschule. Aktuelle Studien aus den Niederlanden und aus Taiwan zeigen, dass digitale Lernformen für Sprachen als flexibler, interessanter und interaktiver wahrgenommen werden.[180] Die Kinder üben mit Hilfe von Apps in »Lerninseln«, sie üben das Sprechen und den Wortschatz mit Kopfhörern, der Lehrer begleitet und fördert individuell und kann die Anwendung der Apps durch die Schüler auch kontrollieren.

Sprachen für eine Zukunft, die es geben wird

Was bereits in England oder in den USA üblich ist, scheint hierzulande an Schulen noch in weiter Ferne zu sein. Kinder in anderen Ländern lernen vorzugsweise neben Englisch die neuzeitlichen Sprachen Spanisch oder Chinesisch, weil die Hälfte der Welt Spanisch spricht und weil China weltweit zu den wichtigsten Handelspartnern gehört.

Der Fremsprachendidaktiker Dirk Siepmann ist zudem der Meinung, dass die Anforderungen an den Fremdsprachenunterricht steigen müssen. Sein Beispiel ist Niedersachsen, wo Schüler mit mittlerer Schulbildung über einen Englischwortschatz verfügen, der nicht für das Verständnis von Radiosendungen, Zeitungstexten, geschweige denn anspruchsvolleren Bildungsinhalten ausreicht. Vergleichsweise sprechen Englischlerner heute zwar freier, dafür aber fehlerhafter als früher. Französisch- und Spanischlerner dagegen schweigen mehr als früher, was bei allen – wenn die einen sich nichts zu sagen trauen und die anderen keine Antwort bekommen – zu Unwohlsein und Vorurteilen führen kann.[181]

Matthias Trüper von der Studienberatung Campusmondi hält dagegen. Deutschen Abiturienten attestiert er gutes Englisch, unter zwei Einschränkungen: Holländer, Dänen, Isländer oder baltische Länder sind besser, auch weil ihr Fernsehen in englischer Sprache läuft. Für die Studienzulassungstests SAT und GMAT in den USA wird ein Sprachniveau vorausgesetzt, das unsere Abiturienten überfordert. Überlegungen hinsichtlich der Anwendung und Wirtschaftlichkeit fehlen bei uns in der Schullandschaft, obwohl unsere wirtschaftliche Lebensader der Exporthandel ist. Leider habe ich auf Konferenzen oft erlebt, dass Lehrer weit von sich weisen, zum wirtschaftlichen Erfolg ihrer Schüler beitragen zu wollen. Sie sehen ihre gesellschaftliche Aufgabe lediglich in deren Allgemeinbildung. Schauen wir auf die höhere Schule, intensiviert sich diese Einstellung.

Hinzu kommt, dass das gymnasiale Latein und Altgriechisch die Vorteile einer sozialen Abgrenzung und Erhöhung verspricht. Prof. Jürgen Gerhards sagt, dass »das positive Image von Latein (…) gesellschaftlich stark verhaftet« ist. »Wer es lernt, schult vermeintlich das logische Denken und seine analytischen Fähigkeiten. Außerdem erwirbt er angeblich ein besseres Verständnis von Grammatik und lernt leichter andere Fremdsprachen wie Spanisch oder Französisch. Zudem gelten Menschen, die in der Schule Latein hatten, als kulturell höher gebildet, wie unsere

Befragung gezeigt hat.«[182] Doch konnte in mehreren Studien nie nachgewiesen werden, dass Schüler, die in derselben Zeit eine moderne Fremdsprache gelernt hatten, weniger logisch dachten oder sich mit der Grammatik schwerer taten.

Prof. Gerhards und Kollegen interpretieren die Zunahme an Latein- und Altgriechisch-Schülern als Strategie des Bildungsbürgertums, sich von den vergleichbaren Bildungsabschlüssen anderer Gesellschaftsschichten zu distanzieren. Sie erhoffen sich dadurch einen Vorteil auf dem Arbeitsmarkt gegenüber den Mitbewerbern. Ich selbst habe noch das große Latinum abschließen müssen mit wöchentlich vier Stunden Latein sieben lange Jahre. Rückblickend wage ich zu behaupten, dass es sinnvoller gewesen wäre, neben Französisch (meiner zweiten Muttersprache) mein damaliges Englisch zu intensivieren und zusätzlich Spanisch zu lernen. Heutzutage ist das sicherlich nicht weniger sinnvoll. Um die kulturelle Herkunft unserer Sprache zu vermitteln, halte ich zwei oder drei Jahre Latein für ausreichend, und dann auch in interdisziplinärer Verbindung mit Geschichte, Politik, Literatur und Kunst. Ein weiterer Grund für das starke Lateinangebot an unseren Gymnasien liegt wohl auch in der Anzahl der Lehrer, die Latein lehren. Davon soll es beachtlich mehr geben als Lehrer, die Englisch, Mathematik, Coden und Programmieren beherrschen.[183]

Wenn Sie für Ihre Kinder ein humanistisches Gymnasium planen, überlegen Sie gut, ob Sie Ihren Kindern damit einen Gefallen tun. Viele halten diese»Basiserziehung« für »qualitativ besser« als alle anderen gymnasialen Wege, und sie halten das Abitur für schwerer, was gerade in Bayern als Auszeichnung gilt. Doch zeigt uns die Gegenwart, dass alle Gymnasiasten nach demselben Lehrplan arbeiten, am Ende dasselbe Abitur machen, und die Zukunft verweist bekanntlich auf andere Notwendigkeiten.

Sehr herausfordernd finde ich zudem die Einstellung vieler Eltern, deren Kinder auf einem humanistischen Gymnasium sind, ab der 10. Klasse, wenn Altgriechisch droht. Häufig fällt den Eltern dann ein, dass ein gutes Englisch beziehungsweise eine andere Pädagogik doch wichtiger ist, und dann ist die Lösung sehr oft ein angelsächsisches Internat, in dem sie dann schnell, schnell und natürlich ganz selbstverständlich alles aufholen sollen, was zuvor versäumt wurde. Ich denke da nicht nur an Englisch im Unterricht, sondern auch an die digitale Kompetenz und an Werte, Fähigkeiten und Eigenschaften, die wir in unseren Schulen weder fördern noch fordern.

Wenn man sich für Internationalität entscheidet, sollte diese Entscheidung rechtzeitig getroffen werden, denn echte Zweisprachigkeit und eine tatsächliche internationale Sozialisierung gelingen meist nicht mehr in den letzten zwei Schuljahren. Schüler brauchen bis zu drei Jahre, um mit Muttersprachlern mithalten zu können! Viele von uns unterschätzen die englische Sprache immens, denn Englisch suggeriert oberflächlich eine Leichtigkeit und schnelle Beherrschbarkeit, was zu einer grundlegenden Fehleinschätzung führen kann. Kinder kommen aus dem Ausland zurück und sprechen vermeintlich perfektes Englisch. Der Akzent hat sich verbessert, der Alltag wird mühelos bewerkstelligt.

Doch beim akademischen, politischen oder literarischen Diskurs wird dann schnell deutlich, dass hierfür ein anderes Niveau erforderlich ist. Und so, wie es sich mit der Sprache verhält, ist es kulturell oft ähnlich. In ausländischen Internaten erleben wir oft, dass deutsche Kinder unter sich bleiben und keinen intensiven Kontakt zu anderen Nationalitäten aufbauen können. Ihre kulturelle Prägung scheint bereits abgeschlossen und so verfestigt, dass sie sich eigentlich nur mit Kindern aus demselben Kulturkreis wirklich wohlfühlen. Ich habe viele Eltern kennengelernt, die mir dieses Phänomen mit Bedauern erzählt haben.

5. Mehr von allem in der Ganztagsschule

Auch hier sind es zunächst einmal die starken Leistungsunterschiede der Kinder, aufgrund derer ich für die Einführung von Ganztagsschulen insbesondere in Grund- und Hauptschulen plädiere. Wer mehr Unterricht und mehr Erziehung bekommt, versteht besser, verhält sich besser und muss auch weniger Hausaufgaben machen, um den Unterrichtsstoff beherrschen zu können. Die Kinder werden am Nachmittag nicht allein gelassen und die Eltern nicht in ihrer Rolle als Hilfslehrer überfordert. Diese sinnvolle und effiziente Nutzung der Zeit am Nachmittag kommt der Lernentwicklung der Kinder zugute. Gerade für leistungsschwache Kinder ist es schwieriger, mit der freien Zeit zu Hause so umzugehen, dass sie produktiv und strukturiert genutzt wird, und ältere Kinder sind darin, wenn überhaupt, besser als jüngere. Für leistungsstarke oder -stärkere Kinder fehlen die Anregungen, die Auslastung, die Förderung, weil Lehrer keine Zeit haben, auf die individuellen Bedürfnisse auch dieser Kinder einzugehen.

Eine Ganztagsschule kann meiner Erfahrung nach auch das Eintauchen in die Realität sehr viel besser begleiten als eine normale Regelschule, die sich lediglich zu Betreuung, Unterricht und Leistungskontrollen verpflichtet sieht. Gerade in den Hauptschulen ist der Fokus der Ausbildung besonders praxisorientiert, nur treffe ich Jugendliche mit Hauptschulabschluss, die noch nie eine E-Mail verschickt haben, keine Ahnung haben, wie eine Krankenversicherung funktioniert, und im Übrigen keinen korrekten Satz sprechen oder schreiben können. Ihre Allgemeinbildung ist so schlecht, dass einem schwindelig wird.

Diese jungen Menschen auf dem niedrigsten Leistungsniveau machen mittlerweile fast 20 Prozent in Brennpunktschulen aus, und der Migrationshintergrund liegt bei 50 Prozent. Während 45 Prozent ein mittleres Leistungsniveau aufweisen, bieten leistungsstarke Hauptschulen, vor allem in Bayern, Baden-Württemberg, Rheinland-Pfalz und dem ländlichen Nordrhein-Westfalen, Unterricht auf Realschulnivau.[184]

So vermittelt beispielsweise das Talentscouting-Programm den Schülern an Brennpunktschulen in NRW Mentoren, die bei den Dingen helfen, die für benachteiligte Jugendliche oftmals eine große Hürde darstellen, und die meines Erachtens nicht nur die Hauptschule leisten müsste, und eine Ganztagsschule auch leisten kann: Informationen über Studienangebote, Ausbildungen, Stipendien und Finanzierungsmöglichkeiten, Informationen über Auslandssemester und Praktika. »Ergänzt wird das Programm«, wie die *FAZ* berichtet, »von Aktionen wie den ›Shadowing Days‹ (...), während denen Schüler Studenten in die Universität begleiten.«[185]

Ziel sollte doch sein, die Hauptschule nicht mit »der dritten und schlechtesten Schulwahl« zu stigmatisieren, weil dort nur Kinder sind, die Probleme haben, sondern wir sollten sie als Möglichkeit zum Aufstieg begreifen, indem die Hauptschule nicht nur Abschlüsse, sondern auch Anschlüsse an weiterführende Schulen, wie beispielsweise die beruflichen Gymnasien, bietet. Deshalb sind auch die PISA-Ergebnisse für die als »Risikoschüler« eingestuften Hauptschüler in Bayern und Baden-Württemberg insgesamt am besten.[186]

Wenn wir anerkennen, dass wir unsere Kinder nur dann stärken, wenn wir ihnen auch Fähigkeiten und Verhaltensweisen vermitteln und nicht nur Tonnen an Wissen, dann wird die Schulbildung eine Vielfalt an Bedürfnissen beachten können, sie wird inklusiver werden und auch die kulturelle Diversität ihrer Schüler widerspiegeln können. Doch hierfür brauchen wir die Ganztagsschule.

Wegweisend sind auch hier die Internationalen Schulen, die schon lange leisten, was alle deutschen Schulen nun endlich auch anpacken sollten: mehr Unterricht, mehr Struktur, mehr Erziehung, kleinere Klassen, verschiedene Leistungsstufen, mehr und gezieltere Förderung und Forderung für schwache und starke Schüler, zudem eine positive, unterstützte und gezielte Auslastung durch mehr Initiative und Aktivität, mehr Sport und andere nicht-akademische Aktivitäten.

In einer Ganztagsschule können wir dem Sport und der Bewegung mehr Zeit widmen, um Koordination, Konzentration und Gesundheit zu fördern, wir können den Kindern sinnvollen Ausgleich und Beschäftigung bieten. Die Kinder profitieren von besseren Bildungschancen, denn wer sechs statt drei Deutschstunden pro Woche erhält, lernt besser und schneller als ein Kind, das ab Mittag zu Hause nur in seiner Muttersprache spricht und ansonsten allein gelassen vor seinen Hausaufgaben sitzt.

Sehr nachvollziehbar und zugleich amüsant schildert Anke Willers in ihrem Buch »Geht's dir gut oder hast du Kinder in der Schule?«, wie sehr unser Schulsystem von der Mithilfe der Eltern zu Hause ausgeht, die im Laufe der Schulzeit ihrer Kinder zu Hilfslehrern mutieren, wenn sie denn dazu in der Lage sind. Wenn sie den Anweisungen der Lehrer nicht folgen können oder wollen, hat das Kind eben Pech gehabt. Zum Aushilfslehrertum gehört auch das passende Equipment wie Computer oder Drucker oder die Expertise in Dokumentation und Präsentation. Diese Schulsituation hat natürlich auch Auswirkungen auf das Selbstverständnis deutscher Mütter und darauf, wie sie ihre Rolle sehen. Dass Mütter berufstätig sind, wird immer noch gerne ignoriert und zuweilen auch gemaßregelt.

So geschehen in einer Grundschule, wo der Busfahrer die berufstätige Mutter eines kleinen Mädchens beschimpfte, weil diese ihr Kind nicht vor Ort vom Tagesausflug auf das Land abholen konnte, »so wie alle anderen!«. Für den Busfahrer war sie eine »Rabenmutter«, weil sie sich in seinen Augen nicht ausreichend um das Kind gekümmert hatte – ein sehr deutscher Ausdruck, der in anderen Sprachen auch dem Verständnis nach nicht existiert.

Weitere Vorteile der Ganztagsschule sind daher auch die verbesserte Vereinbarkeit von Beruf und Familie und das Sinken von Sozialausgaben, wenn eine verbesserte Bildungsgerechtigkeit zu mehr Schulabschlüssen und Ausbildungen führt. Gute Bildung und der Wohlstand des Landes sind miteinander verknüpft.[187] Im Ergebnis bräuchten wir weniger Nachhilfelehrer, die stattdessen als Quereinsteiger in Schulen arbeiten könnten. Wir hätten weniger Eltern- und Kinderfrust, weniger Konflikte innerhalb der Familie und in der Schule, weniger Probleme, was Migration, Inklusion und ganz allgemein die Problematik bildungsferner Familien betrifft.

Wenn der akademische und nicht-akademische Unterricht, wie in Frankreich oder England, bis 16 oder 17 Uhr geht, manchmal freiwillig noch länger, weil Projekte, Tourniere, Wettkämpfe oder Aufführungen anstehen, und Kinder ihren Tag in der Schule verbringen, dann können wir die Themen Unterricht und Wissensvermittlung ganz anders angehen: In Deutschland spricht man von Rhythmisierung, wenn Schule nicht in Vormittagsunterricht und nachmittägliche Betreuung aufgeteilt ist, sondern »den beständigen Wechsel von Bewegung und Stillsitzen, von Unterricht, Spiel und Projektarbeit vorsieht«. Es »wechseln sich Selbstlernzeiten, Klassengespräche, Fachunterricht und Lernprojekte ab«.[188]

Auch in den Internationalen Schulen kommen die Kinder erst am späten Nachmittag nach Hause, und diese Auslastung ist für alle Kinder gleich, sie formt und regelt den Tages- und Arbeitsablauf von der Vorschule über Grund- und Mittelschule bis zum Abitur. Wenn die Kinder klein sind, kommen sie etwas früher nach Hause und es gibt nur sehr wenige Hausaufgaben. Später, wenn die Kinder älter werden, hält ihr Pensum sie davon ab, abends unter der Woche auszugehen.

Die Jugendlichen sind weg von der Straße, aber auch vom stundenlangen Spielen am Computer, denn es gibt eine Fülle von

Fachprojekten, Teamarbeit, Jahrgangswettbewerbe oder die gleichzeitige Vorbereitung auf Ausbildungs- und Universitätsbewerbungen. Gehen Kinder in eine gute Ganztagsschule, kommen sie sicher manchmal müde nach Hause, aber sie sind dabei meist zufrieden und erfüllt vom Schulleben. Sie leben in ihrer Schule und erfahren den Ort nicht nur als Ort der Wissensvermittlung in Form von Frontalunterricht, sondern auch als Ort der Freude und der Freunde.

Kann man das von einer deutschen Regelschule sagen? Wohl nur in Ausnahmefällen! Ich frage mich auch manchmal, ob französische oder englische Kinder nicht pubertieren. Natürlich tun sie das, aber da gibt es die feste Struktur einer Ganztagsschule mit Zeit für Erziehung durch Umsetzen von Werten. Aber dazu später. Es gibt also das, was allen Kindern guttun würde, vor allem aber denjenigen, die zu Hause nicht mit der aufopferungsvollen Unterstützung eines Elternteils rechnen können, sei es aus zeitlichen, beruflichen oder sonstigen Gründen. Das ist eine große Ungerechtigkeit!

Es leuchtet ein, wenn Bildungsforscher Aladin El-Mafaalani erklärt, dass soziale Ungleichheit durch ungleiche Lebensverhältnisse entsteht, weil ein Kind vom Bildungsstand, Konto und sozialen Netzwerk der Eltern profitiert, das andere Kind nichts davon hat. Diese Situation korreliert mit dem Erfolg des Kindes, weil der Alltag entweder anregend oder eben nicht anregend ist. Bei der Einschulung sind Kinder daher bereits messbar unterschiedlich. Eine Ganztagsschule macht diesen Unterschied kleiner, denn der Leerlauf wird eingeschränkt, allerdings auch die Freizeit. Doch diese Form der Schule gestaltet den Tag der Kinder und Jugendlichen, füllt ihn sinnvoll und befriedigend aus und unterstützt zudem den Tagesablauf einer Familie.

Das Wesentliche aber ist laut El-Mafaalani, dass Bildung nicht durch Unterricht gerechter wird, denn der ist für alle gleich, sondern durch die Angleichung der Lebensverhältnisse.

Und das gelingt leichter in einer Ganztagsschule, in der die Kinder alles erleben sollen, was es in einer Gesellschaft gibt. In der Kinder alle Kompetenzen erlernen können, um ihre Potenziale entwickeln zu können.[189]

Bei uns ist die Entwicklung zur Ganztagsschule abhängig vom jeweiligen Bundesland. In Bayern ist ein Ganztagsanspruch für Grundschulkinder erst bis 2025 vorgesehen. Aber nicht nur Politiker lassen sich Zeit, auch Eltern reagieren oftmals befremdet, wenn sie ihre Kinder mittags nicht mehr abholen können. Sie kennen nur Schulen mit Hort, die weit weniger kosten als Ganztagsschulen, weil sie die Betreuung oftmals für wenig Geld und mit wenig Förderung an externe Betreuungsfirmen outsourcen, und somit nicht ein Mehr an Lehrern benötigen, was in unserem föderalistischen System das größte Problem darstellt.

Immerhin sagt auch die rheinland-pfälzische Bildungsministerin Stefanie Hubig: »… muss unser wichtigstes Ziel sein, allen Kindern – egal welcher Herkunft und egal ob reich oder arm – richtig lesen, schreiben und rechnen beizubringen. Daneben müssen sie selbstverständlich auch den Umgang mit der Digitalisierung lernen und sich viel bewegen. Die Ganztagsschule ist dafür ein guter Ort.«[190]

6. Das Abitur und der Föderalismus

Unser Abitur ist der Abschluss des Gymnasiums und soll als allgemeine Hochschulreife die Studierfähigkeit unserer Kinder verbürgen. Zu unterscheiden von der allgemeinen Hochschulreife sind die fachgebundene Hochschulreife und die Fachhochschulreife. Beide Abschlüsse bestehen aus einem schulischen und einem berufsbezogenen Teil und erlauben nur eingeschränkt den Zugang zu Universitäten. Ausnahmeregelungen sind abhängig vom jeweiligen Bundesland.

Doch verbürgt das Abitur wirklich die Hochschulreife? Der Bildungsföderalismus in Deutschland bedingt, dass wir 16 Bildungssysteme in 16 Bundesländern haben und jedes Bundesland ein anderes Abitur vergibt, je nach politischer Einstellung der jeweiligen Kultusministerien. Das führt dazu, dass Schulabschlüsse und die Voraussetzungen, sie zu erreichen, nicht vergleichbar sind.

Was das Abitur betrifft, soll es noch einmal drei Jahre dauern, bis die Rahmenbedingungen für das Abitur selbst und für die Bewertung der Kurse in der Oberstufe, die den Großteil der Abiturnote bestimmen, angeglichen werden. Erst dann sollen auch die für ländergemeinsame Abituraufgaben notwendigen Aufgabenstrukturen, Arbeitszeiten und Hilfsmittel angegangen werden.[191]

Diese Unverbindlichkeit sorgt für flächendeckende Chancenungleichheit. Gleiches gilt übrigens auch für den Abschluss der Mittleren Reife.[192] »Die Bundesländer können die Bildungserfolge ihrer Schüler nahezu beliebig manipulieren, durch unterschiedliche Stundentafeln, das Niveau von Unterricht und Prüfungen, die Anzahl der Prüfungsfächer oder die Benotungsregeln.«[193]

Wie politisch das Ganze ist, zeigt die Reaktion der Schulsenatorin in Bremen auf die Abiturergebnisse im Jahr 2020. Nach Protesten von Eltern und Schülern wurde nicht nur die Abiturnote in Mathematik um zwei Punkte gehoben, sodass Schüler, die knapp verfehlt hatten, nun doch bestanden haben. Auch reichte sie zusammen mit anderen Kultusministern Beschwerde beim QIB (Institut zur Qualitätsentwicklung im Bildungswesen) ein, dass die Aufgaben aus dem zentralen Aufgabenpool der Bundesländer zu schwer gewesen wären und die Abiturienten überfordert hätten.

Nur ist das QIB nicht für die Entwicklung der Aufgaben zuständig, sondern nur für die Koordination des Aufgabenentwicklungsprozesses. In diesen schicken die Länder ihre jeweiligen Fachleute, die dann alle gemeinsam die Aufgaben entwickeln, auswählen und zu einem Pool zusammenstellen, aus dem die wiederum landeseigenen Abiturkommissionen die Aufgaben für ihr landeseigenes Abitur aussuchen. Letztere entscheiden dann auch, ob die Aufgaben unverändert oder modifiziert übernommen werden. Fazit: Das Abitur wird so zur Verhandlungssache, zumal wenn Bremen, Sachsen und Hamburg ganz oder zum Teil aus dem Länderpool austreten.[194]

Die Autoren Mathias Brodkorb, ehemaliger Bildungsminister von Mecklenburg-Vorpommern, und Katja Koch, Rostocker Professorin für Sonderpädagogik, bezeichnen diese Tatsache als »staatspolitischen Skandal« und erklären sehr einleuchtend, warum dieses Dilemma nicht aufgelöst wird.[195] Würde man sich in der Kultusministerkonferenz oder im Nationalen Bildungsrat von Bund und Ländern (dessen Gründung mittlerweile als gescheitert gilt) auf ein Abitur auf dem höchsten fachlichen Niveau einigen, würde in einigen Ländern die Abiturquote einbrechen und Politiker aus Angst vor einer Wahlniederlage eine Zustimmung verweigern.

Würde man sich auf dem niedrigsten Niveau einigen, würde die Abiturquote zwar ansteigen, doch zu welchem Preis: Starke Bundesländer wie Bayern oder Baden-Württemberg verlören ihr Qualitätsversprechen, worauf sie sich sicherlich nicht einlassen. Beide Länder befürchten ein Absenken der Abiturleistungen und stellen sich gegen einen Nationalen Bildungsrat, in dem Fachleute und Vertreter von Bund und Ländern für eine einheitliche Bildungspolitik sorgen.[196] Bei einem Abitur auf mittlerem Niveau verlieren die Starken wie die Schwachen, da die einen ihren guten Ruf verlieren und die anderen ihre Abiturienten. Zu groß sind die landesspezifischen Interessen und die Angst der Politiker vor den Wahlen. Und so absolvieren Schüler in Bayern oder Sachsen ein Abitur mit sehr viel höheren Leistungsstandards, während Schüler in Niedersachsen, Hamburg oder Berlin auf einem fachlich sehr viel niedrigeren Niveau geprüft werden und entsprechend auch sehr viel weniger ausgesiebt werden. Einen weiteren Grund für einen »Abiturbetrug« sehen die Autoren in der Tatsache, dass sich die föderalistisch geführten Bundesländer lediglich auf einen gemeinsamen Aufgabenpool einigen konnten, aus dem sich die Länder für die Abiturprüfung bedienen können, nicht müssen! Folglich ist auch hier eine Vergleichbarkeit der Leistungen nicht gegeben, da es offenbar ein großes Geheimnis ist, ob und wie der Pool bei der Zusammenstellung der Abiturfragen genutzt wird. Die Kultusministerien hüllen sich in Schweigen oder weichen aus, was Brodkorb als eine »Zentralabitur-Farce« betrachtet, da ein Bemühen vorgetäuscht wird, das lediglich politische Hintergründe hat. Anscheinend ist die Ermöglichung des Abiturs eine Frage der Wählergunst.

Auch vor diesem Hintergrund ist für mich nachvollziehbar, warum deutsche Eltern wollen, dass ihre Kinder das Abitur machen. Alle anderen Abschlüsse sind in den Augen vieler schlichtweg zweitrangig und stehen für verminderte Chancen bei Ausbildung und Berufserfolg. Je mehr Schüler das Abitur absolvieren, desto selbstverständlicher wird seine Voraussetzung für Ausbildungen und Berufe, die bis dato mit Realschul- und Mittelschulabschlüssen begonnen wurden.

Je mehr Schüler das Abitur ablegen wollen, umso stärker werden die Leistungsniveaus beeinflusst, abhängig vom landespolitischen Kalkül. In Bayern wechseln circa 50 Prozent der Grundschüler auf das Gymnasium. In Hamburg hingegen entscheiden weder die Noten noch die Lehrer, sondern nur die Eltern, ob ihr Kind für das Gymnasium geeignet ist, mit der Folge, dass bis zu 70 Prozent der Grundschüler Gymnasiasten werden. »Damit wird das Gymnasium zur Gesamtschule der Mittelschicht, die Schülerschaft immer vielfältiger, das Leistungsniveau fächert sich zunehmend auf.«[197] Die Eltern wollen das Prestige des Gymnasiums, nicht aber die damit verbunden Ansprüche.

Die zu vielen Abiturienten führen zu einem Niveauverfall an Gymnasien und folglich auch an den Hochschulen, da dieser hohe Prozentsatz der Schüler eigentlich nicht in der Lage ist, die Anforderungen eines anspruchsvollen Abiturs zu erfüllen. Das kann laut Brodkorb und Koch, die sich auf die Intelligenzforschung berufen, nur eine zwanzigprozentige Abiturquote.[198] Das ist nicht von der Hand zu weisen, denn das Abitur war ursprünglich auf diesen prozentualen Anteil begrenzt, und ebenfalls unbestritten und vielfach nachgewiesen ist die Tatsache, dass es vielen Absolventen der Reifeprüfung nicht nur an Reife fehlt, sondern je nach Bundesland auch an Deutsch- und Mathematikkenntnissen.

Aber können unsere Kinder etwas dafür, dass sie für Wahlerfolge missbraucht werden? Nein, das können sie nicht, und Eltern dürfen auch nicht dafür verurteilt werden, dass sie für ihre Kinder das Beste wollen, auch wenn sie ihre Kinder dafür durchs Abitur »quälen«, um einfach nur die beste berufliche Ausgangsposition für ihr Kind zu erreichen. Die Situation wird nicht gerechter, wenn sich dann Abiturienten aus Hamburg oder Schleswig-Holstein in München an der LMU oder TU mit einem Einser-Schnitt bewerben, den sie in Bayern fachlich und qualitativ nur unter sehr viel schwereren Bedingungen hätten erwerben können.

Da aber ein bundesweites Deutschland-Abitur mit für alle einheitlichen Prüfungsfragen auf der Basis zumindest einheitlicher Stunden und Unterrichtsinhalte in weiter Ferne steht, hat man sich zumindest dazu entschlossen, ab 2020 Abiturienten aus einem Land bei der zentralen Studienplatzvergabe nur mit den Bewerbern desselben Landes zu vergleichen. Das Verfahren ist kompliziert, aber schlichtweg besser als überhaupt keine Verbesserung dieser grundlegenden Ungerechtigkeit.

Doch auch in diesem Fall müssten sich Lehrer regelmäßig darin vergleichen, wie sie unterrichten, prüfen und benoten, sagt der Bildungsforscher Nicolas Hübner der *Süddeutschen Zeitung*. Und Schüler müssten sich nicht nur innerhalb ihrer Klasse vergleichen, sondern auch mit anderen Klassen und Schulen. Und weil das alles nicht durchführbar ist, wird nie offensichtlich und gerecht sein, was das Abitur eigentlich darstellt und misst. »Man muss sich nur an das eigene Abitur erinnern, um zu konzedieren, dass es sich vermutlich nicht um einen zweifelsfreien Nachweis von Bildung handelt, sondern um ein interessantes Ritual. Es überprüft in erster Linie Fleiß.«[199]

Aus all den genannten Gründen und vor dem Hintergrund, dass nicht nur im Jahr 2015, sondern nun auch im September 2020 eine Umfrage des Münchener Ifo-Zentrums für Bildungsökonomie bei über 10 000 Befragten ergab, dass die Mehrheit der Deutschen eine deutliche Zentralisierung und bessere Vergleichbarkeit von Schulleistungen wünscht[200], möchte ich folgenden Vorschlag machen: Ich plädiere bundesweit für G8 statt G9, weil sonst unsere Schüler im weltweiten Vergleich benachteiligt sind. Zumindest die Möglichkeit zu G8 sollte es für begabte Schüler geben.

Eine andere Variante der Begabtenförderung bietet das Gymnasium in Gauting unter weitsichtiger Leitung, das eine Kooperation mit der TU München eingegangen ist. Schüler, die sich für MINT-Fächer interessieren, können einen Tag pro Woche an der Universität lernen, forschen, arbeiten, und absolvieren den Schulstoff an den vier verbleibenden Tagen der Woche.

Es ist kein Geheimnis, dass viele andere Länder auch in Europa G8 gut hinbekommen – und dass alle diese Länder Ganztagsschulen haben, statt Schulzeitverkürzungen und »Unterricht im Gleichschritt«.[201] Unsere Schüler sind entweder gestresst oder gelangweilt, weil die einen eben überfordert und die anderen unterfordert sind. Das Gymnasium sollte sich daher nicht nur auf seine Strukturänderung konzentrieren, sondern die gesellschaftliche und digitale Realität akzeptieren, den Schulstoff aussieben, an einer diversifizierten Unterrichtsqualität arbeiten – auch wenn die Altphilologen im Kultusministerium protestieren – und mehrdimensionale, interdisziplinäre und persönlichkeitsfördernde Lehrkonzepte in den Lehrplan aufnehmen.

Wenn ein nationales Abitur auf mittelhohem Niveau mit gleichen Prüfungsbedingungen für alle weiterhin an der Einigung der Bildungspolitik scheitert, dann sollten zumindest in den Kernfächern für alle Länder bundesweit verpflichtende Abiturstandards herrschen und auch die Bewertung der Leistungen in der Oberstufe vereinheitlicht werden, um sicherzustellen, dass Abiturienten Deutsch, Mathematik und Englisch können. Die Prüfungsergebnisse sollten vergleichbar sein und nicht dem Ermessensspielraum von Politikern und/oder Lehrern geschuldet sein.[202]

Für die Abituraufgaben in den Kernfächern würde ich den Schwierigkeitsgrad im oberen Mittelfeld anlegen, mit der zusätzlichen Möglichkeit, Aufgaben aus dem oberen Drittel zu wählen. Das führt langfristig nicht nur zu einer Verringerung der eklatanten Unterschiede im Leistungsniveau der Schüler in den verschiedenen Ländern, sondern hat auch Einfluss auf die Vereinheitlichung der 16 Lehrpläne und der bundesweiten Lehrerausbildung, zumindest in drei Abiturfächern.

Allerdings sollte es den Schulen überlassen bleiben, wie sie die Abitur-Leistungsstandards erreichen. Ihnen gebührt grundsätzlich mehr Freiraum, weil kluge Debatten der Lehrer mit Schülern und Eltern die Schulen voranbringen. Weil die Kreativitätspotenziale in den Lehrerkollegien genutzt werden können. Weil mehr Freiheit für Budget, Lehrerprofil und Lehrerwahl, Vergütung und Fächerkanon[203] die Kreativität, Leistungsbereitschaft und den Wettbewerb unter den Schulen fördert.

Im Anschluss an das Abitur macht es Sinn, die Abiturienten universitären Eignungsprüfungen zu unterziehen, für die sie sich idealerweise in den beiden letzten Jahren vor dem Abitur vorbereiten. Es könnten auch zentrale Zulassungsprüfungen sein, mit Zusatzanforderungen und/oder unterschiedlichen Schwierigkeitsgraden für das jeweils begehrte Studium. In der Vorbereitungszeit für die Universitätsbewerbung haben ernsthafte Interessenten die Chance, schulische Defizite, beispielsweise in Deutsch oder Mathematik, zu verbessern.

Dies wäre auch im Sinne der Hochschulen, die die mangelnde Studierfähigkeit der angehenden Studenten beklagen.»Hochschullehrer haben die Aufgabe, Fachinhalte zu vermitteln und Studenten in ihrer Reflexionsfähigkeit zu fördern.«[204] Universitäten sollen wissenschaftliches Arbeiten intensiver vorbereiten und gründlicher erklären, doch dafür ist Schreibkompetenz notwendig, ihre Förderung Voraussetzung.

Zudem können Bewerbungsanforderungen oder Eingangstests die Befähigung für ein bestimmtes Studium auf den Prüfstand stellen: Bewerbern im positiven Fall ihre intellektuelle, soziale und emotionale Eignung bestätigen und sie speziell für ihr Fach vorbereiten; im negativen Fall klar machen, dass sie nicht geeignet sind, und sie folglich von einer falschen Wahl abhalten. Das erspart Frust, schenkt Zeit und schont Steuergelder, denn die Abbruchquoten von Studierenden bis zum vierten Semester liegen zwischen 29 und 43 Prozent![205] Niemand von uns denkt daran, wie viel Geld das kostet!

Zudem würde ein Reifeprozess eintreten, der beim Abitur keineswegs vorausgesetzt werden kann, da allein Wissen unter Zeitdruck abgefragt wird. Eine Horizonterweiterung im Rahmen einer Selbstreflexion und einer Standortbestimmung innerhalb des Wettbewerbs im Ausbildungsmarkt wäre dann ganz im Sinne einer Bewerbungsstrategie, wie sie für Universitäten in England, Frankreich, in den USA, Kanada und vielen anderen

Ländern üblich ist. Dieses Prozedere der Selbstüberprüfung, der Bereitschaft zu Bewerbungsinitiative und Anstrengung könnte sogar auf den Eintritt in weiterführende Schulen ausgeweitet werden.

Dann könnte man auch den Druck, der auf den Grundschulübergangsklassen aufgrund der Notenschwelle lastet, reduzieren und einfach gerechtere Verhältnisse schaffen. Ein Kind, das nicht ab der zweiten oder dritten Grundschulklasse Nachhilfe bekommen hat oder aus weniger stabilen Verhältnissen stammt, hätte dann die zusätzliche Chance, im Anschluss an die Grundschule und vor Eintritt ins Gymnasium zu zeigen, dass es den Anforderungen gewachsen ist. Es gibt sehr intelligente Kinder, die im kognitiven Bereich hinterherhinken. Ein Eingangstest könnte auch den Entwicklungsstand eines Kindes offenlegen, und damit viele (falsche) Entscheidungen verbessern.

Ein Abitur kann aber nicht verschenkt werden, oder wie von manchen Bundesländern mit einer Notenanhebung geschönt. Was ist so ein Abitur dann wert? In Bremen gab es 2018 in der neunten Klasse in Mathematik einen 40,6-prozentigen Anteil an Risikoschülern.[206] Wie können dann fast 40 Prozent der Schüler Abiturienten sein? 2015 waren es sogar fast 50 Prozent.[207] Vor allem stellt sich doch die Frage: Was »können« die Schüler am Ende ihrer Schulzeit?

Teil II:
Wie geht Schule mit
und für Kreativität?

Wir wünschen uns die bestmögliche Allgemeinbildung, die unsere Kinder zu erlangen imstande sind. Natürlich gehören dazu ein stabiles Allgemeinwissen und die Theorie, beides ist nicht verhandelbar, sowie Vertiefungen in ausgesuchten Bereichen. Aber Eltern und Schulen müssen den Kindern auch ermöglichen, ihre Zukunftskompetenzen auszubauen und zu festigen.

Mit Blick auf unsere klassische Schulkultur hat Allgemeinbildung einen sehr hohen Stellenwert, und alles, was mit Zukunftskompetenzen zu tun hat, wird gedanklich und praktisch auf die Zeit nach dem Schulabschluss verschoben. Diese Haltung, die der Kreativität, und somit auch der Innovation, keinen Raum gibt, ist für die Wenigen passend, die anschließend Grundlagenforschung betreiben oder sich der Wissenschaft und Theorie widmen.

Die Mehrzahl aber wird sich für einen Beruf ausbilden lassen, der ihren Lebensunterhalt bestreitet. Deshalb müssen wir auch im Auge behalten, dass wir unsere Kinder auf den Arbeitsmarkt von morgen vorbereiten, damit sie sich für die künftigen Berufe qualifizieren können. Nur um einen ersten Einblick zu vermitteln: Berufe von gestern sind Buchhalter, Kassierer, Sachbearbeiter, Monteure, Mechaniker, Postangestellte oder selbst Anwälte (denn es gibt bereits Urteilsdatenbanken, und Computer können sehr viel schneller vergleichen …). Heute und morgen gefragt sind Entwickler, Software- und Datenanalysten, HR-, Vertriebs- und Marketingspezialisten, Köche, Lehrer oder Mediziner und Pflegekräfte. Berufe der Zukunft sind Trainer, Coaches, Innovations- und Kulturspezialisten, Ingenieure, Spezialisten für digitales Marketing und Roboter oder E-Commerce-, Social-Media-, Big-Data-, KI-Spezialisten.[208] Es wird Berufe geben, die wir heute noch nicht benennen können. Sie werden sich erst entwickeln.

Für wenig hilfreich halte ich in diesem Zusammenhang die völlig überfrachteten Lehrpläne, vor allem im Gymnasium, und das daraus resultierende unkreative Lernverhalten der nachmittags allein gelassenen Schüler, die für Klausuren und Noten reinpauken, »ausspucken« und vergessen, anstatt dass sie lernen zu lernen, lernen zu denken, lernen, um sich zu entwickeln. Ein gutes Beispiel für diese kompromisslose Haltung in der Schule findet man im Mathematikunterricht. Wenn Schüler nur mehr schematisch auswendig lernen, versagen sie im Transfer. Sie können ihr Wissen nicht anwenden, denn sie haben ihr »mathematisches Handwerk« nicht mehr gelernt. Vor allem aber sind sie nicht in der Lage ihr Wissen in Situationen anzuwenden, in denen die Lösung nicht gleich auf der Hand liegt. Sie haben keine Problemlösungskompetenz. Aber das lässt sich üben.[209]

Zudem bin ich Befürworter des interdisziplinären Lernens, denn Kreativität in Schulen entsteht an den Schnittstellen von Wissensgebieten, wenn innovative Gedanken und Lösungen aus unterschiedlichen Bereichen zusammenwachsen. Natürlich hat das Fach Geschichte eine starke chronologische Ausrichtung, aber wie spannend kann Denken und Lernen werden, wenn unter dem Begriff »Macht« oder »Allianzen« die einzelnen Disziplinen Geschichte, Politik, Wirtschaft, Kunst und Sozialkunde durchleuchtet und in Verbindung gebracht werden. Um das Phänomen Michelangelo zu erklären, konzentrieren wir uns nicht nur auf seine Kunst, sondern stellen auch Mathematik und Geschichte in den Mittelpunkt des Interesses. In Deutschland wird der fachübergreifende Ansatz sehr gerne missinterpretiert und verdreht dargestellt, als wolle man beispielsweise die Ursachenanalyse in thematisch und fachlich völlig unterschiedlichen Kontexten über einen Kamm scheren.[210]

Dann gibt es da noch die starken Hinweise auf die Notwendigkeit neuer Schulfächer. Neben der Digitalkunde ist der Fachbereich Finanzen und Wirtschaft offensichtlich ein schwarzes Loch in unserem Schulkosmos. In der Schule könnten sich die Schüler ein grundlegendes Finanzverständnis aneignen, das sie später im Leben so dringend brauchen. Sie könnten mit Fallbeispielen arbeiten, lernen, wie sich das Verhältnis von Risiko zu Rendite verhält, und sich mit Wirtschaftskreisläufen, Finanzinstitutionen und Finanzprodukten beschäftigen. Diese kreative Lehrplangestaltung finden wir oftmals in privaten Schulen, die neben den traditionellen Fächern auch Marketing und Design, Unternehmertum, Finanzen und Medienkompetenz anbieten.

Ein zeitlicher Ansatz zur Schaffung eines schulischen Kreativitätsraums ist die Idee der Einführung eines »Frei-Days« (nach Bildungsinnovatorin Margret Rasfeld). An einem Tag pro Woche können Schüler an fächerübergreifenden Projekten arbeiten und ihre Zukunftskompetenzen, wie Teamfähigkeit, Resilienz oder Problemlösungsfähigkeit, erproben.[211] In sogenannten Barcamps können Schüler die Inhalte und Abläufe der »Mitmach-Konferenzen« selbst gestalten, sie »buchen« sich einen Lehrer oder bilden Lerngruppen mit anderen Schülern.[212]

Wir bräuchten statt ständiger Kritik, statt Ignoranz und Skepsis eine innovative Schulvision, eine kompromissbereite Haltung, wenn es um eine neue konzeptionelle Auslegung der Lehrpläne und eine wirklich zielgerichtete Umsetzung geht, die nicht ausschließlich, sondern zusätzlich neue und zukunftsweisende Inhalte sowie zusätzliche Formen des Unterrichtens hervorbringt, und die das ganze Kind für die gesamte Welt ausbildet und erzieht. Dafür muss sich Schule zu 100 Prozent auf das Kind konzentrieren, seine individuellen Talente, die jeweiligen Stärken und Schwächen erkennen, fördern und fordern, und folglich unterschiedliche Leistungsniveaus in kleinen Klassen bieten.

7. Kreativität braucht Unterschiede, Zeit und Fehler

Thomas Sattelberger sagt in Gabor Steingarts Podcast[213], dass Bildung ein Biotop an Vielfalt sein müsste. Dann wären auch Integration und Inklusion normaler Bestandteil von Bildung und Schule, und junge Menschen könnten in dieser Schule der Vielfalt hinsichtlich ihrer Unterschiedlichkeit in Persönlichkeit, Herkunft und Kultur voneinander lernen.

Divers oder heterogen wird es immer dann, wenn wir auch fremde Einflüsse zulassen. Die Betonung liegt auf »auch«. Wenn wir neugierig sind und aufgeschlossen bleiben, wenn Kinder auf andere Kinder treffen, die anders sind. Wenn wir Kindergruppen und Schulklassen zusammenstellen, die nicht in sich komplett homogen sind, weil sich alle seit ewiger Zeit kennen, weil der soziale Hintergrund stimmt, weil alle aus demselben Land stammen. Wenn Kinder also ihre Komfortzone verlassen, wenn sie sich auf unbekanntem Terrain bewegen, ist die Wahrscheinlichkeit, Fehler zu machen, um so viel größer.

Deshalb brauchen wir Schulen, die zulassen, dass Kinder mutig neue Herausforderungen annehmen und daher auch Fehler machen werden. Sie sollen lernen, dass die Fehler auch der Grund sein können, warum sie lernen, warum sie sich noch mehr anzustrengen haben und warum sie durchhalten können.

Die Internationale Schule macht es uns vor. Kreativität entsteht in heterogenen Gruppen, wenn nicht alle über denselben Background verfügen und ähnliche Ideen produzieren. Besonders komplexe Probleme lassen sich eher in einer heterogenen Gruppe lösen, weil Unterschiede einen freien Raum schaffen, in dem unterschiedliche Ideen diskutiert werden, ohne sie sofort den für alle geltenden Normen zu unterwerfen. Diese Freiheit der Gedanken und Taten bringt motivierte Schüler dazu, kreativ zu werden und etwas Eigenes und Neues zu schaffen, denn Kinder haben das sogenannte Gründer-Gen eingebaut: Sie sind neugierig und hinterfragen, was sie wahrnehmen, und sie wollen etwas schaffen. Sie fallen hin und stehen wieder auf. Sie probieren aus, lernen täglich und immer etwas Neues. Sie sind Weltmeister im Learning by doing. Dazu brauchen sie Zeit und die Freiheit, Fehler machen zu dürfen, und Schulen, die ihr Gründer-Gen nicht ausschalten.

In anderen Ländern der Erde können wir Lernkulturen finden, die nicht die Angst vor dem Fehler in den Mittelpunkt stellen. Im Gegenteil, ein Fehler ist dort der Weg zu einer neuen Lösung und ist eine Methode, um zu lernen und an dem Fehler zu wachsen. In Neuseeland sagt man, dass das Gehirn wieder ein Stückchen gewachsen ist, wenn ein Kind einen Fehler gemacht hat.[214] Die Lehrer benutzen statt des roten Korrekturstifts grüne Farbe, um ihre positive Haltung zu unterstreichen, denn es ist einfach nicht so wichtig, wenn ein Kind einen Fehler macht.

Diese Einsicht steht in starkem Kontrast zu unserer deutschen Fehlerkultur, die uns weniger loben und ermutigen, dafür aber schneller kritisieren und bestrafen lässt. Stellvertretend für alle stellt unsere junge Start-up-Generation dieses Kulturphänomen an den Pranger und verlangt ein Umdenken, wenn es um unsere Art und Weise geht, wie wir mit Fehlern umgehen.

Unsere Angst, Fehler zu machen, ist größer als die Neugierde, der Mut und die Begeisterung, sich auf Neues einzulassen, und das sehe ich als eines der größten Problemfelder in unserer Lernkultur und folglich auch für unsere Gestaltungskompetenz der Zukunft. »Entscheidungen werden vorwiegend im Geist der Vergangenheit getroffen«, denn Zukunft scheint für viele Verantwortliche eine Maximalüberforderung zu sein.[215]

Die Innovationskraft Deutschlands ist vom 6. Platz im Jahr 2014 auf den 17. Platz 2020 gefallen. »Laufen aber lernt man durch Hinfallen«, »Fehler sind eine wichtige Lernquelle« und »Kreativität braucht Räume zum Scheitern ohne Beurteilung«

sind die Schlüsselsätze bei Margret Rasfeld und Stephan Breidenbach in »Schulen im Aufbruch«.

Unser Sohn fiel mit seinen Start-ups dreimal hin und stand wieder auf. Dreimal musste er erkennen, dass seine Idee und ihre Umsetzung nicht stark genug waren, um als Geschäftsmodell zu überleben. Dreimal musste er kreativ sein, um innovativ werden zu können. Er brauchte Zeit, um zu lernen, wie kreativ er sein musste, um eine wirklich innovative Idee auf den Weg zu bringen. Er brauchte Zeit, um Fehler zu machen und um Erfahrungen sammeln zu können. Er brauchte Zeit, um zu lernen, dass jeder Erfolg hart erkämpft werden muss, und dass dieser Vorgang meist sehr viel länger dauert, als man vermutet oder sich wünscht.

Und während dieser Zeit, in der man um das wirtschaftliche Überleben kämpft, nein, ich übertreibe nicht, erfahren und lernen Gründer genauso wie Kinder, wie mutig sie sind, ob sie Verantwortung übernehmen, ob sie entschlossen und diszipliniert genug sind, ob sie im Wettbewerb bestehen und durchhalten können.

Wenn Schüler alles auf den letzten Drücker machen, die Vorträge, die Hausaufgaben, die Projekte, dann werden sie sehr bald bemerken, dass Kreativität vor allem dann entsteht, wenn man sich Zeit lässt, Pausen einlegt und eben nicht alles in letzter Sekunde unter großem Druck und in großer Eile erledigt. Gute Ideen brauchen Zeit, und mit etwas Zeit muss man nicht die erste Idee nehmen, die einem in den Sinn kommt. Wenn sich Schüler beispielsweise ihre Projektthemen aussuchen dürfen, dann werden sie mehrere Ideen dazu haben, die sie mit Zeitabstand entwickeln.

Sie haben dann die Wahl und müssen sich nicht kurzfristig und gestresst entscheiden. Sich für ein Projekt zu entscheiden, ist Planung, sich aber ein Projekt auszudenken und auszusuchen, ist Kreativität. Wenn sich Kinder etwas aussuchen können und nicht unter Zeitdruck entscheiden müssen, dann werden sie positive Gefühle damit verbinden. Und dieses Wohlbefinden verbessert nicht nur ihren Lernwillen und ihre Lernbegeisterung, sondern auch ihre assoziative Leistungsfähigkeit und ihre Konzentration.

8. Lehrpläne entrümpeln und innovative Strukturen einziehen

Unsere Schulen sind Teil unseres föderalistischen Bildungssystems, das vorsieht, dass nicht der Bund, sondern die Landesregierungen ihren jeweiligen Schulträgern direkte und meist sehr komplexe Weisungen erteilen. Das hat insofern Auswirkungen auf die Zusammenarbeit zwischen Bund und Ländern, als sich beide Exekutivebenen eher lähmen, als gemeinsame Schulreformen zügig und dynamisch zu realisieren.

Es führt aber auch dazu, dass Schulen stark am Gängelband der unterschiedlichen Landespolitik gehen, und infolgedessen unter zu viel Bürokratie, zu wenig Freiheit und Selbstbestimmung leiden, da sie weder ihr Budget noch ihre Lehrer oder ihre Fächerauswahl bestimmen können. Sie können noch nicht einmal bestimmen, ob sie WLAN-Anschluss für die Schule bekommen.

Die Lehrpläne der Schulen füllen sich immer mehr, zuweilen sind es mehrere hundert Seiten, die von Lehrplänen abgeschrieben wurden, und von denen davor und ... Doch »aktuelle Lehrpläne bereiten nicht auf das vor, was wir heute schon wissen – und auch nicht auf das, was wir heute nicht wissen können«, denn »träges« Wissen blockiert »praktische, kreative und ethische Fragen für den Unterricht wiederzuentdecken«.[216]

Thomas Sattelberger fragt zu Recht, warum wir nicht die fortschrittlichen und wegweisenden Leuchtturm-Schulen in unserem Land nutzen, um unsere Lehrpläne zu reformieren und um, wie in anderen Ländern, innovative Unterrichtsideen auch von Lehrern voranzubringen. Warum wir nicht private Schulen stärker einbinden, um auch ihre Expertise und ihr Kreativpotenzial abzuschöpfen, abgesehen von der Vielfalt, die sie in die Schullandschaft bringen. Sie treiben den Wandel voran, sie setzen innovative Ideen um, sie sind flexibler, wendiger und aufgeschlossener als das »Mutterschiff« staatliche Schule. Sie zeigen den Kultusministerien, wie man es anders machen kann und dass es funktioniert. Sie sind Vorbild und Nervensäge in einem, weil sie verkrustete Strukturen infrage stellen und den Willen zur Veränderung abbilden. Sie sind der Stachel im Pelz. In allen Schulen sind es doch die Akteure vor Ort, die Schulleiter, die Lehrer und die Schüler, die besser wissen als die Referate in den Kultusministerien, welche Maßnahmen greifen, welche Vorgehensweisen Erfolg versprechen, welche Inhalte zählen und welche Strukturen Fortschritt bringen, und vor allem mit dem Fortschritt mithalten können.

Doch bei uns gilt: Vertrauen ist gut, Kontrolle ist besser. Und so vertrauen die Lehrer den Schülern nicht und geben ihnen strikte Anweisungen und Vorgaben. Den Lehrern wiederum werden strenge Lehrpläne vorgelegt. Lehrer und Schuldirektoren und Eltern vertrauen sich gegenseitig nicht. Die Freude am Lernen leidet, weil Auswendiglernen nicht vermittelt, wozu und warum man etwas lernt, zumal wenn Lehrpläne mit so viel Wissen überfüllt sind.

Und so sinkt der Wert, gerne zur Schule zu gehen, bis auf 35 Prozent der Schüler in der neunten Klasse. »Die nach dem Autor der Studie benannte Jenkins-Kurve veranschaulicht eindringlich, dass Schule ihr zentrales Ziel verfehlt: Schülern Freude am Lernen zu vermitteln.«[217] Bulimie-Lernen heißt es, wenn Schüler immer mehr Lernstoff pauken und lediglich auswendig lernen, um diesen nach dem Abfragen schnellstmöglich wieder auszuspucken. Die Konsequenz ist: »Menschen lernen heute über immer weniger immer mehr – und vergessen es in einem atemberaubenden Tempo.«[218]

Damit gehen die kognitiv orientierten Lehrpläne weder auf die unterschiedlichen Kompetenzen oder Werte der Schüler ein, noch werden künftige Herausforderungen beachtet. Bildung ist eben nicht nur Wissen, sondern auch Können, Herzensbildung, Charakter und Schönheit! Aus all diesen Gründen kann es doch nur sinnvoll sein, die Stofffülle zu reduzieren, und folglich die Belastung der Schüler, aber zugunsten von mehr Innovation, mehr Sinn und mehr Tiefgang im Unterricht. In Zeiten von Google und Wikipedia muss man nicht mehr alle Holzmusik-instrumente auswendig wissen. Nicht Detailwissen steht im Vordergrund, sondern exemplarisches, interdisziplinäres und integriertes Lernen.

Es geht sicherlich auch nicht um eine Reduzierung der Schul-stunden, wie zuweilen gefordert, oder um die Nivellierung von Leistungsstandards, wie in manchen Bundesländern gewollt. Es geht um den Mut zur Auswahl der Lerninhalte, es geht um die Ganzheitlichkeit, und gleichzeitig um die Individualisierung des Unterrichts, weil Kinder und ihre Zukunft immer heterogener werden – und damit landen wir wieder bei der Ganztagsschule. Hier gibt es Zeitfenster für Üben und Vertiefen, für Projekt-arbeit, für soziale Entwicklung und für kreatives Arbeiten.[219]

Ich bin der Meinung, dass unter diesen Voraussetzungen das G8-Gymnasium ein Erfolg geworden wäre. Wenn der Unterricht nicht an die Norm, sondern an das individuelle Kind und seine Potenziale angepasst wird, fördert das die Zufriedenheit sowohl starker als auch schwacher Schüler. So aber hat man versucht den gesamten Lehrstoff von neun Jahren in die Vormittage von acht Jahren zu stopfen. Der bereits zitierte Ulrich Herrmann, Professor für Pädagogik in Heidelberg und Ulm, hält ein Entrüm-peln der Lehrpläne für unsachgemäß. Nicht weil er die exponen-tiell steigende Stofffülle gutheißt, sondern weil für ihn Lehrpläne lediglich »Stoffverteilungspläne« sind, deren Nutzen er grundsätzlich infrage stellt, weil »die Vermittlung von Stoff an untätige Schüler, auch Unterricht genannt, in der Regel gar kein Lernen in Gang setzt«.[220]

Volker Arntz, Leiter der Gemeinschaftsschule Hardt in Durmersheim, wird in der *FAZ* ergänzend zitiert:»Ein Großteil des Unterrichts (…) blendet die Erkenntnisse der modernen Bildungsforschung komplett aus. Das beste Beispiel seien Hausaufgaben. Ihre nicht signifikante Wirkung sei vielfach erwiesen, trotzdem würde an ihnen festgehalten (…). Aber Hausaufgaben sind keine Schule.«[221] Herrmann fordert stattdessen Einsatzpläne für Lehrer, Arbeitspläne für Schüler und Wegbeschreibungen für erreichbare Ab- und Anschlussziele.

Was der wissenschaftliche Aufsatz von Ulrich Herrmann fordert, setzt die Internationale Schule mit ihren Grund-, Mittelschul- und Abiturklassenprogrammen pragmatisch um. Das Schulkonzept ist realitätsnah und zukunftsorientiert, der Aufbau ist unkompliziert, durchlässig und umsetzungsstark, und die Unterrichtsinhalte und -methoden beachten das ganze Kind – vielleicht das Geheimnis guter Lehrpläne?

Nehmen wir das Mittelschul-Programm: Es soll inspirieren und herausfordern, damit die Schüler ihr intellektuelles und persönliches Potenzial innerhalb eines fürsorglichen internationalen Umfelds entfalten können. Dazu trägt ein breit angelegtes und ausgewogenes akademisches und nicht-akademisches Curriculum bei, das ein interkulturelles Bewusstsein fördert und die physische, soziale und emotionale Erziehung und Entwicklung der Kinder unterstützt. Jeder Schüler ist Teil einer von einem Mentor geführten Gruppe, die eine hohe Bindung untereinander erreichen soll. Der Mentor ist auch das Bindeglied zu den Eltern, die sich über die Entwicklung ihrer Kinder informieren.

In jedem Jahr der Mittelschule erfüllen die Schüler interdisziplinäre Aufgaben, und in der zehnten Klasse absolvieren sie das sogenannte »Personal Project«, das, ähnlich wie in den Maker's Labs, von der selbstständigen Themensuche bis zur Präsentation unter Anleitung nicht das Ergebnis, sondern den Projektprozess bewertet. Alle Schüler müssen Dienst an der Gemeinschaft und an der Gemeinde tun, in der sie leben. Von den Schülern wird erwartet, dass sie Initiative zeigen und ihre Beiträge reflektieren. Eine gemeinsame Reise soll Kooperation und Problemlösung fördern, sowie die Anwendung des Curriculums in einem realistischen und interessanten Umfeld.[222]

Integriertes Lernen und die Klassenzimmerkultur

Seit Beginn der Neunzigerjahre haben Erziehungswissenschaftler und Institute vier innovative Modelle des Integrierten Lernens (Blended Learning) entwickelt. Der sogenannte »Flipped« oder »Inverted Classroom« (das auf den Kopf gestellte Klassenzimmer), wie von den beiden Mathematiklehrern Sebastian Schmidt und Ferdinand Stipberger angewendet, ist eines von vier möglichen Rotationsmodellen. Was die beiden Lehrer aufgegriffen haben, ist Resultat eines »Out of the box«-Denkens in den USA.

Integriertes Lernen bezeichnet eine Lernform, bei der Präsenzunterricht in der Schule und E-Lernen zu Hause oder an anderer Stelle sowie formelles, vom Lehrer kontrolliertes, und informelles, vom Schüler selbst kontrolliertes Lernen kombiniert werden. Der sogenannte »Flipped Classroom« ist eine Möglichkeit, ein Rotationsmodell zwischen Vortrag, Gruppenarbeit, Hausaufgaben und E-Lernen im Rahmen des Integratives-Lernen-Ansatzes einzuführen. »Die Lehrer helfen den Schülern dabei, das theoretische Wissen, das sie sich selbst erarbeitet haben, so praxis- und lebensnah wie möglich in kollaborativen Arbeitsformen und Projekten anzuwenden.«[223]

Sebastian Schmidt, gefolgt von Ferdinand Stipberger, begann Lernvideos zu produzieren, in denen mathematische Inhalte erklärt wurden. Diese Videos können sich die Schüler und Schülerinnen zu Hause in Endlosschleife ansehen, bis sie den Sachverhalt verstanden haben. Die eigentliche Übungsphase wird dann in die Schule verlegt, wenn der Lehrer nicht als Dozent im Frontalunterricht, sondern als Lernbegleiter an Schwächen der Schüler arbeitet oder mit den Stärkeren ein höheres Leistungsniveau einübt. »Statt vor der Klasse zu referieren, unterstützen sie als Lernbegleiter die jungen Menschen und gehen dabei idealerweise auf deren individuelle Bedürfnisse ein.«[224] Sebastian Schmidt rät den Lehrern: »Werdet kreativer, traut den Schülern Projektarbeit zu. Jetzt liegen so viele lebensweltliche Themen auf der Hand, da geht es nicht ums Belehren, sondern um die wunderbare Chance des gemeinsamen Lernens.«[225]

In der Hardt-Gemeinschaftsschule in Durmersheim erwerben Schüler den Haupt- und Realschulabschluss, in einigen Fällen auch das Abitur. Sie lernen Kompetenzen durch Aufgabensammlungen in den Kernfächern, in den übrigen Fächern arbeiten die Schüler kooperativ in Bausteinprojekten zusammen. Mit einer stärkeren Fokussierung auf asynchrones, zeitlich und örtlich versetztes Lernen ermöglichen innovative Lernstrukturen die individuelle Förderung der Schüler und einen komplexen Unterricht. Lernschwache Schüler profitieren von der digitalen Organisation des Lernens, weil Aufgaben individuell an den Lernfortschritt angepasst werden können und Schüler sofort Rückmeldung mit konkreten Hinweisen zum Weiterlernen erhalten.

Auch hier sind Lehrer eher Lernbegleiter, Lerngruppenleiter oder Coaches. »Auf den Schüler wirken an der Hardtschule (…) immer gleich mehrere pädagogische Kräfte, die eine ausgeglichene Entwicklung sicherstellen sollen, aber auch etwaige Rückzugsräume begrenzen.«[226] Nur der komplett methodisch-didaktische Neuaufbau von Unterricht kann diese Lerneffekte erzielen, wenn er auf selbsttätigem, interessegeleitetem, aktivem Lernen in

Auseinandersetzung mit einer Aufgabe oder Herausforderung basiert.

Auch die Acton Academy in Houston, Texas, setzt dieses Modell in einem projektorientierten Curriculum unter der Ägide um, jeden Schüler auf seinem einzigartigen Weg in das Leben zu unterstützen. Kinder sollen »lernen zu wissen«, sollen »lernen zu tun« und sollen »lernen zu sein«, vor einem weiten Horizont, der von wissenschaftlichen Experimenten bis zu interdisziplinären Projekten reicht, die multiple Disziplinen durchleuchten.

Diesem Lernansatz ist eine Überlegung vorangestellt, die wir alle nachvollziehen können. Was für den einen Schüler, die eine Klasse oder Schule gilt, mag an anderer Stelle nicht ideal sein. Diese stark individualisierte Sichtweise ist insofern innovativ, als sie der deutschen Schulkultur sehr fremd ist und folglich einen Kulturwandel im Klassenzimmer fordert: weg von der Art und Weise, wie jahrhundertelang unterrichtet wurde, mittels überfrachteten Lehrplänen und Vortrag im gleichen Frontalunterricht für alle, und hin zu einer individualisierten und zugleich interaktiven Unterrichtsmethode.

Indem die Gewichtung vom Lehrer zugunsten der Schüler verschoben wird, führen wir etwas ein, das wir im Schulsystem ebenfalls selten erleben: Vertrauen und die Freude am Lernen. Wie das gelingen kann, erklärt die Acton Academy. Wenn nicht nur der Lehrer das Lernen kontrolliert, sondern Schüler ihr projektorientiertes Lernen zu einem Teil selbst auswählen, einteilen und ausführen dürfen (»lernen zu wissen«), dann kann das E-Lernen die klassischen Lehrmethoden sinnvoll ergänzen, weil unsere Kinder lernen, Informationen im Internet zu suchen und die Ergebnisse ihrer Suche zu verstehen.

Sie lernen, zwischen Information und Meinung zu unterscheiden und zu erkennen, ob die Quelle vertrauenswürdig ist. Sie lernen, durch das Web zu navigieren, sich gegen Cybermobbing zu behaupten und so zu intelligenten, verantwortungsvollen digitalen Bürgern zu werden. Wenn sie die Programme auswählen dürfen, die ihnen beim Lesenlernen, Schreiben und Rechnen helfen, sind sie in der Lage, ihr selbstbestimmtes Lernen als eine persönliche Verantwortung zu erfahren.[227]

Als Nächstes folgt ein innovatives »Lernen zu tun«. Jede Woche erfahren die Schüler eine neue Herausforderung. Welche Lerneffekte sich dadurch ergeben, zeigt folgendes Beispiel: Schüler sollen den besten Papierflieger bauen und probieren alle unterschiedlichen Modelle aus. Sie lernen die physikalischen Gesetze verstehen und lernen, warum das eine Modell besser fliegen kann als die anderen, um im Anschluss daran ihr Ursprungsmodell zu verbessern. Die Nürnberger Bertolt-Brecht-Realschule hat sich die »ultimative Papierflieger-Challenge« aus dem »Twitterlehrerzimmer« heruntergeladen. Sie stellt eine Kamera zur Aufnahme der Flugversuche und eine Exceltabelle zur Dokumentation aller Flugversuche zur Verfügung und stellt den Fünftklässlern die Aufgabe, eine Erörterung zu schreiben, wie sie ihren Flieger gebaut haben.[228] Im Gegensatz dazu regt die Acton Academy in erster Linie zu einem Diskurs unter den Schülern an, der kritisch und kreativ und zugleich fürsorglich im Sinn eines demokratischen Miteinanders abläuft.

In der Acton Academy erfahren die Schüler das »Lernen zu sein« durch die Vermittlung zwischenmenschlicher Fähigkeiten, die in einem »Real Life«-Ansatz umgesetzt werden. Ältere Schüler agieren als akademische, soziale und emotionale Mentoren des Integrativen Lernens für jüngere Schüler und können so das »Independent Learner«-Zertifikat erwerben. Auf diese Weise erzieht die Acton Academy das »ganze Kind«, und die pragmatische und positive Umsetzung fördert gegenseitiges Vertrauen und die Freude, in die Schule zu gehen.[229]

Esther Wojcicki, hat die Bestandteile der Klassenzimmerkultur identifiziert, die es braucht, um Integratives Lernen zum Erfolg zu führen. Zur Darstellung nutzt sie das Akronym

»TRICK« – Trust (Vertrauen) – Respect (Respekt) – Independence (Unabhängigkeit) – Collaboration (Zusammenarbeit) – Kindness (Freundlichkeit).

Um das Vertrauen (Trust) zwischen Lehrern und Schülern und auch unter den Schülern zu stärken, rät sie zur integrativen Teamarbeit im Rahmen von Projektarbeiten. Sie schlägt vor, dass Schüler eine Stunde pro Woche die Klasse unterrichten, und sie regt an, dass Schüler nach neuer Software Ausschau halten, die Anwendung lernen und die Lehrer beraten. Esther Wojcicki gibt ihren Schülern ihre Telefonnummer, möchte aber, dass ihre Schüler lernen, ihre Probleme erst einmal selbst zu lösen – unter der Maßgabe, dass sie notfalls hilft –, denn nur so können sie Selbstvertrauen erlangen.

Respekt bezieht sie auf die Tatsache, dass jeder Schüler einzigartig ist, in seinen Talenten, aber auch mit seinen Problemen. Für sie ist Respekt Teil von Vertrauen, und der Lehrer muss den Prozess starten. Er kann seinen Schülern durch sein Feedback Respekt zollen, indem er die Arbeiten der Schüler nicht nur benotet, sondern gleichzeitig mit Anregungen zur Verbesserung und Korrektur der Fehler ergänzt. Gleichzeitig soll der Lehrer Erwartungen an seine Schüler formulieren, damit sie an ihren Erfahrungen, Fehlern und Erfolgen wachsen können.

Damit Kinder und Jugendliche sich als jemand begreifen, dessen Fähigkeiten und Eigenschaften wachsen und sich ändern können, sollen sie ein »Growth Mindset« im Gegensatz zu einem »Fixed Mindset« entwickeln. Carol Dweck, Psychologin an der Stanford-Universität, hat formuliert, was Eltern und Lehrer tun sollen, damit Kinder ihre Intelligenz als das Ergebnis einer Anstrengung begreifen und nicht als unveränderlichen Zustand. Nur wenn sie verstanden haben, dass sie sich verbessern können, werden und können sie Herausforderungen annehmen.

Unabhängigkeit (Independence) ist für Wojcicki ebenfalls ein wichtiger Bestandteil der Klassenzimmerkultur, denn Schüler sollen nicht warten, bis ihnen gesagt wird, was sie tun sollen. Sie sollen die Initiative ergreifen und beispielsweise eigene Projekte im Rahmen gesetzter Richtlinien formulieren und so Einfluss nehmen auf die Gestaltung des Unterrichts.

Auch Zusammenarbeit (Collaboration) zu lernen, ist heutzutage immens wichtig, denn die Schüler üben diese Fähigkeit für fast alle künftigen Arbeitsfelder. Sie lernen besser, wenn sie auch für die Arbeit anderer Schüler in ihrem Team verantwortlich sind. Zudem verstärkt die Zusammenarbeit das Interesse am Lernen selbst, da alle Teilnehmer an einem gemeinsamen Projekt oder an einer gemeinsamen Aufgabe auf ein gemeinsames Ziel hinarbeiten.[230]

Freundlichkeit (Kindness) hält Esther Wojcicky für selbsterklärend, denn wenn Schüler ihren Lehrer mögen, dann lernen sie auch gern. Fürsorglich und freundlich zu sein, auch wenn Schüler Fehler machen, zahlt sich aus. Dann reagiert jeder von uns dankbar, denn wir können entspannt bleiben und fühlen uns akzeptiert.[231]

Weniger international, dafür im oberbayerischen Tittmoning, hat eine weitsichtige und kreative Grundschullehrerin gegen viele Vorbehalte durchgesetzt, dass Erst- und Zweitklässler zusammenarbeiten. Innovativ ist an dieser integrativen Klassenzimmerstruktur, dass sie sich an TRICK orientiert und, entgegen dem konventionellen Unterricht, soziales Lernen ermöglicht, weil Kinder mit (großen) Niveauunterschieden, abhängig von der Bildungsnähe des Elternhauses, unterrichtet werden können.

Wenn Kinder größtenteils gemeinsam lernen, dann werden die Kleineren von den Älteren mitgenommen, aber nicht kleingehalten, sagt die Schulleiterin Sandra Kufner. »Früher dauerte es bis Weihnachten, den Kleinen beizubringen, wie Schule läuft.

Das ist extrem anstrengend. Jetzt halten sie sich an ihre Paten.«[232] Und schüchterne Zweitklässler stärken ihr Selbstbewusstsein, wenn sie den Kleineren Unterstützung und Sicherheit geben. Die Lehrer erhalten durch das gemeinsame Lernen Zeit und Energie, die sie in die individuelle Förderung der Kinder investieren können. Besonders starke Schüler können von der ersten in die dritte Klasse wechseln, wo sie einen Teil der Kinder dann bereits kennen, und die langsameren Kinder haben für die ersten beiden Grundschuljahre drei Jahre Zeit.

Manche Bundesländer praktizieren bereits flexible Eingangsphasen für Grundschüler, die sich am Entwicklungsstand des Schülers ausrichten. Auch eine Veränderung der Organisationsstruktur »Klasse« in zeitweise flexible Module trägt dazu bei, den unterschiedlichen Begabungen und Leistungsständen der Schüler gerecht zu werden. Wenn die Kinder in Module aufgeteilt werden, dann gilt nicht mehr gleicher Unterricht für alle, sondern die Schüler durchlaufen unterschiedliche Leistungsstufen, können vorpreschen oder aufholen, in letzterem Fall ohne die Klasse wiederholen zu müssen, was sich nicht nur in der Motivation, sondern auch in einem Wegfall der Kosten für die Sitzenbleiber niederschlägt. Diese sind wesentlich höher, als sich viele vorstellen können.

Mit diesem Ansatz kommen wir sehr in die Nähe der unterschiedlichen Leistungsstufen, die Internationale Schulen ihren Schülern beispielsweise in Mathematik bieten. Schüler lernen dort entweder in Standard- oder Higher-Level-Klassen. Sie können auf das Fach Design & Technology ausweichen, und in manchen Internationalen Schulen gibt es noch eine spezielle Leistungsstufe für Sonderbegabungen. Diese individuelle Förderung der Kinder erfordert von den Lehrern neue Konzepte für Stunden, Zusatzmaterial und Klausuren mit unterschiedlichen Niveaus, doch dafür sind manche Klassen kleiner, und die beiden unterschiedlichen Niveaus können von zwei Lehrkräften unterrichtet werden. Es arbeiten nicht nur die Schüler zusammen, auch die Lehrer sind durch Teamarbeit verbunden.

Im Rahmen einer derart innovativen und individualisierten Struktur können wir uns auch an die sogenannten »Soft« Skills wagen, die unsere Kinder im 21. Jahrhundert haben sollten. Mit Hilfe von engagierten Lehrern, die tief und interdisziplinär denken und lehren, die auch eine Durchmischung der Schüler leisten, die kreative und innovative Lösungswege gehen können, die mit ihren Schülern eine Bindung eingehen und ihnen auch in der digitalen Welt ein »Gegenüber« sind, können wir unsere Kinder ganzheitlich bilden, erziehen und für die Zukunft fit machen.

Interdisziplinärer Unterricht – auch mit Tiefgang

Die klassische Wissensvermittlung und der Frontalunterricht sind wichtig, um Tatsachen zu lernen, und um Kreativität auf Basis von Wissen zu ermöglichen. »Die originellsten Geschichten kann erzählen, wer schon viele Geschichten kennt«[233], und hinterfragen kann man nur, wenn man weiß, wovon man spricht, denn »je mehr man über eine Sache weiß, desto interessanter sind die Fragen, die sich an sie stellen lassen«.[234]

Aber ein innovatives Lehr- und Lernkonzept ist in der Lage, auch neue und andersartige Methoden zu integrieren, wie zum Beispiel das fach- und jahrgangsübergreifende Lehren und Lernen. Da vertauscht man auch nicht Ziel und Mittel, wie Jürgen Kaube, Mitherausgeber der *FAZ*, meint, sondern man trägt der Tatsache Rechnung, dass die Welt und ihr Wissen interdisziplinär sind und ihre Probleme und Lösungen an sich nicht nach Fachgrenzen aufgeteilt werden können.

In Zukunft wird sich alles noch viel mehr um Technologie und um Problemlösung drehen. Wenn wir aber menschliches Leben, Kultur, gepaart mit Ingenieurswissen, schaffen wollen, dann brauchen wir interdisziplinär ausgebildete Kulturingenieure, wie sie beispielsweise die TU München plant und umsetzt. Wäre es nicht sinnvoll, wie bereits erwähnt, dass bereits Kinder fachlich interdisziplinär unterrichtet werden, damit sie lernen, in logischen Zusammenhängen zu denken und zu verstehen, damit sie Gemeinsamkeiten und Überschneidungen erkennen, damit sie kombinieren und schlussfolgern, und lernen, kreative und folglich innovative Lösungswege zu gehen?

Das Interdisziplinäre erfasst aber nicht nur den Unterrichtsstoff, sondern kann auch die Pädagogik in den Klassenräumen verändern, wenn unterschiedliche Jahrgänge zeitweise zusammengeführt werden und die Kinder sich gegenseitig tolerieren, motivieren und inspirieren. Die sich daraus ergebende Pädagogik ist pragmatisch, nah am Kind und zeitnah in der Wirkung. Es geht also nicht nur darum, die Lehrpläne zu entrümpeln, sondern darum, das Lernen herausfordernder, sinnvoller und diversifizierter zu gestalten.

Die Tiefenstruktur interdisziplinären Lernens entsteht durch Fragen und Aufgaben, die zum Nachdenken anregen, durch unterschiedliche Lösungswege, die verglichen werden können, durch vielschichtige Erklärungen, die die fachliche Qualität des Unterrichts vertiefen. Dann gibt es die vielen Perspektiven, die in einem Projekt kombiniert werden können. Schüler aus unterschiedlichen Klassen und Kursen kooperieren miteinander und ergänzen sich in ihrem Wissen. Im Rahmen eines gemeinsamen Projekts können die Schüler eigene autonome Schwerpunkte setzen und individuelle Lernwege gehen, und Lehrer können abhängig von der Fachperspektive konkrete Anforderungen an das Projekt stellen.[235]

Interdisziplinäres Lernen fördert nicht nur das vernetzte, nachhaltigere, weil sinnstiftende Lernen, indem man die Verbindungen und Parallelen zwischen den Fächern und ihren Inhalten erkennt, es bereitet auch auf eine Universität vor, die in Zukunft die Disziplinen verknüpfen wird. Leider ist diese Vernetzung in den Lehrplänen unserer Kinder nicht vorgesehen – noch nicht einmal im Rahmen eines singulären Projekts pro Schuljahr. Gründe hierfür liegen in der inhaltlichen und zeitlichen Strukturierung der überfüllten Lehrpläne, die keine Überschneidungen vorsehen. Wenn Fächer Schnittmengen haben, fehlen die Verweise für Lehrer oder sie liegen in unterschiedlichen Schuljahren. Insbesondere die gymnasiale Oberstufe arbeitet in Kursen mit individuellen Stundenplänen, die ebenfalls eine Koordination erschweren. Da immer noch wenige Schüler in Ganztagsschulen gehen, fehlt die gemeinsame Zeit während der Unterrichtszeit.

Alle diese Gründe sind nachvollziehbar, bis auf die Tatsache, dass sich die Ersteller der staatlichen Lehrpläne um die Förderung der Interdisziplinarität nicht scheren.[236] Dabei ist die Umsetzung doch nicht so schwer: So könnte man beispielsweise das Thema »Holocaust«, wie vom Lehrer Karsten Brill angeregt, innerhalb der Schulfächer durchdeklinieren. Dann können sich im Rahmen eines Projekts unterschiedliche Fachbereiche beteiligen, die alle einen oder mehrere Aspekte des Themas abdecken: Geschichte, Sozialkunde, Religion, Sprachen, Philosophie, …

Wie man Mathematik und Kunst verbindet, erklärt Jürgen Flachsmeyer, 30 Jahre Professor für Geometrie und Topologie an der Universität Greifswald.[237] Er plädiert dafür, mittels der japanischen Papierfalttechnik Origami die Mathematik verständlicher zu machen. Schüler werden zu Mithelfern im Lernprozess. Sie schaffen mit eigenen Händen Papierkunst und damit die Bereitschaft zur geistigen Verarbeitung geometrischer Formenlehre (siehe hierzu auch das Kapitel »Natur, Wahrnehmung und die frühe Förderung«). Auch Leonardo da Vinci und Albrecht Dürer setzt er in Verbindung mit der Elementargeometrie, doch solche Vorschläge stoßen im Kultusministerium auf taube Ohren.

9. Wohlbefinden trainieren und Stärken fördern

In deutschen Schulen haben viele Kinder Angst. Angst vor schlechten Noten, Angst, die Klasse nicht zu schaffen, Angst vor dem Lehrer, der an ihnen auslässt, wenn sie Fehler machen, nicht angepasst sind, nicht gefallen, widersprechen, vielleicht sogar unerwünscht kreativ sind. Angst vor den Eltern, die mehr erwarten oder bestrafen. Diese Angst »steckt in unserem Schulsystem wie ein Virus«, schreibt ein Lehrer, der anonym bleiben will. Sie nimmt den Kindern die Freude am Lernen, lässt sie den Mut verlieren und vernichtet ihr Selbstvertrauen.[238] Was tun wir gegen diese Angst, die viele Kinder in Deutschland befällt und quält? Vereinzelt vielleicht alles, was notwendig ist, um eine Beziehung aufzubauen, die Vertrauen schafft und das Selbstbewusstsein stärkt.

In anderen Ländern passiert in dieser Hinsicht sehr viel mehr als bei uns. Die amerikanische Lehrerikone Rita Pierson erzählt in einem TED Talk, dass sie Klassen hatte, die akademisch am untersten Niveau waren, und dass sie nicht wusste, wie sie diese Schüler zum Schulabschluss bringen sollte. Sie entschloss sich dazu, den Kindern zu sagen, dass sie ausgewählt wurden, um in ihrer Klasse zu sein, weil sie die beste Lehrerin sei, und die Schüler die besten Schüler seien. Dass sie »jemand« seien, dass sie diese gute Bildung verdienten, dass sie gut seien, und noch besser sein würden, wenn sie die Schule beendet hätten, und dass sie allen beweisen würden, wie gut sie seien. Sie hat es ihren Schülern oft gesagt, damit es ein Teil von ihnen wird. Sie hat eine Beziehung zu ihren Schülern aufgebaut, sie hat die Kraft dieser Verbindung genutzt, damit ihre Schüler auch akademisch reüssieren. Denn »nichts trägt uns so sehr durch schwere Zeiten wie die Menschen, mit denen wir uns verbunden fühlen«.[239]

Auch die Geelong Grammar School in Australien arbeitet mit dem Konzept der Positiven Psychologie, das von ihrem bedeutendsten Vertreter, dem amerikanischen Professor Martin Seligman, schulisch aufbereitet und vor Ort umgesetzt wurde. Die Frage, die sich Seligman gestellt hat, ist eine, die wir uns gleichfalls stellen sollten: Wie können wir in der Schule Wohlbefinden lehren, wie können wir bei den Schülern Wohlbefinden fördern, damit wir ihnen beibringen, in schwierigen Situationen nicht aufzugeben, sondern ihre Fähigkeiten und Talente zu nutzen? Die Antwort ist: mit Optimismus, weil Wohlbefinden Lernen fördert und eine positive Stimmung zu einer »breiteren Aufmerksamkeitsspanne, kreativerem und ganzheitlicherem Denken« führt.[240]

Martin Seligman hat seine weltweit anerkannten wissenschaftlichen und empirischen Erkenntnisse in seinem Buch »Wie wir aufblühen«[241] zusammengefasst. Er stellt ein Programm vor, das er entwickelt hat, um den Optimismus von Schülern zu fördern. Das Programm lehrt die Schüler, realistischer und flexibler über ein Problem nachzudenken, indem sie den Fokus auf sich selbst richten und die Gründe für ein Problem nicht nur außerhalb von sich selbst suchen. Sie sollen ihr Selbstbild wahrnehmen, ihre inneren Überzeugungen erkennen, die ihr Verhalten beeinflussen. Er geht davon aus, dass äußere Umstände unser Wohlbefinden nicht dauerhaft steigern können, nur unsere eigenen Charakterstärken und unsere innere Einstellung sind dazu in der Lage.

Wenn wir uns mit unseren Stärken beschäftigen, anstatt nur unsere Schwächen zu korrigieren, ermutigen wir uns, unsere Stärken zu verinnerlichen und auf eine neue Art und Weise davon Gebrauch zu machen.[242] Wir nehmen infolgedessen eine andere Perspektive ein, suchen nach Lösungen, lassen uns von Impulsen inspirieren. Ziel ist, mit den Fertigkeiten zur Erlangung des Wohlbefindens mehr positives Gefühl, mehr Engagement, mehr Sinn, bessere Beziehungen und positive Ziele zu erreichen.

Das sind die fünf Elemente des Wohlbefindens, und allen ist gemein, dass es dabei um »andere Menschen« geht. »Nur sehr wenig von dem, was positiv ist, ist einsam.«[243] Das Eingehen von harmonischen und zugleich effektiven Beziehungen hat tiefgreifenden Einfluss auf unser Wohlbefinden. Unser Gehirn ist für Seligman nichts anderes als eine »Beziehungs-Simulations-Maschine« zur Lösung sozialer Probleme, was ein Computer eben nicht kann (siehe hierzu das Kapitel 3 im Teil I, »Lernen was Computer nicht können«). Aus diesem Grund tragen freundliche Handlungen wie beispielsweise Wohltätigkeit (siehe Kapitel »Soziales Engagement kann man lernen«) zur Steigerung des eigenen Wohlbefindens mehr bei als jede andere Übung, die im Verlauf von Jahrzehnten in Programmen getestet wurde.

Seligman schlägt drei Übungen vor, die Schüler allein oder auch gemeinsam mit ihren Eltern oder Lehrern problemlos umsetzen können. Die erste Übung ist die »Freundlichkeitsübung«. »Lassen Sie sich morgen eine völlig unerwartete Freundlichkeit einfallen und tun Sie es einfach. Beachten Sie, was dann mit ihrer Stimmung passiert.«[244]

Die zweite Übung ist »der Dankesbrief« und in gesteigerter Form »der Dankesbesuch«. Bei uns ist beides Teil einer »gutbürgerlichen« Erziehung und Ausdruck von Manieren. Aber es gibt noch einen viel wichtigeren Grund für diese Übung. Wenn wir einen Dankesbrief an eine Person schreiben, dann ziehen wir aus unserer Dankbarkeit den Nutzen einer angenehmen Erinnerung an ein positives Ereignis oder an ein gelungenes Ergebnis, und gleichzeitig stärken wir auch unsere positive Beziehung zum Adressaten, der sich über unsere Liebenswürdigkeit freuen wird. Wir lernen, negative Voreingenommenheit zu überwinden, und erfahren, wie lohnend Freundlichkeit für den Gebenden sein kann.[245] Wenn wir den Brief zudem noch persönlich überbringen, vielleicht sogar vorlesen, wird die positive Wirkung der guten Tat noch nachhaltiger.

Die dritte Übung ist die »Was gut gelaufen ist«-Übung und meines Erachtens die wichtigste. Laut Seligman denken wir viel zu viel darüber nach, was alles schiefgeht, und zu wenig über das, was gut läuft. Natürlich ist es manchmal sinnvoll, Misserfolg zu analysieren, um daraus zu lernen. Diese einseitige Ausrichtung auf das Negative bereitet aber seiner Aussage nach den Grund für Angst und Depression. Das zu verhindern kann gelingen, wenn wir vor allem an die Dinge denken, die gut gelaufen sind, und sie genießen. An dieser Fähigkeit müssen wir arbeiten und sie einüben.

Nehmen Sie sich zusammen mit Ihren Kindern oder Schülern Zeit, und schreiben Sie in zehn Minuten drei Dinge auf, die an diesem Tag gut gelaufen sind. Die drei Dinge müssen nicht weltbewegend sein, wichtig ist, dass Sie sie benennen und erkennen, warum es so gekommen ist. Vielleicht fällt diese Übung anfangs nicht leicht, aber wenn Ihre Kinder oder Schüler aufschreiben, warum sie im Unterricht gelobt worden sind, und der Grund dafür eine gute Antwort war, weil sie nachgedacht haben, dann werden sie sich an diese positive Situation erinnern und darin bestärkt. Diese Konzentration auf die eigenen Stärken fördert den Wunsch, das nächste Mal wieder zu reüssieren und das positive Gefühl zu wiederholen und genießen zu können.

Jedes der Wohlbefinden-Elemente trägt dazu bei, dass wir aufblühen, und zugleich wächst der Wunsch, möglichst viel von allen fünf Elementen zu erlangen. Zusätzlich zu diesen Kerneigenschaften sollten wir noch Eigenschaften besitzen wie Selbstachtung, Optimismus, Resilienz, Vitalität oder Selbstbestimmtheit, um nur einige zu nennen. Auch in der Schule entscheiden diese Charaktereigenschaften und die daraus resultierenden Verhaltensweisen über den Erfolg oder Misserfolg, und später dann bestimmen sie den Lebensweg eines jeden Menschen.

Die drei relevantesten Charaktereigenschaften für Erfolg sind die Gewissenhaftigkeit, die Fähigkeit zur Selbstkontrolle und die Risikoneigung.[246] Studien haben gezeigt, dass durch gezielte Förderung in jungen Jahren, durch Planspiele und Mentorenprogramme, aber auch durch kleinere Klassen die Fähigkeit wachsen kann, eine Aufgabe gezielt, organisiert und verantwortungsvoll, mit Disziplin, Geduld und Beharrlichkeit zu erledigen, und abhängig vom Grad der Bereitschaft ein Risiko einzugehen. Wer auf seine Belohnung warten kann, investiert mehr in seine Ausbildung, trifft die nachhaltigeren Entscheidungen und steigert so seine Erfolgswahrscheinlichkeit (siehe hierzu das berühmte Marshmallow-Experiment[247]).

Martin Seligman regt nun dazu an, sich vorzustellen, dass Schulen sowohl die Fertigkeiten des Erfolgs als auch die Fertigkeiten des Wohlbefindens vermitteln können. Seiner Erkenntnis nach wünschen sich Eltern für ihre Kinder Glück, Selbstvertrauen, Zufriedenheit, Erfüllung – kurz gesagt: Wohlbefinden. Auf die Frage, was an Schulen gelehrt wird, antworten dieselben Eltern: Lesen und Schreiben, Konformität, Leistung, Denken, Prüfungen bestehen … Wie löst man diese Kontroverse auf? Wie schafft man ein schulisches Umfeld, das in der Lage ist, beide Bereiche abzudecken? Indem man nicht nur Wissen lehrt, sondern eben auch Wohlbefinden fördert.

Für Seligman liegt der Grund für das Lehren von Wohlbefinden in Schulen im Gemütsbereich der Schüler. Schulen betonen zu sehr Kritik und das Befolgen von Anweisungen, anstatt sich so früh wie möglich um das seelische Wohlbefinden der Kinder zu bemühen, damit sie auch lernen es wertzuschätzen. Es geht um die Identifikation individueller Charakterstärken, und um die anschließende Anwendung und Förderung dieser Charakterstärken im Alltag. Menschen sind zufriedener, wenn sie herausfinden, welche Charakterstärken sie im hohen Maß besitzen, und wenn sie diese dann so oft wie möglich in der Schule, in der Familie und in der Freizeit einsetzen können. Die positive Wirkung von Wohlbefinden auf das Lernverhalten der Kinder fördert nachweislich ihr kreatives und ganzheitliches Denken, erhöht ihre Aufmerksamkeit und Wissbegierde und verbessert sowohl ihre soziale Kompetenz[248] als auch ihr Betragen.[249]

An dieser Stelle möchte ich auf eine Liste von Kompetenzen verweisen, die LinkedIn unter Verwendung von Millionen Daten seines Karrierenetzwerks erstellt hat. Die Frage war: Welche Kompetenzen suchen Unternehmen heute? Als zukunftsweisende Soft Skills wurden Kreativität dank Einfallsreichtum, Überzeugungskraft durch Erklären, Teamfähigkeit durch Kooperation in fachübergreifenden Teams, Anpassungsfähigkeit, um Veränderungen als Bereicherung zu sehen, und zuletzt emotionale Intelligenz identifiziert, weil keine Maschine langfristige Beziehungen pflegen kann.[250]

Die australische Geelong Grammar School ist in der Lage, ihre Schüler in diesen Soft Skills zu unterrichten, weil die Schüler in Positiver Erziehung unterrichtet werden: Sie schreiben einen Aufsatz über sich in Bestform, wie sie sich optimal wahrnehmen. Anschließend absolvieren sie den Seligman-Charaktertest und vergleichen die Testergebnisse mit ihrem Aufsatz.

Dabei achten sie auf Beispiele für ihre Charakterstärken. Beinahe jeder Schüler findet zwei oder drei Charakterstärken, die ihn auszeichnen. Familienmitglieder werden nach Stärken befragt, um einen »Familienstammbaum der Stärken« zu entwickeln. Die Schüler lernen, die Stärken anzuwenden, und sie lernen, eine Stärke zu entwickeln, die sie nicht zu ihren fünf Stärken zählen. Zuletzt wählen die Schüler Vorbilder aus, die sie im Internat als Beispiele für eine ihrer Stärken finden, damit Lehrer und Schüler eine Diskussionsbasis erhalten. Nun wird positives

Gefühl aufgebaut, indem die Kinder Dankesbriefe schreiben und ein »Drei gute Dinge pro Tag«-Tagebuch führen.

Lehrer vermitteln die positive Erziehung im Unterricht[251], indem sie die Charakterstärken von literarischen Romanfiguren analysieren lassen, um diese anschließend zu diskutieren. Referatsthemen bekommen einen positiven Anstrich und sind interdisziplinär, wenn beispielsweise Altruismus in den Bereichen Philosophie, Biologie und Politik durchdekliniert wird. Sinndialoge werden zu Essays und nehmen Bezug zu berühmten Sinn-Zitaten. Im Erdkundeunterricht wird das Wohlbefinden von Nationen untersucht und die Lehrer, die Fremdsprachen unterrichten, lassen Charakterstärken in der französischen, japanischen und chinesischen Kultur untersuchen.

Der Klassenlehrer beginnt den Tag mit der »Was ist gut gelaufen«-Übung und mit der »Stärke der Woche«, denn mit dieser »Verstärkung« fangen die Schulwochen einfach besser an. Die Sportlehrer unterrichten ihre Teams in der Fokussierung auf Erfolge, die bereits stattfanden, und konzentrieren sich auf die hierfür notwendigen Charakterstärken. Sie analysieren verpasste Gelegenheiten, damit die Kinder in Zukunft die Gunst der Stunde besser identifizieren und nutzen, und ihre Stärken dann entsprechend einsetzen.

Die Schüler der Geelong Grammar School erleben auf diese Weise eine positive Erziehung, die sich nicht nur im Wohlbefinden der Kinder niederschlägt, sondern auch im Umgang der Lehrer mit den Kindern und im Miteinander der Lehrer selbst. Auch in unseren Schulen, gerade in den sogenannten Problembezirken, wäre der Ansatz der Positiven Psychologie eine Vorgehensweise, die langfristig Verhaltensauffälligkeiten, schlechte Stimmung, negative Erlebnisse und Konfliktherde zumindest eingrenzen würde, einfach weil man sich gut fühlt, wenn man etwas für andere tut, und wenn man erfahren darf, worin man wirklich gut ist. Viele Kinder wären glücklicher in der Schule, hätten weniger Versagensängste und hätten mehr Lust am Lernen, anstatt frustriert und lustlos das gerade mal Nötigste zu leisten, um in die nächste Klasse aufrücken zu dürfen. Unterstützend kann hier die positive Computerarbeit wirken, wenn Kinder Computerspiele spielen, die ihre Charakterstärken spielerisch herausarbeiten, um ihnen anschließend beizubringen, wie sie diese bei der Bewältigung von Problemen einsetzen und auf diese Weise verstärken können.

Selbstdisziplin und Entschlossenheit – die Stärken aller Stärken

Vor dem Hintergrund der Erkenntnis, dass nicht beziehungsweise nur eingeschränkt äußere Gründe, wie schlechte Lehrer, zu große Klassen oder langweiliger Schulstoff, für die mangelnde schulische Leistung und Begeisterung verantwortlich sind, hat Seligman nachgewiesen, dass die Förderung von Selbstdisziplin der »Königsweg zur Förderung akademischer Leistung« ist.[252] Er zitiert den von ihm überaus geschätzten Sozialpsychologen Roy Baumeister, wenn er sagt, dass Selbstdisziplin die Königin aller Tugenden ist, da sie die Stärke ist, die alle anderen Stärken möglich macht.[253]

Wenn wir also wollen, dass unsere Kinder mehr erreichen, dann müssen wir ihre Selbstdisziplin fördern, abgesehen von weiteren Untersuchungen, die gezeigt haben, dass die Entschlossenheit umso größer ist, je besser die Ausbildung ist. Entschlossenheit ist eine Kombination von extremer Ausdauer und starker Leidenschaft und als solche die nie nachgebende Form der Selbstdisziplin.[254] Selbstdisziplin und Entschlossenheit bedeuten nun nicht, dass nur sehr intelligente Menschen darüber verfügen. Mangelndes Wissen kann durch Fleiß und Anstrengung ausgeglichen werden, denn je entschlossener jemand ist, sein Ziel zu erreichen, desto mehr Stunden wird der- oder diejenige auf die Erreichung des Ziels verwenden. Das heißt auf gut Deutsch: Üben, üben, üben!

Ein Beispiel dafür: Wir hatten unsere Kinder zu gemeinsamen Ferien eingeladen und mein Sohn Frederic erklärte kurz darauf, dass er schon mitfahren könne, aber er müsse sich auch auf Bewerbungsgespräche für einen Sommerjob vorbereiten. Alles fing recht normal an und steigerte sich dann in etwas, das ich mit Tunnelblick beschreiben würde. Frederic versank in seinem Laptop, hörte auf mit uns zu sprechen und tat nichts anderes mehr, als sich auf seine bevorstehenden Bewerbungsgespräche vorzubereiten. Er übte und wiederholte und übte und wiederholte so lange, bis er die Bewerbungsgespräche führte. Seine Konzentration und Entschlossenheit zahlten sich aus, er konnte sich seinen Job aussuchen. Eine anschauliche Erklärung für diesen Vorgang liefert auch hier das Marshmallow-Experiment: Die Selbstdisziplin steigt, wenn klar wird, dass die Zielerreichung und damit auch die Belohnung umso größer ist, je länger man durchhält. Wenn die Belohnungen zu kurzfristig angesetzt sind, dann ersetzt kurzfristiges Vergnügen den langfristigen Gewinn.

Seligman plädiert darüber hinaus für Langsamkeit, für Bedächtigkeit (siehe Kapitel »Kreativität braucht Unterschiede, Zeit und Fehler«), denn diese gibt der Planung, dem Erinnern, der Kreativität und der Impulshemmung Raum zu wachsen.[255] Wenn wir langsam reden, langsam lesen, langsam essen, andere nicht unterbrechen, intensivieren wir die langsamen Prozesse des Erfolgs und erreichen dadurch ein besseres Ergebnis.

Ermutigen mit Loben und Lachen

Gelassenheit, Humor und eine positive Sichtweise auf die Dinge können wahre Wunder vollbringen. »Wenn Kinder eine humorvolle Atmosphäre (…) erleben, lernen sie, voller Zuversicht in die Welt zu ziehen und den Menschen mit Herzlichkeit zu begegnen.« Nach Ansicht von Dr. Charmaine Liebertz (Vorstand der Gesellschaft für ganzheitliches Lernen), von der diese Worte stammen, »hilft eine humorvolle Einstellung nicht nur dabei, Stress zu bewältigen, sondern fördert auch kreatives und innovatives Denken und zeigt einen optimistischen Weg aus Konflikten und Krisen auf«.[256]

In Deutschland sind Loben und Lachen in Verbindung mit Kindern nicht sehr ausgeprägt, im Schwäbischen heißt es sogar: »Nichts gesagt ist genug gelobt.« Eine ausgeprägte Lobkultur ist auch in unserem Schulalltag nicht präsent. Es herrscht durchaus Handlungsbedarf, denn Loben bedeutet Ermutigung, ist gleich Motivation, ist gleich Leistungsbereitschaft, Mut und Selbstvertrauen. Werden Kinder ermutigt, stellen sie sich ihren Herausforderungen und akzeptieren den Weg als Ziel. Sie bedanken sich für Lob und Anerkennung mit unermüdlicher Ausdauer und mit der kontinuierlichen Optimierung ihres Handelns. Insbesondere Teenager sind loborientiert und relativ resistent gegen Kritik und Bestrafungen. Der Trotz ist in dieser Zeit systemimmanent, und den kann man mit Loben ziemlich aushebeln. Auch in der Schule macht die Wertschätzung der Lehrer die Schule für unsere Kinder wertvoll und nachhaltig. Alles macht Sinn, wenn man Wertschätzung erfährt.

In den USA herrscht Kindern gegenüber oftmals eine positivere Haltung: »Bitte versuche es, ich weiß, du kannst das, und wenn nicht, ist das nicht schlimm, dann helfe ich dir!« Wenn die »lobende Bitte« dann noch mit einem Lächeln statt mit düsterer Miene und strengen Worten gestellt wird, erzielt man oft ungeahnte Erfolge. Warum das so ist, kann Dr. Carol Dweck, Professorin für Psychologie an der Stanford-Universität, erklären. Ihre Theorie des »Growth and Fixed Mindset« erklärt auf sehr einfache, aber überzeugende Weise, warum Kinder motiviert sind und warum nicht. Und die Art und Weise, wie Eltern oder Lehrer ihre Kinder oder Schüler loben, entscheidet über ein statisches oder dynamisches Selbstbild, das sich die Kinder infolgedessen aneignen.

Nicht zu loben oder falsch zu kritisieren kann dazu führen, dass Kinder ihre Intelligenz, ihre Kreativität und ihre Talente für angeboren und unveränderbar halten. Sie beziehen jeden Erfolg oder Misserfolg auf ihre »starre« Persönlichkeit, die »eben so ist« und die sie auch nicht entwickeln oder verändern können. Von ihnen hört man am ehesten: »Das kann ich nicht.« Sie verstehen Kritik auch immer als Kritik an ihrer Person, nicht an ihrer Leistung. In der Schule bekommt diese Beurteilung einen stark negativen Einfluss auf die Kinder und folglich auch auf ihr Lernverhalten. Je statischer das Selbstbild, desto leichter sind sie gestresst und dadurch schnell frustriert. Sie trauen sich auch nichts zu. Sie reagieren ängstlich auf Herausforderungen, scheuen Unbekanntes und haben Angst zu versagen. Wenn dann zu Hause oder in der Schule noch dazu die Zeit fehlt, sich mit der Kritik und den Fehlern auseinanderzusetzen, dann bekommt die negative Erfahrung einen noch größeren Impuls.

Ganz anders denken und handeln Kinder, die über ein »Growth Mindset« verfügen. Sie messen ihren Begabungen weniger Bedeutung zu[257], halten ihr Potenzial nicht für begrenzt und unternehmen große Anstrengungen, um es beim nächsten Mal »besser zu machen«. Wenn Eltern oder Lehrer sich die Mühe machen, mit ihren Kindern beziehungsweise Schülern zu besprechen, was und warum die Prüfung schiefgelaufen ist und was man dagegen tun könnte, dann sieht das Kind eine Chance auf Verbesserung. Es versteht, dass es immer einen Plan B gibt, wenn man sich in Zukunft anstrengt. Noch besser ist es, Kinder einen eignen Lösungsvorschlag selbst finden zu lassen, der dann gemeinsam besprochen wird. Sie lernen dadurch, dass Scheitern zum Lernen gehört und dass man Lernen selbst erfahren muss. Für diese Kinder ist ein Misserfolg dann auch die Möglichkeit, es erneut zu versuchen und sich weiterzuentwickeln. Sie verstehen

Erfolg als Prozess, der trainiert werden kann. Daher nehmen sie Rückschläge auch gelassener. Sie sind positiver, motivierter und resilienter, denn sie vertrauen in ihre Kraft, ihren Willen, ihr Potenzial, statt beweisen zu wollen, warum sie so sind, wie sie sind.

Die Kunst in der Erziehung liegt darin, wie man Kinder motiviert, aber nicht frustriert. Wie man sie ermutigt, aber nicht einschüchtert, und wie man ihnen ihre Möglichkeiten vor Augen führt, ohne sie zu über- oder zu unterfordern. Das oberste Ziel der Erziehung lautet, das Kind stolz zu machen – auf sein Selbst.[258]

10. Fordern ist so wichtig wie Fördern

In der Internationalen Schule fällt mir auf, dass internationale Eltern ihre Kinder oftmals konsequenter erziehen. Vor allem im Hinblick auf die Berufsausbildung ihrer Kinder sind sie sehr viel vorausschauender, zielstrebiger und fordernder als deutsche Eltern, die alles auf die Zeit nach dem Schulabschluss verschieben, und auch dann noch alle Zeit der Welt zu haben scheinen. Unsere Kinder werden ziemlich lange geschont, und die Eltern ignorieren, »was da draußen los ist«. Das gilt für alle Kinder, die in allen Schulformen ihre Abschlüsse machen, denn abgesehen von unserer digitalisierten Zukunft lehrt uns die Corona-Krise gerade, wie schnell es gehen kann, dass der Wettbewerb um Praktika, Ausbildungsangebote, freie Stellen oder Jobangebote härter wird.

Daher sollten wir uns von unserer Laisser-faire-Einstellung verabschieden und einen anderen Weg in Betracht ziehen, wenn es um die Zukunft unserer Kinder geht. Einen Weg, der die relative Wechselwirkung von Fördern und Fordern vorsieht. Das heißt zunächst nicht nur zu fördern, was bereits eine zeitliche und/oder für Eltern oftmals eine finanzielle Belastung mit sich bringt, sondern eben auch zu fordern. Fordern funktioniert aber nicht mit Strafen oder Verboten! Lehrer oder Eltern, die Kinder in irgendeiner Form bestrafen, wenn sie in der Schule keine guten Noten schreiben, handeln meist aus Angst davor, dass die Schüler das Klassenziel nicht erreichen, den Übertritt in die nächsthöhere Schule nicht schaffen, den Realschulabschluss oder den Quali nicht schaffen.

Lehrer und Eltern sollten lieber gemeinsam überlegen, woran die unbefriedigenden Noten liegen könnten und was man in Zukunft besser machen könnte. Dafür braucht es zusätzliches, differenzierteres Feedback, das auch auf die emotionale und soziale Situation, auf Stärken und Schwächen eingeht. Das ist Voraussetzung, um sinnvoll, effizient und in Zusammenarbeit mit den Schülern zu fördern und zu fordern.

Ein Beispiel für eine gelungene Wechselwirkung von Fordern und Fördern liefert eine Highschool in den USA: Wenn Schüler in Prüfungen schlechte Noten bekommen, setzen sich Lehrer und Schüler zusammen und besprechen, warum sie diese Note bekommen haben und wie sie diese verbessern können. Um die Schüler zu fördern, werden sie aufgefordert, im jeweiligen Fachbereich selbstständig ein Thema zu finden, das für einen Vortrag geeignet ist. Diesen Vortrag bereiten sie schriftlich und mündlich vor und halten ihn als Präsentation in einer Klasse an einer ANDEREN Schule. Wird der Vortrag für gut befunden, kann der Schüler nicht nur seine Fachnote verbessern, er hatte auch die Chance, in einer Echtzeit-Situation zu lernen. Wenn im Gegensatz hierzu lediglich gefordert wird und die »Förderung« nur aus Strafarbeiten besteht, wird für Kinder jede Klassenstufe und jede Schule zur Bürde und mündet in der (bekannten) leidvollen Erfahrung.

Fordern ist aber auch deshalb so wichtig, weil Kinder verstehen lernen müssen, dass nichts im Leben umsonst ist und dass ihnen nicht alles abgenommen werden kann. Sie müssen ermutigt werden, selbst klarzukommen, sich auf sich selbst verlassen zu können. Nur so können sie sich ausprobieren und ihre eigenen Stärken und Schwächen erfahren. Auch Scheitern muss man lernen. Je früher sie dieses Grundgesetz des Lebens kennenlernen, desto weniger Probleme wird es auf dem Weg zum Schulabschluss und in die Ausbildung geben.

Dieser »Willkommen in der Realität«-Schock setzt bei uns oft viel zu spät ein. Kurz vor dem Schulabschluss, vor dem Abitur realisieren die Eltern, dass nun der große Wettbewerb beginnt – um eine gute Ausbildungsstelle, um die Aufnahme an einer guten Universität, um eine gute berufliche Zukunft. Den Jugendlichen aber fehlt der nötige Elan, sie begreifen nicht, warum sie sich plötzlich anstrengen sollen, weil bis dahin alles recht bequem abgelaufen ist. Die Reife kommt schon, aber oft zu spät oder sehr spät.

Wenn Eltern nur fördern, aber nicht fordern, dann genießen die Kinder eine Art Dauerpubertät mit angeschlossener Dauernachhilfe und strengen sich kaum an. Wenn Eltern nicht gleichzeitig auch aktiv einfordern, wissen sie während des Schuljahrs oft nicht, wie es um die Noten ihrer Kinder steht, wo und warum sie Probleme haben und welche Fortschritte angestrebt und erzielt wurden. Die Kinder wiederum übernehmen keine Verantwortung für ihr Verhalten, sie genießen die Vorzüge der Unterstützung, die den Eltern einiges abverlangt, aber sie reifen nicht daran.

Wenn ich fördere, darf ich auch einfordern, dass die Hilfe anerkannt und zumindest versucht wird, sie in Schulerfolge umzusetzen. Das gilt auch für die Lehrer in der Schule. Wenn sie die Zeit und Kraft aufbringen, Schüler zu fördern, dann dürfen sie die Schüler auch an den erteilten Vertrauensbonus erinnern, falls die Motivation nachlässt oder das Vertrauen missbraucht wird. Ich habe immer wieder Eltern und Lehrer erlebt, die nie oder nur sehr selten eingefordert haben. Vielleicht erschien ihnen das zu hart, vielleicht war es ihnen auch zu anstrengend, auf alle Fälle ist es im Falle eines schlechten Schulabschlusses dann für vieles zu spät.

Fordern hat auch viel mit Konsequenz und Kontinuität zu tun, denn ständiges Ausprobieren und Wechseln kostet auf Dauer nur Zeit und Geld. Der Erfolg bleibt meist der Sprunghaftigkeit und dem mangelnden Durchhalten geschuldet. Je früher Kinder das erfahren, umso besser. Wenn sie aber von sich aus Interesse zeigen und die notwendige Motivation mitbringen, ist es durchaus gerechtfertigt, sie zu Fortschritt und zum Durchhalten zu überreden. Jeder hat mal einen Durchhänger. Es wäre doch schade, wenn man dann gleich aufgibt. Und manchmal entwickelt sich daraus eine Eigendynamik, wie man sie anfangs nicht erhofft hat. Der Sport im Verein, Mathematikübungen mit dem Lehrer, das soziale Engagement im benachbarten Kinderheim bescheren dem Kind ungeahnte Erfolge und damit ein großes Maß an Selbstvertrauen und Zufriedenheit.

II. Positiver Wettbewerb und die Selbstreflexion

Auch beim Thema Wettbewerb fällt ein Riesenunterschied auf. Kinder in den deutschen Schulen tun sich mit dem Thema grundsätzlich eher schwer. Sie kennen Wettbewerbssituationen höchstens aus dem Schulsport. Sie haben grundsätzlich eher Angst davor, weil Wettbewerbe selten positiv in Erscheinung treten. Bei uns steht der Wunsch nach Spielen im Vordergrund, nach Selbstverwirklichung, aber der direkte Wettbewerb wird entweder mit Achselzucken oder mit Ablehnung quittiert: zu früh, zu stressig, zu konkurrenzbetont. Direkte Wettbewerbe an Schulen haben Seltenheitswert, nur selten gibt es offiziell organisierte Wettbewerbe zwischen Klassen, zwischen Teams, zwischen Schulen oder landesweit. Es braucht das persönliche Engagement des Einzelnen, des Schülers, des Lehrers, der Eltern oder von allen zusammen, damit Kinder bei uns positive Wettbewerbserfahrungen machen können, wenn sie an fachlichen, sportlichen oder sonstigen Wettbewerben teilnehmen.

Stattdessen entstehen in Schulen und Schulklassen indirekte Wettbewerbssituationen, die dazu führen, dass Kinder untereinander verglichen werden, allerdings auf eine eher unkontrollierte und wenig positive Art und Weise. Die Kinder werden nicht an das Thema herangeführt, es werden keine allgemeingültigen Regeln aufgestellt, die von allen respektiert werden müssen, und es fehlt an der Vermittlung von Motivation und Begeisterung, gewinnen zu wollen. Auch das Erlebnis positiver Erfahrungen wie Teamgeist, Fairness, Anerkennung und dem anderen zu gönnen, was er oder sie erreicht hat, bleibt somit auf der Strecke.

So erging es einem zwölfjährigen Schüler, der dank seiner Intelligenz und Fantasie wunderbare Erzählungen schrieb, die wahrscheinlich nicht altersentsprechend waren, sondern eher auf eine besondere Begabung schließen ließen. Die Lehrerin hatte angekündigt, dass sie die Geschichten aller Kinder vorlesen würde, was aber bei dem Jungen eher Sorge als Freude auslöste. Er begann daraufhin, seine Geschichte zu verändern, damit sie weniger auffiel, weniger herausragte, weniger Angriffsfläche bot. Er wollte nicht gehänselt oder gar verdächtigt werden, die Mutter hätte die Geschichte geschrieben. Zuletzt hörte er mit dem Schreiben ganz auf. Die Lehrerin hatte mit ihrer Ankündigung, die Geschichten der Kinder vorlesen zu wollen, eine indirekte Wettbewerbssituation unter den Schülern geschaffen, ohne klar und deutlich und für alle gleichermaßen festzuschreiben, nach welchen Regeln der Vergleich der Schüleraufsätze stattfinden sollte.

Dazu gehört auch, dass die Lehrerin deutlich macht, dass sie von allen erwartet, dass sie ihr Bestes geben und dass niemand für seinen Text ausgelacht oder bloßgestellt wird. Ferner, dass der beste Aufsatz gewinnen wird und dass diese Entscheidung nur von der Lehrerin getroffen wird – außer, es soll noch unter den Schülern selbst eine Abstimmung stattfinden. Die Lehrerin hatte mit ihrer vagen Ankündigung weder eine klare und positive Wettbewerbssituation noch einen kreativen Freiraum für den Jungen geschaffen, sondern sie bestrafte unbewusst seine Originalität statt die Missgunst und Intoleranz manch anderer Kinder.

Wenn Wettbewerbe so unvorbereitet und ohne Einbettung passieren, dann wird kreative Arbeit zunichtegemacht. Der Junge lernt, dass es sich nicht lohnt, gut sein zu wollen, und dass man für besondere Fähigkeiten auch nicht belohnt wird. Nur Anpassung und Konformität werden gefördert, wenn es offensichtlich opportun erscheint, unauffällig zu bleiben, um nicht anzuecken. Das alles sind negative Erfahrungen, die dann von den Schülern mit dem Thema Wettbewerb in Verbindung gebracht werden. Die Intention der Lehrerin war gut gemeint, aber ihre mangelhafte Gestaltung des Ablaufs führte den Wettbewerb zu keinem positiven Erlebnis.

Das ist in angelsächsischen, in Internationalen Schulen, in den Highschools der USA und Kanadas oder auch in skandinavischen Ländern ganz anders. Weitverbreitet sind Mathematikwettbewerbe, die sogar landesweit ausgetragen werden, sogenannte Speech and Debate Contests (Rede- und Debattierwettkämpfe), die sich über mehrere Tage erstrecken können, oder es gibt jahrgangsspezifische Kunstwettbewerbe.

Internationale Schulen nehmen am internationalen Economics-Wettbewerb der spanischen Universität von Navarra teil. Dazu wird innerhalb der Schule ein Wettbewerbsteam nominiert. Dieses Team muss einen schriftlichen Beitrag zu einem vorgegebenen wirtschaftlichen Thema einreichen, anhand dessen es in die »Arena« nach Navarra eingeladen wird. Dort kämpft das Team über mehrere Tage gegen sehr viele andere internationale Teams und versucht, den Sieg nach Hause zu tragen. Nach der Rückkehr halten die Teilnehmer vor allen anderen Schülern einen Vortrag über ihre Erlebnisse und ihre Erfahrungen. Haben sie gewonnen, werden sie vor allen Mitschülern und Lehrern geehrt und gefeiert.

Viele Schulsportteams der Internationalen Schule fahren regelmäßig ins Ausland, um gegen die Teams anderer Schulen anzutreten. Dafür gibt es eine ausgeklügelte Wettbewerbsorganisation und ein gegenseitiges Beherbergungs- und Betreuungssystem. Als Mitglieder der Kinder-United-Nations-Konferenz, vielleicht sogar als gewählter Vorsitzender verschiedener Ortsbereiche führen Schüler Gruppen, halten Reden und tragen Rede- und Debattierwettbewerbe gegen andere Länder aus.

In der zehnten Klasse absolvieren alle Schüler das sogenannte »Personal Project« und erfahren organisierten und strukturierten Wettbewerb. Die Schüler müssen in einem Zeitraum von mehreren Monaten etwas bauen, erfinden, gestalten, organisieren, produzieren oder konzipieren. Das kann eine konkrete Sache sein, eine Reportage, eine Erfindung, ein Programm, eine Trainingseinheit oder ein Projekt. Die Schüler erhalten während dieser Zeit Unterstützung von einem Lehrer oder einer Lehrerin, der als persönlicher Berater zur Verfügung steht. Die Schüler und Schülerinnen können in dieser Zeit der Gestaltung und Umsetzung des Projekts ihre Kreativität und Fantasie, ihren Erfindergeist und ihren Mut, ihre Durchsetzungskraft und ihr Durchhaltevermögen ausprobieren und trainieren.

Sie präsentieren ihr Werk anschließend in einer großen Ausstellung zusammen mit allen anderen Schülern ihres Jahrgangs. In einem großen Saal bauen sie ihre Präsentationsstände auf, an denen sie Eltern, Lehrern und anderen Schülern und Schülerinnen ihr Projekt zeigen, erklären, vorführen oder darstellen. Zudem müssen sie die Entstehung ihres Projekts dokumentarisch erfassen und beschreiben. Und nur der Prozess des Projekts wird angesichts der Unterschiedlichkeit der Werke von einem Gremium von Lehrern benotet, nicht das Ergebnis selbst, denn auch hier ist der Weg das Ziel. Das alles erfüllt sie mit Stolz, Freude und Kampfgeist. Sie lernen, sich zu präsentieren, ihre Gedankenwelt zu vermitteln, Rede und Antwort zu stehen, ihre Originalität und damit ihre Kreativität zu behaupten. Und sie üben »Wettbewerb«, denn sie konkurrieren mit den anderen »Erfindern« um Anerkennung und Belohnung.

Dieser zeitliche und inhaltliche Ablauf, während dessen sich die Kinder messen, aneinander reiben und sich gegenseitig auch beurteilen, ist im Sinne eines positiven Ausgangs für alle konzipiert. Natürlich wählen die Kinder unter sich ihre Lieblingsprojekte aus. Vielleicht gefällt das eine mehr als das andere oder der Wert der damit verbundenen Anstrengung wird bei einem Projekt höher eingeschätzt als bei einem anderen. Aber ein Projekt oder sein Ergebnis wird weder ausgelacht noch verändert oder umgebaut, damit es konform wird, denn bei so viel diverser Kreativität stellt sich die Frage nach Anpassung und Toleranz einfach nicht mehr. Alle genießen die unterschiedlichen, fantasievollen und beeindruckenden Resultate.

Kinder, Eltern und Lehrer sind gleichermaßen angetan von den Präsentationsleistungen aller Teilnehmer und bewundern oft, mit welcher Anstrengung, Leidenschaft und Intensität die Wettbewerbsteilnehmer um die Gunst des Publikums werben und kämpfen, wenn sie ihr Werk und seine Entstehung erklären und darstellen. Und damit der positive Effekt der Wettbewerbserfahrung noch verstärkt wird, können sich die Besucher am jeweiligen Projektstand in eine Liste eintragen und kommentieren, wie sie das Projekt beurteilen. Meist gibt es großes Lob! Lob gebührt auch der Internationalen Schule, weil Kinder auf diese Weise ein unverkrampftes Verhältnis zum Wettbewerb bekommen und so in der Lage sind, großen Eindruck zu machen, wenn andere Kinder schüchtern in der Ecke stehen, den Kopf wegdrehen und »sprachlos« werden. Schon früh werden die Kinder animiert, sich zu präsentieren, sich für eine Sache zu engagieren, ihre Position darzustellen, zu begründen und zu verteidigen. Nur so lernt man sich selbst kennen. Nur so weiß man später, was man will.

Ganz allgemein herrscht im System der Internationalen Schulen eine Kultur des »Best of«, die den Kindern vermittelt, dass es sich lohnt, gut zu sein, und dass man an seinen Aufgaben wächst; dass es neben der Wissensvermittlung und -wiedergabe auch andere sehr wichtige Lernbereiche gibt, die man genauso erlernen und üben muss wie den Stoff für eine Biologieprüfung.

Dazu gehört auch die Selbstreflexion angesichts des Vergleichs mit anderen. Die Kinder erfahren sich selbst in einer Wettbewerbssituation, sie lernen, dass es immer jemanden gibt, der besser ist als man selbst und der einem relativ deutlich vor Augen führt, wo die eigenen persönlichen Stärken und Schwächen liegen. Sie lernen, sich nicht vorzumachen, alles im Griff zu haben, wenn dem nicht so ist. Sie lernen im besten Fall, ihre Stärken zu stärken beziehungsweise ihre Schwächen zu überwinden und wachsen an einer positiv aufgeladenen Umgebung, die zu Einzel- oder Gruppenerfahrungen einlädt. Die damit einhergehende Selbstreflexion führt, wenn man die Herausforderung annimmt, zu großen und wertvollen Entwicklungsschritten, die später viel zum beruflichen Erfolg beitragen können.

Mohanna Azarmandi, Chief Learning Officer bei Microsoft, empfiehlt eine schrittweise persönliche Wettbewerbsstrategie und eine überlegte Herangehensweise an künftige Ziele, die auch in Zeiten des Distanzlernens sinnvoll und praktikabel sind:[259]

1. Weil niemand genau weiß, was die Arbeitswelt in zwanzig Jahren braucht, sollte man die Tendenzen (beispielsweise Programmieren und soziale Kompetenz) im Auge behalten und sie mit seinen Leidenschaften kombinieren. Indem man sich wahrnimmt, sich beobachtet, kann man erfahren, was einem liegt und was einen antreibt.

2. Klein anfangen mit sogenannten Lern-Nuggets. Es muss nicht gleich »die« Ausbildung oder das große Studium sein, oft genügt erst einmal Lernen in kleinen Schritten, auch Ausprobieren genannt. Das können Videos, You Tube, TED Talks oder Infoabende und Konferenzen sein, die einem das Gefühl geben können, hier bin ich richtig, hier interessiert mich das Thema wirklich, hier lerne ich viel und gerne.

3. Wenn man weiß, was einem liegt, dann sollte man sich weiterentwickeln und fortbilden. Und weil das meistens neben Schule oder Studium passieren muss, empfiehlt sie, die E-Learning-Angebote zu nutzen, beispielsweise von LinkedIn Learning, von Udemy.com oder von Online-Akademien wie Udacity und Coursera. Auch viele berühmte Universitäten bieten kostenlose[260] und kostenpflichtige Kurse, die sie öffentlich Teilnehmern aus der ganzen Welt anbieten (siehe auch alle Vorschläge in »Beginnen wir endlich digitale Lern- und Kommunikationsräume zu nutzen«). Ein zusätzlicher Vorteil des flexiblen E-Learning ist die Bildung von nationalen oder internationalen Online-Gruppen, in denen man gemeinsam lernt und kommuniziert. Daraus ergeben sich globale Netzwerke.

4. Überlegen, wer am meisten von neu erworbenen Kompetenzen profitiert. Man selbst, aber eventuell auch die Eltern,

Freunde, die Klasse, der Lehrer, die Schule, die Universität, der Arbeitgeber, potenzielle Kunden. Überzeugungsarbeit ist wichtig, damit die anderen verstehen, wie und warum sie profitieren, und daher die neuen Kompetenzen fördern wollen. Das ist oftmals nur möglich, wenn man zusammen entscheidet und gemeinsam umsetzt.

5. Bei so viel Entschlossenheit fehlen jetzt nur noch die Zertifikate. Digitale Formate bilden eine gute Wissensgrundlage, aber Zertifikate liefern den Nachweis.

6. Zuletzt sind es Werte und Eigenschaften, die zählen. Neugier, Mut und Anpassungsfähigkeit sind wichtig, wenn es um eine positive Einstellung zu Wettbewerb und Zukunft geht. Fragen stellen, offen sein, teamfähig und tolerant lernen und arbeiten können, das sind die Erfolgsfaktoren, damit Lernen glücklich macht.

Aber auch die öffentlichen Schulen machen Fortschritte: Sie nehmen teil am Medien- und Wirtschaftsprojekt »Jugend und Wirtschaft« für den Schulunterricht im Jahr 2020/21, das der Bankenverband und die *Frankfurter Allgemeine Zeitung* ins Leben gerufen haben. Sie suchen Nachwuchsreporter, die Wirtschaftsthemen entdecken, Interviews führen, Artikel schreiben – und vielleicht sogar den eigenen Beitrag in der Zeitung lesen werden.[261] Die Schulen müssen sich bewerben und qualifizieren. Die begleitenden Lehrer werden in einem Einführungsseminar kostenlos vorbereitet, und teilnehmende Schüler erhalten ein Gratis-Abonnement. Am Ende des Projektjahrs werden die besten Schülerartikel und die engagiertesten Schulen ausgewählt und nach Berlin eingeladen.

12. Globaler Wettbewerb – was ist das?

Besonders in Bayern wiegen sich Schüler und Eltern in der bequemen Sicherheit ihrer Annahme, dass unsere Schulabschlüsse, insbesondere das Abitur, zu den schwersten zählen und grundsätzlich den Abschlüssen in anderen Ländern und Kontinenten überlegen sind. Doch das ist ein Trugschluss. Die Abschlüsse in Ländern anderer Kontinente oder selbst in anderen europäischen Ländern stehen unserem Abitur in nichts nach. Die Schullandschaften können nur aus vielerlei Gründen sehr viel heterogener sein.

Fakt ist: Unsere Kinder werden in Zukunft mit den Schülern und Schülerinnen anderer Kontinente um Ausbildungs- und Arbeitsplätze global konkurrieren müssen, und dies ist auch der Tatsache geschuldet, dass unsere Kinder immer häufiger im Ausland studieren wollen, dass sie nicht mehr nur von innereuropäischen Erfahrungen, sondern auch von Arbeitschancen auf anderen Kontinenten träumen. Dort erleben sie Internationalität jenseits ihrer Komfortzone.

Vor allem erleben sie junge Menschen, die weniger behütet, sicher und gesund aufgewachsen sind, und diese Schüler und Studenten können oft nur mit ihrer Intelligenz, ihrem Fleiß und ihrem Durchhaltevermögen im Wettbewerb um Schul-, Studien- und Arbeitsplätze punkten. Für diese jungen Menschen sind die Chancenungleichheit und der oftmals eingeschränkte Zugang zu Bildung eine normale Konsequenz ihrer sehr viel ärmeren Lebensumstände.

Wenn wir uns die Erziehungs- und Bildungsmodelle der Schulen jenseits von Deutschland ansehen, dann sind sie oft rigoroser und anstrengender. In England oder in den USA sehen wir ein vergleichsweise sehr viel härteres Paket »Schule, Abschluss und Universitätsbewerbung« als in Deutschland. Das liegt nicht nur daran, dass sehr viele Schulen und Universitäten

Geld kosten, das erst einmal verdient werden muss – wozu auch die meisten Schüler und Studenten von Anfang an beitragen müssen. Die wesentliche Herausforderung in den USA, aber auch in Ländern wie Frankreich, England oder vielen asiatischen Ländern liegt vor allem darin, dass die Kinder schon zu Schulzeiten sehr oft und sehr stark dem Phänomen Wettbewerb ausgesetzt sind, denn um in »gute« Schulen, in »gute« Universitäten aufgenommen zu werden, muss man sich bewerben, nicht nur mit Noten, sondern in vielen Ländern auch mit akademischen und nicht-akademischen Leistungsnachweisen, mit Wettbewerben, Talenten, oftmals mit Originalität und Persönlichkeit.

Wer eine Bewerbung aufbaut, wer sich durch Wettbewerbe, Leistung, soziales Engagement, Erfindertum oder was auch immer von den anderen abheben muss, der wird reif und erwachsen, weil er sich und seine Chancen erkennen und durchsetzen muss. Etwas, das man in unserem Schulsystem kaum kennt, oder zumindest nur auf freiwilliger Basis. In amerikanischen, angelsächsischen oder französischen Schulen ist der Wettbewerb geradezu institutionalisiert, es gibt aber auch viele Optionen, an Wettbewerben teilzunehmen, und Team-Wettbewerbe sind besonders ausgeprägt, denn das gemeinsame Gewinnen oder Verlieren in der Gruppe hat hohen Stellenwert.

Bei uns klagen die Eltern von Kindern, die das Gymnasium besuchen (wollen), über den Übertrittswettbewerb (zumindest in Bayern und einigen anderen Bundesländern) und über die anschließende Belastung im Gymnasium, in der Leistungsgesellschaft generell. Doch im Vergleich zu den Anforderungen an guten und damit auch wettbewerbsstarken englischen, französischen, indischen oder asiatischen Schulen, an guten amerikanischen und kanadischen High Schools ist das tägliche Schul-, Hausaufgaben-, Sport- und Aktivitätenprogramm an unseren Schulen wenig beeindruckend.

Bei uns haben Kinder immer noch genug Freizeit, um ganze Nachmittage durch die Stadt zu schlendern oder zu »chillen«. Arbeiten am Abend für die Schule ist verpönt und für viele Eltern völlig unvorstellbar. Die Kinder dürfen noch lange spielen, sollen nicht überfordert werden und bewegen sich deshalb ziemlich lange in einer Komfortzone, die junge Menschen in anderen Ländern so nicht kennen. Zudem wachsen unsere Kinder vergleichsweise verwöhnt und behütet in einem sehr sozialen System auf, in dem der Staat für alles, was Schule ist, aufkommt und wo die Kinder nicht erleben müssen, was es heißt, nur durch Leistung gewisse Vorteile und Sicherheiten zu erhalten.

Indische, asiatische oder amerikanische Kinder werden da weniger zimperlich behandelt, zumindest ab einem gewissen Alter, wenn der Wettbewerb um die Zukunftschancen beginnt. Mancherorts konkurrieren Kinder bereits um Kindergartenplätze. In Japan, den USA oder England ist das ganz normal. Natürlich wünsche ich mir diese Verhältnisse nicht für Deutschland, aber ich finde es hilfreich zu lernen, mit welchen Herausforderungen Schüler und ihre Eltern in anderen Ländern zu kämpfen haben.

Wenn wir unsere Schüler und Studenten für den globalen Wettbewerb in der Zukunft fit machen wollen, dann brauchen wir in allen weiterführenden Schulformen Ausbildungs- und Universitätsberater, die, wie an den meisten Internationalen Schulen, die Schüler ab der neunten Klasse über weltweite Ausbildungs- und Studienmöglichkeiten und ihre Voraussetzungen informieren. Wenn Kinder in die Internationale Schule gehen, dann ist ihnen die Idee, im Ausland eine Ausbildung zu absolvieren oder zu studieren, mit zunehmendem Alter relativ vertraut. Wahrscheinlich sehr viel mehr als Gleichaltrigen in deutschen Schulen, die meist nicht wissen, dass die internationale Ausbildungswelt uninformierte, zu späte, alles auf die leichte

Schulter nehmende Bewerbungen mit Zulassungsbeschränkungen abstraft. Und wir brauchen mit großer Sicherheit die Erfahrung des direkten und positiven Wettbewerbs, damit unsere Kinder für eine globale und diverse Zukunft vorbereitet werden. Damit sie in der Lage sein werden, mit globalem Wettbewerb umgehen zu können, sowohl fachlich als auch sozial und emotional.

Teil III:
Wie geht Schule als Lebensraum?

»Für Jugendliche ist Schule der Ort des Lebens, der Selbstfindung, des sich Kennenlernens, der Freundschaften – und Lernen kommt erst unter ferner liefen.«[262] Dass »Lernen« in diesem Zitat von Jürgen Zinnecker, Professor für Sozialpädagogik, unter die Kategorie »ferner liefen« fällt, nehmen wir an dieser Stelle gelassen hin, denn wir konzentrieren uns in diesem Abschnitt des Buches auf die ganzheitliche Entwicklung der Schüler mit Hilfe kompetenter Schulen und Lehrer, wenn es um das Miteinander, die Begeisterung und das Selbstvertrauen geht.

Schule ist nicht nur ein Gebäude mit Klassenzimmern und Schulhof, mit Sportmöglichkeiten und hoffentlich noch vielen anderen nicht-akademischen Angeboten, die ermöglichen, gemeinsam mit anderen zu spielen und zu lernen, gleichzeitig Spaß zu haben und miteinander Freundschaften zu pflegen. Es ist der Ort, an dem Kinder und Jugendliche gesellschaftsfähig werden sollen, an dem sie sich mit ihren Lehrern austauschen, die sie auch kulturell, sozial und emotional unterstützen sollen.

Wenn sich Lehrer nicht mit ihren oder den ihnen anvertrauten Schülern auseinandersetzen, kann keine Bindung entstehen. Ohne eine Orientierung am Gegenüber kann sich die soziale, emotionale Psyche eines Kindes nicht bilden, und diese entscheidet über den Reifegrad der emotionalen und sozialen Intelligenz des Kindes. Wir sprechen hier von der sogenannten erworbenen Intelligenz.[263] In den ersten drei Lebensjahren erschließen sich Kinder die Welt weitgehend über Emotionen. Später dann beurteilen die Kinder ihre Eltern, Kita-Betreuer und

Lehrer meist danach, was sie tun, wie sie handeln, wie sie sich verhalten. Esther Wojcicki sagt dazu: Kinder hören, was du tust, nicht, was du sagst!

Gerade in Zeiten während und nach der Pandemie haben wir alle mit Verlust- oder Versagensängsten zu kämpfen, die sich sehr leicht auf Kinder übertragen. Wir wollen aber doch, dass es ihnen gut geht, dass sie nicht leiden oder scheitern, sondern aufblühen und Erfolg haben. Gerade deshalb wäre es falsch, die Möglichkeit von Verlust oder Versagen im Leben der Kinder zu verhindern, denn das führt zwangsläufig dazu, dass sie für den Fall des möglichen Scheiterns keine Lösungswege erlernen, weder von uns als Vorbildern noch angesichts von Herausforderungen, die sie folglich auch nicht annehmen werden.

Es geht also darum, dass Eltern, Erzieher und Lehrer für Kinder Vorbild sind, so gut es eben geht, und dass sie ihnen auch zeigen, dass im Leben nicht alles festgeschrieben ist, dass auch Erwachsene dazulernen und manche Dinge verändern können, die sich für alle als Nachteil herausstellen. Kinder können nicht von Eltern und Lehrern lernen, die ihre (schlechten) Gewohnheiten nicht ablegen, sondern wiederholen. Kinder können nur von Eltern und Lehrern lernen, die als leibhaftiges Rollenmodell vor Augen führen, dass man ein Problem wahrnehmen kann, sich Ziele setzen kann und diese dann über einen längeren oder langen Zeitraum – je nach Schwierigkeitsgrad – in Angriff nehmen kann.

Natürlich gibt es keine Garantie, dass man erreicht, was man sich vorgenommen hat, und die Kinder erleben, dass alles gelingt. Das ist auch nicht das Thema. Wichtig ist nicht der Perfektionsgrad (das gilt vor allem für deutsche Eltern), sondern die Initiative, die Anstrengung, das Durchhalten und das Vorleben – der Weg ist das Ziel, und Veränderungen sind Teil des Lebens, die oftmals unerwartet daherkommen. Dabei kann es um grundsätzliche Dinge gehen, wie Ernährung und Alkohol, ob wir uns gehen lassen oder uns pflegen. Ob wir Ordnung halten und pünktlich sind. Vorbildcharakter hat auch unser Verhalten mit dem Smartphone und den digitalen Medien. Auch dort lauern schlechte Erfahrungen und Gefahren, mit denen umzugehen sie lernen müssen.

Am wichtigsten aber sind wohl unsere Fähigkeiten, gut funktionierende, stabile und positive Beziehungen aufzubauen und zu halten, indem wir Kindern vorleben, wie wir Konflikte lösen, wie wir unterschiedliche Meinungen aushalten, wie wir unser Verhalten und Benehmen kontrollieren, wie wir mit Fehlern umgehen. Unsere Kinder lernen, dass die Art und Weise, wie man einen Freund, ein Familienmitglied oder einen Lehrer behandelt, eine sehr wichtige Rolle spielt. Sie lernen, wie wichtig Gemeinschaft ist und wie man zusammen Spaß haben kann.

Können Eltern in sozial schwachen und bildungsfernen Familien keinen Lebensraum schaffen, in dem sie ihre Vorbild- aufgabe erfüllen, führt diese Benachteiligung bedauerlicher- weise zu reduzierten Bildungschancen und fehlender Bildungs- gerechtigkeit. Kinder und Jugendliche aus diesen Familien können oftmals ihr Wissen nicht transportieren, es fehlt ihnen an Selbstbewusstsein. In diesen Fällen müssen Schulen und Organisationen den Part der Eltern übernehmen und den Kin- dern eben diesen pädagogischen Lebensraum ermöglichen, in dem sie Anleitung und Freude erleben, wesentliche Erfahrungen machen dürfen, Freundschaften eingehen, Vertrauen tanken und ihr Handeln reflektieren. So arbeitet das Programm NRW Talentscouting in Brennpunktschulen mit Talentscouts, die für Kinder aus Nichtakademiker-Familien Mentoren sind und ihnen über die Schulzeiten hinaus in allen Lebenslagen mit Rat und Tat zur Seite stehen.[264]

Wenn wir hinschauen, zuhören und vorleben, damit Kinder ein positives Selbstkonzept entwickeln können, dann führen positive Lernerlebnisse dazu, dass sich die Kinder selbst als jemanden erfahren, der etwas erreichen kann und der auch Freude daran hat. Nur dann steigt die Frustrationstoleranz und die Kinder üben Begeisterung und Durchhaltevermögen – beides sind Voraussetzungen für den Erfolg nach eigenen Maßstäben.

In diesem Sinne arbeiten private Einrichtungen wie die Bildungsförderung bei der Roland Berger Stiftung. Sie fördert mit dem bundesweiten Deutschen Schülerstipendium begabte Kinder und Jugendliche mit schwierigen Startbedingungen. Für jeden Stipendiaten wird ein individueller Förderplan erstellt, der zehn Lernbereiche abdeckt und der die Schüler gezielt nach ihren Bedürfnissen und Begabungen unterstützt. Ehrenamtliche Mentoren begleiten die Stipendiaten als Vertrauensperson und Mittler zwischen Elternhaus, Schule und Stiftung.[265]

Die Stiftung der Deutschen Wirtschaft mit ihrem Projekt »Zeig, was du kannst!« hat es sich zur Aufgabe gemacht, junge Menschen bei ihrer zielgerichteten und individuell passenden Bildungswegplanung und bei den damit verbundenen Übergangsentscheidungen zu unterstützen und zu begleiten.[266] Ein weiteres Beispiel ist das Diesterweg-Stipendium der Stiftung Polytechnische Gesellschaft in Frankfurt, das ebenfalls Kinder und ihre Eltern dabei unterstützt, Zugangsbarrieren zu Bildungsinstitutionen zu überwinden. Diese Bildungsoffensive umfasst Maßnahmen, die Kinder und ihr familiäres Umfeld gemeinsam betreuen.[267]

Zuwendung ist das Zauberwort. Während zu viele deutsche Schulen hilflos zusehen und/oder zu langsam und zu wenig pragmatisch reagieren, wenn es zu Hause Probleme gibt, wenn es mit der Schule Probleme gibt, wenn es mit der Sprache Probleme gibt, wenn es mit der Integration Probleme gibt, schafft die Internationale Schule als Ganztagsschule einen Lebensraum, in dem die Kinder erfahren, dass es die erforderliche Zeit und die zusätzlichen Strukturen gibt, die sie unterstützen. In dem Kinder angehalten werden, selbstständig ihre Hausaufgaben zu erledigen, weil sie ausreichend Anleitung und Zuwendung erfahren haben. In dem Sport, Musik und andere Hobbys gemeinsam mit anderen erlebt werden können, wenn die Eltern nicht willens oder in der Lage sind, zur Entwicklung ihrer Kinder beizutragen.

13. Werte lernen durch Handeln

Eltern fragen sich oft, ob, nach welchen Regeln, mit welchen Methoden oder Maßnahmen Schulen ihre Kinder erziehen dürfen oder gar sollen. Es herrschen mittlerweile so viel Unsicherheit und Sorge, weil Althergebrachtes nicht mehr zu zählen scheint und Neues noch nicht verstanden wird. Weil so vieles möglich scheint, aber das bisher Gültige nicht mehr recht funktionieren will. Weil so viele unterschiedliche Eltern so viele unterschiedliche Meinungen haben, die unter einen »Hut« zu bringen einfach nicht zu gelingen scheint.

Wir haben in Deutschland immer noch eine starke Mittelschicht, die zunehmend in Privatschulen abdriftet, aber auch für sich propagiert, ihre Kinder selbst erziehen zu wollen und auch zu können. Und dann haben wir das andere Extrem, ebenfalls stark steigend, dass immer mehr Kinder zu Hause weder Erziehung noch irgendeine Anleitung vermittelt bekommen und daher stark und vor allem umfassend auf das Angebot in den Schulen angewiesen sind. Je dürftiger das ausfällt, desto defizitärer, partieller, unvollständiger und anspruchsloser fällt ihre Erziehung und Bildung aus.

Und das ist ein Problem, das durch die Corona-Krise auch noch befeuert wird, denn in einer solchen Zeit laufen auch »normale« Kinder Gefahr, in die Nichts-passiert-mehr- oder Keinerkümmert-sich-um-mich-Falle zu rutschen. Die Folge ist: Viele Kinder wachsen auf, ohne über sich nachzudenken, ohne sich mit ihrer Zukunft wirklich auseinanderzusetzen, ohne Anleitung zu Kreativität und Innovation, ohne einen Realitätsbezug zu entwickeln und vor allem ohne die Vermittlung eines Wertesystems, um diese künftige Realität möglichst positiv gestalten zu können.

Eine Schule von morgen, die ihre Schüler das Mindset der Zukunft lehrt, finden wir unter anderem an der Internationalen Schule mit ihren vielen Nationalitäten – und mit einer Pädagogik nach angelsächsischem Prinzip. Aber was ist das eigentlich? Schulen in England, den USA, Neuseeland oder Australien gehen einem Erziehungsauftrag nach, den ich für zeitgemäß halte, da er, abgesehen vom echten Ganztagsunterricht, eine sehr pragmatische und am Kind orientierte Herangehensweise verfolgt, deren Ziele und Maßnahmen aus einem Leitbild und seinen Werten abgeleitet werden. Die Schule fördert und fordert Wissen und Kompetenzen, und sie verfolgt einen Erziehungs- und Zukunftsauftrag. Alle Werte, Ziele, Regeln und Maßnahmen werden in einem Handbuch zusammengefasst, und ihre Umsetzung gilt für die gesamte Schulgemeinschaft, also für Eltern, Schüler und Lehrer gleichermaßen. Das ist der Unterschied zu den Erziehungsvorgaben deutscher Lehrpläne und ihrer »Umsetzung«, die im Schulalltag verloren geht.

Wie so eine Vision aussehen kann, und wie mit einem daraus abgeleiteten Erziehungskonzept im Schulalltag gearbeitet wird, möchte ich anhand von drei Beispielen erklären: mit dem »Positive Education«-Modell der Glamorgan Geelong Grammar School in Corio, Australien[268], mit der Mission der Munich International School und mit der Bedeutung von »Can't won't help« (sinngemäß: Geht nicht/Kann ich nicht bringt dich nicht weiter) der United-World-Schulen.

Die Glamorgan Geelong Grammar School in Australien

Die Glamorgan Geelong Grammar School und die Internationale Schule verfolgen dasselbe Ziel: die ganzheitliche Erziehung der Kinder und somit eine vielfältige und mehrdimensionale Ausrichtung der Lehr- und Lerninhalte. Diese beinhalten auch die Persönlichkeitsentwicklung jedes einzelnen Schülers. Die Glamorgan-Schulgemeinde betont, dass sie jeden Schüler als ein Individuum mit einzigartigen Fähigkeiten anerkennt, der Bildung und Erziehung erfahren soll, dessen Talente gefördert und dessen Bedürfnisse erfüllt werden. Sie sehen sich verantwortlich gegenüber jedem in der Schule, wenn Entscheidungen darüber getroffen werden, wie man sich verhalten soll. Und sie gehen davon aus, dass Rechte auch immer von Verantwortung mitgetragen werden.

Diese Mission setzen sie mithilfe des »Positive Education«-Modells um. Die Kinder sollen »sich gut fühlen und Gutes tun«. Sie sollen soziale Kompetenz erlangen auf der Basis von Respekt und Liebenswürdigkeit, sie sollen positive Emotionen erfahren, wie Freude, Dankbarkeit und Zufriedenheit, sie sollen lernen, was ein gesundes Leben ausmacht, sie sollen sich positiv engagieren, indem sie ihre Interessen und Leidenschaften entdecken können, sie sollen positive Ergebnisse erzielen und lernen, Herausforderungen anzunehmen, sei es akademisch oder auf menschlicher Ebene und zum Wohle aller.

Daraus resultiert ein genaues und sehr pragmatisch ausgerichtetes Programm für Schüler, Eltern und Lehrer, das erklärt und beschreibt, was vom Einzelnen verlangt und erwartet wird. Dazu gehört beispielsweise das »Problemlösungsjahr«, in dem Schüler ihre persönliche Resilienz kennenlernen. Es gibt deutsche Internate, die sich an diesem Ansatz orientieren und/oder Teile davon in ihr Programm aufgenommen haben (beispielsweise das Duke-Programm an der Internatsschule Salem).

Die Fähigkeit, Krisen durch eigene Ressourcen zu meistern und daran zu wachsen, wird an der Glamorgan Geelong Grammar School durch das Laufen eines Marathons im Anschluss an ein Jahr in der Natur und Wildnis gelehrt, das alle Schüler in der zehnten Klasse absolvieren müssen. Dieses Jahr verbringen die Schüler in einem von vier Ausbildungszentren. Dort müssen sie beispielsweise Holz hacken, um Wasser kochen zu können. Die Schüler lernen, wie ihre Einstellungen zu Schwierigkeiten – und nicht die Schwierigkeiten selbst – zu bestimmten Gefühlen führen, denn Gefühle folgen nicht unbedingt aus äußeren Ereignissen, sondern aus dem, was man über diese Ereignisse denkt. Die Schüler lernen, ihren Analyse- und Problemlösungsprozess durch flexibleres und genaueres Denken zu verlangsamen. »Schließlich lernen die Schüler Resilienz im Augenblick, die ihnen hilft, mit den schnell aufflammenden Schwierigkeiten umzugehen«, denen Teenager so oft begegnen.[269]

Auch in Neuseeland unterrichten viele Schulen »Education outside the Classroom«. Dort absolvieren Schüler im Jahr vor ihrem Schulabschluss ein 48-stündiges Outdoortraining, während dessen sie die Zeit allein im Wald verbringen, ausgerüstet mit einer Trillerpfeife für den Notfall, mit Essen, Trinken und Schlafsack, aber ohne Handy, Bücher oder Musik. Nur ein Notizbuch bekommen sie mit und Fragen, die sie beantworten sollen: »Wem möchtest du danken?«, »Wo möchtest du in einem Jahr sein?« oder »Was hat dich geprägt?«[270]. Die Tatsache, dass sie in dieser Zeit allein mit sich waren, hat sie für ihr Leben gewappnet, denn wann immer sie Angst vor etwas haben, können sie sagen: Wenn ich 48 Stunden allein im Wald verbringen und aushalten kann, dann schaffe ich alles andere auch!

Doch australische oder neuseeländische Kinder praktizieren nicht nur eine für unseren Kulturkreis wohl extreme Form des »Erwachsenwerdens«. Sie sind eingebettet in ein sehr konkretes und detailliertes Regelwerk, in dem die für alle geltenden Rechte und Verantwortlichkeiten, Schulregeln und Konsequenzen, im Speziellen der Klassenzimmer- und der Schulhof-Management-Plan festgelegt und eben auch umgesetzt werden. Gerade letztere Pläne vermisse ich sehr an deutschen Schulen, wenn immer wieder von Vorkommnissen während der Schulstunden oder während der Pause auf dem Schulhof berichtet wird.

Die in der Glamorgan Geelong Grammar School praktizierte Umsetzung eines geordneten und respektvollen Miteinanders findet ihren Ausdruck in höflichen Umgangsformen und in einem liebenswürdigen Umgangston zwischen Schülern und Lehrern. Der Umgang mit Konflikten ist geregelt und lässt keinen Spielraum für Experimente zu. Rüde oder unverschämte Verhaltensweisen von Schülern, harsche Zurechtweisungen oder überkritische bis erniedrigende Bemerkungen von Lehrern werden nicht toleriert. Auch die Eltern sind angehalten, die Schule und ihre Regeln zu respektieren.

Haben Sie vergleichsweise einmal unsere Lehrpläne gelesen? Da stehen auch viele schöne Dinge drin, nur werden sie offensichtlich im schulischen Alltag nicht umgesetzt. Oft höre ich von Erniedrigungen durch Lehrer, die bei ihren Schülern Angst und Unsicherheit schüren, von »Lieblingskindern«, die sich bei Lehrern alles erlauben dürfen und andere Schüler terrorisieren, von schüchternen Kindern, die zu Opfern werden, von Schulleitern, die sich wegducken, wenn es um Konflikte geht. Es gibt aber auch Schulklassen, die Lehrer mobben und in die Depression treiben. Um den Bildungsforscher Andreas Schleicher zu zitieren: »Es geht hier nicht um Fachwissen, sondern darum, die Herzen zu öffnen«, damit wir »die Folgen unseres Handelns mit Verantwortungsbewusstsein und intellektueller Reife bedenken«.[271]

Die Internationalen Schulen weltweit

In diesem Sinne und ähnlich wie in der australischen Schule wirkt das Erziehungskonzept im System Internationale Schule, wo jeder, der den Campus besucht, diese zuvorkommende, freundliche und positive Atmosphäre erleben und spüren wird.

In diesem Zusammenhang möchte ich von einem Jungen berichten, der an die Internationale Schule kam und handgreiflich wurde. Er bekam eine Erziehungsmatrix, in der jede Stunde eingetragen wurde, wie er sich benommen hatte. War es gut, wurde er vor allen gelobt, war es schlecht, bekam er auch diese Rückmeldung sofort, musste sich entschuldigen, den Schaden wieder gutmachen oder irgendeine andere gute Tat ausführen. Er verstand, dass er, wenn er nicht aufhörte, andere zu drangsalieren und zu mobben, die Schule verlassen müsste. Und auch Eltern, die sich nicht an die Regeln halten, müssen vor den Schultoren auf ihre Kinder warten.

Doch es geht nicht nur um Erziehung zu einem sozialen Miteinander, zu Toleranz und Hilfsbereitschaft. Es ist ein ganzer Werte-Kanon, den die Munich International School, stellvertretend für alle Internationalen Schulen weltweit, unter ihrer Mission »Erziehung/Bildung – Herausforderung – Inspiration« formuliert und umsetzt.

Ihre Schüler sollen
- akademisch erfolgreich lebenslang lernen,
- kreativ und innovativ denken,
- ethische, global ausgerichtete Beiträge leisten und
- gesunde und ausgewogene Persönlichkeiten werden.

Die Schüler sollen sich entwickeln und auf positive Weise Einfluss nehmen in einer komplexen und sich verändernden Welt. Das International-Baccalaureate-Lernprofil verweist dabei auf zehn konkrete Werte für alle Mitglieder der IB-Gemeinschaft:

- Neugierde, Unabhängigkeit und die Lust am lebenslangen Lernen
- Interdisziplinäres Wissen und grundlegendes Verständnis für Zusammenhänge
- Kritisches und kreatives Denken für komplexe Problemlösungen und ethische Entscheidungen
- Selbstbewusste Kommunikation in mehr als einer Sprache auf unterschiedliche Weise und in Zusammenarbeit mit anderen
- Ehrlichkeit, Integrität, Fairness, Gerechtigkeit, Respekt und die Übernahme von Verantwortung
- Verständnis für die eigene und für fremde Kulturen, Urteile anhand mehrerer Perspektiven und Erfahrungen
- Fürsorge, Zuneigung und Respekt für andere und die persönliche Bereitschaft zu Hilfe und Unterstützung
- Mut, Umsicht, Unabhängigkeit in unsicheren Zeiten, Einstehen für Werte und Ansichten
- Intellektuelles, physisches und emotionales Gleichgewicht
- Einsicht und Selbstreflexion für eine bestmögliche Weiterentwicklung

Die wenigsten von uns kennen eine deutsche öffentliche Schule, die sich in solch einem ganzheitlichen Schulkosmos bewegt, der zudem für alle Beteiligten gilt und vor allem – wichtig – auch gelebt wird. Zurückzuführen ist das laut Thomas Sattelberger auf unsere Lehreraus- und -weiterbildung für einen Schulunterricht, der nicht das experimentelle Lernen in einem Kreativitätslabor fördert, sondern eine Effizienzmaschine ist.[272]

Es liegt an unseren formalisierten Bildungssystemen, die, entgegen dem pädagogischen Kernauftrag der Schule, Erfahrungsräume nicht bieten, in denen, wie Magret Rasfeld und Stephan Breidenbach es formulieren, »Lernen durch Handeln« und die »Übernahme von Verantwortung in Ernst- und Echtsituationen den Gemeinsinn stiftende Erfahrungen fördern«. Auch die »gesellschaftliche Partizipation von Kindern und

Jugendlichen ist, obwohl ein wichtiges Handlungsfeld, in dem sich die Einstellungen junger Menschen zur Politik und Demokratie prägen, in unserem Land noch wenig ausgeprägt«.[273] Dadurch erleben wir, dass der Bildungs- und Erziehungsauftrag, wie er durchaus in den jeweiligen Schulgesetzen der Länder festgelegt ist, schlichtweg nicht umgesetzt wird und die Engagement-Potenziale der Kinder entsprechend nicht ausgeschöpft und entwickelt werden.

In einem Zeit-Online-Artikel über den Erfolg estnischer Bildungspolitik las ich: »Es geht nicht darum, wie gut die Schüler sich den Stoff angeeignet haben, sondern, wie gut sie ihr Wissen praktisch anwenden können.«[274] Da wurde mir klar, wie sehr dieses Prinzip auch die Internationalen Schulen trägt, und wie wenig unsere staatlichen Schulen uns für das belohnen, was wir mit dem, was wir wissen, tun können, wie Andreas Schleicher, der Bildungsdirektor der OECD, erklärt.

Der Lehrplan, die Pädagogik und die Zukunftsstrategie der Internationalen Schule hingegen werden vom Prinzip der Ganzheitlichkeit getragen. Und das bedeutet eben nicht nur, dass Schule Wissen vermittelt, sondern aufzeigt, wie breit angelegt die Lernprofile der Junior, Middle und Senior School sind im Vergleich zur deutschen Haupt-, Mittel- und Oberschule, und wie stark die Ausrichtung auf die Lebenstüchtigkeit und die Fähigkeit der Schüler ist, sich weiterzuentwickeln, damit sie lernen, ihre kognitiven, sozialen und emotionalen Ressourcen zu mobilisieren, die sie brauchen, um auf positive Weise in einer komplexen und sich stetig verändernden Welt Einfluss zu nehmen.

Und wie äußert sich diese ganzheitliche Ausrichtung der Schulbildung und -erziehung im Schulalltag? Die Kinder sind glückliche Schulkinder! Und das ist, was sich alle befragten Eltern am meisten wünschen. Die Kinder erleben mehr Unterstützung, mehr Struktur, mehr Erziehung und mehr Individualität. Stärkere Kinder profitieren von unterschiedlichen Leistungsstufen, schwächere Kinder von Fördermaßnahmen, alle Kinder erleben positiven Wettbewerb und lernen soziale Verantwortung. Die Schüler profitieren von vielseitigen Projekt- und Teamarbeiten und erweitern ihren Horizont durch fächerübergreifendes Lernen, um daraus innovative Rückschlüsse und Lösungen zu generieren. Sie lernen Empathie, Toleranz und Gemeinsinn und erfahren Bindung und Motivation, wenn positive, freundliche Lehrer für Schüler jederzeit erreichbar sind. Schulklassen werden jedes Jahr neu zusammengestellt, eben weil sich Kinder weiterentwickeln und ihre soziale Kompetenz erfahren und entwickeln sollen. Somit hat die Internationale Schule meines Erachtens eine echte Vorbildfunktion dafür, wie es gelingen kann, dass eine Schule auch ein Ort für Freude und Freunde ist – basierend auf Werten, die alle Beteiligten zusammen teilen und tragen.

Die United-World-Schulen weltweit

Zuletzt seien die internationalen United World Colleges erwähnt, die ebenfalls die Erfahrung des »Könnens« hochhalten. Die UWCs heißen zwar Colleges, sind aber 17 von Kurt Hahn gegründete IB(International Baccalaureate)-Internate auf vier Kontinenten, die ihre Schüler aus 80 bis 90 Nationen nicht nur nach akademischer Leistung, sondern auch nach sozialem Engagement, Persönlichkeit und Reife auswählen, unabhängig von ihren jeweiligen finanziellen Mitteln.

Mir wurde gesagt, dass für jedes Kind, das die Internatsgebühr bezahlt, ein Stipendiat aufgenommen werden kann. Die internationalen Schüler sollen ihre intellektuelle Neugier und Motivation entdecken, sie sollen sich aktiv einbringen, ihre soziale Kompetenz optimieren, Resilienz, persönliche Verantwortung und Integrität erleben und Leidenschaft und Begeisterung entwickeln. Sie erfahren Herausforderung, Wettbewerb und Diversität und haben dabei beste Chancen, in die besten Universitäten weltweit aufgenommen zu werden – oft wieder mittels eines Stipendiums, das sie sich erarbeitet haben.

Für die UWCs ist nicht das Abschlusszeugnis das Wertvollste an Bildung und Erziehung, sondern »das Wissen, dass man etwas kann«. Dass man Träume realisieren kann, dass man Lösungen finden kann, indem wir uns verbinden, zu etwas verpflichten und uns darauf konzentrieren. Schule kann nicht alle Antworten geben, aber sie vermittelt die Fähigkeiten und das Selbstvertrauen, die Antworten zu suchen und zu finden. Schule ist nicht nur Vorbereitung auf die Universität, sondern auf das Leben, indem Kinder Resilienz aufbauen, weil sie erfahren, wie es ist, zu gewinnen und zu verlieren. Die UWC-Schüler sollen lernen zu verstehen, dass die Zukunft ihr Platz ist, dass ein »Kann nicht« mehr Herausforderung als Hürde ist, die sie auf dem Weg zum »Könnte sein« überwinden. Wie sie das tun sollen, erklären fünf Richtlinien:

- klein anfangen: ohne Furcht, mit Geduld und Durchhaltevermögen
- zuhören: Horizont erweitern und Perspektiven überprüfen, erfahren, was wichtig ist und was fehlt
- lernen: von anderen, die schon Erfahrung haben, wie, was, warum funktioniert oder eben auch nicht
- sich engagieren: handeln, nicht zögern und zaudern, klein anfangen, Erfahrungen sammeln, Beziehungen und Kontakte aufbauen
- können: Erfahrung, Gemeinschaft und Bildung sind die Werkzeuge des Wandels und der Veränderung. Umgib dich mit Menschen, die dich unterstützen. Höre auf Menschen, die dich führen können. Hilf Menschen, die dich brauchen. »That way, the next time someone points out a reason that you ›can't‹, you can point to times that you ›did‹.«

Die Art und Weise, wie an der Pearson UWC Canada wirtschaftliche Zusammenhänge gelehrt werden, zeigt uns, wie die

UWC-Philosophie des Erfahrens und des Könnens im Unterricht umgesetzt wird. Anstatt die Definitionen im Buch der Reihe nach zu lernen, ist ein Experiment die Basis der Erfahrung von wirtschaftlichen Entscheidungen, ihren Zusammenhängen und Konsequenzen. Eine Schachtel mit Donuts steht auf einem Tisch in der Klasse. Unter gegebenen Umständen und innerhalb von fünf Minuten sollen alle Schüler gemeinsam die Donuts so verteilen, dass jeder im Klassenzimmer zufrieden ist. Dann sollen die Schüler die Problematik in ihrer Sprache definieren, ihre Werte hinterfragen, ihre diversen Hintergründe und Paradigmen zur Anwendung bringen. Anschließend wird verglichen und diskutiert.

In dieselbe Kerbe schlägt auch Frank Thelen, Seriengründer und Tech-Investor, der propagiert, dass Schulen nicht NUR anhand der »Buddenbrooks« den Verfall einer Unternehmerfamilie im 19. Jahrhundert darstellen sollen, sondern dass auch die Entstehungsgeschichten der erfolgreichsten Unternehmen unserer Zeit vermittelt werden, damit die Schüler verstehen, »wie Unternehmertum im Detail funktioniert«. Zudem sollen sie Verständnis dafür entwickeln, wie exponentiell sich unsere Technologie entwickelt, damit sie den Mut haben werden, die dadurch entstehenden Chancen zu nutzen.[275]

Unsere Normen wiegen schwer

Welche Herausforderung die Gedankenwelt einer Internationalen Schule und ihre Umsetzung im Schulalltag für deutsche Eltern bedeuten, veranschaulicht das Thema Schuluniform. In sehr vielen Ländern ist es üblich, Schulkleidung zu tragen. Die Frage, ob Schuluniformen auch an Internationalen Schulen in Deutschland eingeführt werden, endet meist mit einem wütenden Kampf dagegen vonseiten der deutschen Eltern.

Internationale Eltern sehen in der Schuluniform primär ein Zeichen von Zugehörigkeit, eine Form der Anerkennung des schulischen Einflusses, der Regeln und Verhaltensweisen. Für sie bedeutet Schule eben auch eine Institution zur Erziehung und Konzentration auf das Wesentliche. Eine Form der Disziplin und der Enthaltsamkeit von modischen Extravaganzen. Schule strahlt Identität aus und sorgt zudem für ein besseres soziales Klima, weil Mode auch Zugehörigkeit, finanziellen Hintergrund und soziale Unterschiede signalisiert.

Deutsche Eltern hingegen haben ein Problem mit dem Wort Uniform, sie sprechen zudem vom Verlust der Selbstbestimmung, von der Einschränkung persönlicher Grundrechte und vom Recht der individuellen Abgrenzung zu anderen. Sie fühlen sich an die identitätsbildenden Maßnahmen in der ehemaligen DDR erinnert, ganz zu schweigen von früherer Historie. Aber hat man nicht nach der Schule genug Zeit, sich seinen modischen Vorstellungen hinzugeben? Einerseits beklagen die Eltern die mangelnde Unterstützung ihrer Kinder durch die Schulen, andererseits verbitten sie sich die Einmischung in ihre Erziehung und verweigern die Anerkennung der Autorität der Schule. Einzig das Argument, dass Kinder in Schulkleidung bei uns zu stark auffallen und deshalb in Schwierigkeiten geraten können, finde ich der Rede wert. Schade, dass es immer noch so ist, denn Schulkleidung trägt zur Chancengleichheit bei.

Ein anderes Eltern-Phänomen an der Internationalen Schule ist, dass sich deutsche Eltern bereits nach kurzer Zeit auf ihre eigene Schulzeit und die damit verbundenen Inhalte besinnen. Plötzlich glorifizieren sie Altgriechisch und kritisieren, dass es keinen Lateinunterricht gibt oder dass der Religionsunterricht vernachlässigt wird. Sie bedauern, dass der Geschichts-, Erd- und Sozialkundeunterricht andere Prioritäten setzt. Letztendlich wünschen sie sich eine deutsche Schule, die ihre Lerninhalte auf Englisch lehrt.

Doch ein internationales Kind an einer deutschen Internationalen Schule lernt bereits seine Muttersprache(n) und Englisch, dazu noch Deutsch und eventuell noch eine weitere Sprache als Fremdsprache. Der Religionsunterricht wird im Schulbetrieb bewusst vernachlässigt, weil hier so viele Nationalitäten und Religionen aufeinandertreffen. Stattdessen wird Ethik im Schulfach »Theory of Knowledge« gelehrt, und nach der Schule werden unterschiedliche Religionsgruppen angeboten. Differenzierter, innovativer und wettbewerbsorientierter sind Mathematik und Naturwissenschaften.

Die beiden Beispiele zeigen, wie groß die Kulturunterschiede sind, die oftmals überwunden werden müssen, wenn sich Schule ändern soll. Auch wenn man mit vielem unzufrieden ist, braucht es Reflexion und die bewusste Akzeptanz und Entscheidung für ein anderes System, weil jede Änderung existierende Erfahrungen und gültige Werte infrage stellen kann. Wandel wird bei uns als unangenehm empfunden, zumindest fallen Veränderungen sehr schwer. Die Verantwortlichen müssen sich mit Werten, Herangehensweisen oder Vorstellungen auseinandersetzen, die nicht erkennbar deutsch sind, und die ihnen gleichzeitig vor Augen führen, wie weit weg sie von Wandel und Zukunft sind.

14. Lehrer im Mittelpunkt

Lehrer sind immens wichtig. Wichtiger als was, und warum? Viele Eltern klagen, gute Lehrer seien selten. Warum? Und was machen die guten besser als andere?

Gute Lehrer können einen Lernvorsprung erzielen, manchmal von bis zu einem Jahr.[276] Sie können auch großen Einfluss auf ihre Schüler haben, manchmal sogar ein ganzes Leben prägen. Wie groß dieser Einfluss sein kann, konnte mir eine ehemalige Lehrerin anhand eines Experiments berichten, das sie in einer ihrer Klassen gemeinsam mit ihren Schülern abhielt. Es ging darum, dass sie als Lehrerin behauptete, dass Fischstäbchen im Meer schwimmen können. Sie forderte die Kinder auf, ihr zu glauben. Sie taten das, denn sie mochten und bewunderten ihre Lehrerin, die ihnen auf diese Weise den Unterschied zwischen Denken und Glauben erklären wollte. Sie selbst war, wie sie mir berichtete, auch viele Jahre später immer noch baff über ihren Einfluss auf ihre Schüler.

Seit John Hattie, der australische Erziehungswissenschaftler, in Deutschland durch den Schulpädagogen Professor Klaus Zierer von der Universität Augsburg bekannt geworden ist, wissen wir, dass es vor allem auf den Lehrer ankommt, warum Kinder lernen. Nicht die Größe des Klassenzimmers, nicht die Lerntechniken, nicht die Ausstattung oder die Unterstützung durch die Eltern sind so wichtig wie die Qualität des Lehrers.

Auch in Neuseeland wird der Lehrer als starke Persönlichkeit in den Mittelpunkt gestellt, der den Unterricht klar strukturiert und steuert.[277] In Ländern wie China oder Japan agiert der Lehrer nicht nur als Vorbild, er gibt auch weniger Unterrichtsstunden, um sich mehr um den Einzelnen kümmern zu können. In schwierigen Zeiten kann er besser helfen und eingreifen, weil er die Familie, die Situation zu Hause kennt und weiß, was die Kinder brauchen.[278]

Als Hattie vor elf Jahren seine Studie in seinem Buch »Visible Learning« präsentierte, schlug sie ein wie ein Meteorit aus fernen Galaxien, denn »wie genau erfolgreiche Schul- und Unterrichtsentwicklungsprozesse an Schulen in sozial herausfordernder Lage verlaufen, ist in Deutschland kaum untersucht worden«, sagt Isabell von Ackern, Professorin für Bildungssystem- und Schulentwicklungsforschung an der Universität Duisburg-Essen.[279]

Wie gut Kinder lernen, welche Fortschritte sie machen, hängt also in erster Linie von der Lehrerpersönlichkeit und ihrer Kommunikation ab. Es geht genau genommen um die direkte Ansprache, und um das Fördern und Fordern. Es geht um Empathie, um ein echtes Interesse an den Schülern, um Wohlbefinden.

Gerade in den unteren Klassen sind es weniger die fachlichen Qualitäten der Lehrer und der inhaltlich und didaktisch perfekte Unterricht, die zählen. Es geht vielmehr um die »Alleinunterhalter-Qualitäten« des Lehrers, die die Begeisterung der Schüler wecken und sie zu Engagement und Leistung ermutigen.

Es gibt Lehrer, die machen das intuitiv, wenn sie ihre Schüler mitreißen können. Wenn sie eine Stunde dazu benutzen, um Konflikte und Probleme zu besprechen, weil sie merken, dass es notwendig ist. Wenn sie erkennen, dass ein Schüler gehänselt wird, und daher eine Diskussion über die psychologischen Beweggründe von Menschen beginnen. Wenn sie ihre Klasse gleichzeitig bändigen und mit einem Projekt herausfordern können. Dann ist der Lehrer, laut IGLU- und PISA-Umfrage, so entscheidend für den Lernerfolg seiner Schüler, dass er sogar die Schwächen des Schulsystems ausgleichen kann.[280]

Gegen diese Annahme wehrt sich Josef Kraus, ehemaliger Direktor eines bayerischen Gymnasiums und Autor, der zu einem Drittel die politischen Rahmenbedingungen, zu einem Drittel die Schüler selbst und zu einem Drittel die Lehrer in der Verantwortung sieht. Für ihn kann die Lehrerausbildung viel leisten, aber das Meiste ist dann doch auch für ihn in der Lehrer-Persönlichkeit festgelegt.[281]

Diese Begabung zu Empathie und Kommunikation ist auch für Erzieher und Kita-Betreuer die herausragende Eigenschaft für ihre berufliche Eignung.

Lehrer sind Vorbilder

Es gibt vier Fragen, die man stellen kann, um einen guten Lehrer zu identifizieren: Lernen die Schüler jeden Tag viel in dieser Klasse? Benehmen sich die Schüler gewöhnlich so, wie der Lehrer es möchte? Ist die Klasse konzentriert, engagiert und verschwendet keine Zeit? Wenn man etwas nicht versteht, welche Hilfe bekommt man?[282]

Für Hattie, Zierer und Kraus kann ein guter Lehrer verständlich und spannend erklären. Er ist fachlich und didaktisch souverän, politisch neutral und kann mit seiner Begeisterung die Schüler anstecken. Er stellt die besten Fragen, dafür muss er nicht die besten Antworten geben. »Wer Wissen vermitteln will, muss es vorher einpacken, damit es ausgepackt werden kann.«[283] Demnach muss er nicht der Fachspezialist oder die Koryphäe sein, sondern der Pädagoge, »der Werte vermittelt, hohe Erwartungen an seine Schüler stellt und mit ihnen kommuniziert (…). Der gute Lehrer soll souverän genug sein, mit Kollegen zusammenzuarbeiten, sich selbst ständig infrage zu stellen und durch Feedback testen, ob die Schüler verstanden haben, was sie lernen sollen.«[284]

Ein guter Lehrer kann seinen Schülern Mut machen, ihre Talente und Neugier wecken. Er mag seine Schüler und interessiert sich für ihre Bedürfnisse. Er kann zuhören und trösten, Selbstvertrauen stärken und vor allem motivieren, weil er der Chef ist, ohne das demonstrieren zu müssen. Ein guter Lehrer soll den Alltagsbezug zur Lebenswelt der Kinder und Jugendlichen herstellen können. Er soll in der Lage sein, eine Schwäche oder einen Fehler zugeben zu können, oder auch einmal Stillschweigen über etwas bewahren können.

John Hattie konnte in seiner 2017 aktualisierten »Visible Learning«-Studie empirisch belegen, dass alle Einflussgrößen, in denen sich die personale Ebene des Unterrichts widerspiegelt – das Emotionale, das Beziehungshafte, das Dialogische –, überdurchschnittliche Wirkung auf die Lernleistung erzielen: bei geführten Klassendiskussionen, bei besonderer Unterstützung für Lernschwache, bei der Lehrer-Schüler-Beziehung oder der Klassenführung.[285]

Seine Forderung ist aus gutem Grund die Aufwertung des Lehrers – eine Forderung, die uns in Zeiten während und nach der Corona-Pandemie mehr als verständlich ist, denn wir

(Eltern) haben mittlerweile gelernt, was es heißt, im sogenannten Homeschooling den Lehrer ersetzen zu müssen. Während dieser Krise, in der unsere wilhelminisch geprägte Vorstellung von Schule versagt, gab und gibt es aber auch ganz hervorragende Lehrer-Ausnahmen, die aufgrund ihres persönlichen Engagements, ihrer Erfinderqualität und ihrer Offenheit gegenüber digitalem Unterricht als Leuchttürme bezeichnet werden. Ihnen gebührt das höchste Lob und unsere Dankbarkeit, denn sie sind unseren Kindern Vorbilder, wie man Lernen und neues Wissen anwendet, auch wenn nicht alles glattläuft. Sie nehmen die Rolle eines Coaches, eines »Aktivators« an, der seine Schüler durch die Krise führt.[286]

Leider haben uns sehr viele Lehrer in dieser schwierigen Zeit auch enttäuscht, wenn sie, wie an vielen Stellen wahrgenommen und beschrieben, ihren Bildungsauftrag vernachlässigten oder ganz vergaßen. Wenn sie lediglich »eine ausgeprägte Eigenfürsorge« zeigten.[287] Wenn die Sorge um die Schüler und deren Bildungsbiographien nicht einmal eine Erwähnung wert zu sein scheint[288] und hinter dem Ziel der Verbeamtung wohl lediglich »die eigene Versorgung im Mittelpunkt steht«.[289]

Das Recht der Kinder auf Bildung hing vom individuellen Engagement des jeweiligen Lehrers ab, weil sich manche Lehrer persönlich engagierten und nach digitalen Lösungen suchten, auch wenn sie aus Datenschutz- oder anderen Gründen von ihrer Schulleitung ausgebremst wurden, während andere wiederum nur ein Minimalprogramm fuhren und Arbeitsblätter verteilten, die sie nur sporadisch oder gar nicht korrigierten.[290]

Ein besonders unrühmliches Verhalten attestiert nicht nur Ludger Wößmann vom Münchener Ifo-Institut den Lehrerverbänden und Lehrergewerkschaften, die nur noch mehr die Opferrolle der Lehrer hervorheben, anstatt sich für ein »krisenfestes Bildungssystem«[291] stark zu machen und konstruktive Beiträge zu leisten. Fakt ist, dass man von Verbänden und

Gewerkschaften immer nur zu hören bekommt, was alles nicht geht, wie sehr die Lehrer am Limit arbeiten und daher eine »Stundenentlastung« brauchen, wie sehr sie unter dem Lehrer-Bashing leiden.

Da drängt sich schon die Frage auf, warum Lehrerverbände und Gewerkschaften keine Ideen und Vorschläge produzieren und einbringen, so wenig kreativ sind, um die Bildungspolitik mitzugestalten? Natürlich fragt man sich in diesem Zusammenhang auch, warum jemand überhaupt Lehrer werden soll, wenn alles nur eine Qual ist? Wer nur im »aparatschikhaften« Opfermodus verharrt, wird wohl kaum als »Aktivator« und Vorbild eine Task Force ins Leben rufen oder engagieren, die aktiv, lösungsorientiert und unbürokratisch eine Liste von digitalen, datenschutztauglichen Unterrichtsprogrammen und Videokonferenzsystemen zur Verfügung stellt und deren Verwendung auch vermitteln und erklären (lassen) kann. Der wird sich auch nicht proaktiv digital weiterbilden. Aber er kann in diesem Buch Lösungsvorschläge finden, die in anderen Ländern bereits umgesetzt werden, ohne auf endlose Umfragen zu warten, ohne komplizierte Bürokratiemonster entstehen zu lassen, ohne schlichtweg nur an sich zu denken. Deren Verwendung zudem auch impliziert, dass man das Rad nicht neu erfinden muss.

Wenn sich aber Politiker bis zum Jahr 2025 Zeit lassen wollen, um die Erneuerung auszurufen, de facto 45 Gymnasien in Bayern bis dato noch nicht einmal einen WLAN-Anschluss haben[292], der Schulträger den Schulantrag an die Stadtwerke vergibt und bezahlt, die wiederum eine Firma beauftragen, die nicht leistet, was aber nicht nachgeprüft wird, dann werden bald 20 Jahre vergangen sein, seit unsere Söhne ihren Laptop an der Internationalen Schule erhielten, samt allem, was man dazu wissen muss. Dann sind es 20 Jahre, die wir im öffentlichen Schulsystem im Rückstand sein werden. Jochen Koubek, Medienwissenschaftler an der Universität Bayreuth, sieht Unwissen von

Generation zu Generation weitergereicht, weil Lehrer nicht ausgebildet sind und diejenigen, die sie ausbilden sollen, erst recht nicht vorbereitet sind.[293] Das sollte eigentlich auch die reformunwilligsten Politiker und Gewerkschafter aufrütteln, deren Gehälter aus künftigen Steuereinnahmen bezahlt werden, die bekanntlich zuvor verdient werden müssen!

Doch dem ist nicht genug. Es gibt noch eine weitere traurige Entwicklung in der deutschen Schullandschaft, die es den Lehrern schwer macht, ein positives Vorbild für ihre Schüler zu sein: Das ist die Angst der Lehrer vor Kontrolle und Rechtfertigung, und wieder einmal vor der deutschen Fehlerkultur. Ausgehend »von einer Politik und Bürokratie, die sie mit Plänen und Vorgaben zumüllt«,[294] verbreitet sich die Angst vor Fehlern oder davor, als inkompetent zu gelten, »top down« von den Beamten der Kultusbehörden über die Fachleiter an den Schulen zu den Lehrern, und hat diese fest im Griff.[295]

Die Macht der alteingesessenen Ministerialbeamten, den Lehrern ihre Überlegenheit zu demonstrieren, indem sie sie bis in den letzten Winkel gängeln, und den Fachleitern ein Korrekturkorsett aufzuzwingen, vor dem sie sich fürchten, führt letztendlich zu der Strenge, mit der die Regeln, nach denen Schüler beurteilt werden, ausgelegt werden. Wenn der Lehrer Angst hat, dann sollen auch die Schüler vor den Prüfungen und vor der Notenvergabe Angst haben! Im Zweifelsfall wird der Lehrer die schlechtere Note geben, um nicht kritisiert zu werden. Individualität, Originalität und Kreativität sind dann fast Feindbilder, die Unterricht und Leistungsnachweise lediglich durcheinanderbringen.

Warum ist das so? Warum ändert sich nichts? Am besten kann uns das Andreas Schleicher erklären, Chef der PISA-Studie und OECD-Bildungsdirektor. Er kritisiert das deutsche Schulsystem scharf und fordert sehr viel mehr Selbstbestimmung für die Schulen und die Lehrer. »In Deutschland ist der Schulbetrieb wie eine Fabrikhalle organisiert«, sagt Schleicher dem Redaktionsnetzwerk Deutschland. »Die Lehrer werden viel zu oft wie Fließbandarbeiter behandelt, deren Meinung nicht gefragt ist.« In anderen Ländern, wie den Niederlanden oder Belgien, haben Schulen viel mehr »Manövrierraum« dank einer Entbürokratisierung. »Schulen, die die Krise jetzt allein und flexibel bewältigen, werden hinterher zu ihrem Schulamt gehen, Anordnungen infrage stellen und sagen: ›Warte mal, wir können das auch anders.‹«[296]

Wenn Lehrersein vorrangig darin besteht, Aufgaben zu verteilen, Lösungen einzusammeln und nach Schablone zu korrigieren, wie kann der Lehrer dann Begeisterung vermitteln, die besten Fragen stellen, auf die individuellen Bedürfnisse seiner Schüler eingehen und ein Vorbild für Mut und Neugier sein? An anderer Stelle, in Berlin, belohnt die Schulinspektion die Lehrer mit guten Noten, die schülerzentrierte Unterrichtsmethoden wie das »selbstgesteuerte Lernen« bevorzugen. Dabei kommt es ihnen nicht darauf an, wie fesselnd und spannend der Unterrichtsgegenstand vermittelt wird, wie viel Anregung er bietet, sondern lediglich darauf, wie oft die Unterrichtsmethode innerhalb einer Unterrichtsstunde mechanisch gewechselt wird.[297]

Die Politik hofiert die Bildungsforscher und ignoriert die Lehrervertreter. Vielleicht, weil sie immer im Opfermodus verharren und keine Beiträge zur Gestaltung der Zukunft leisten? Doch »ohne die Mitarbeit und die Ideen der Lehrer und ihrer Vertreter, ohne ihr Innovationspotenzial lassen sich die aktuellen Herausforderungen nicht meistern (…). Da wären Vorschläge von Lehrervertretern durchaus willkommen.«[298]

Lehrer lernen lebenslang

Klaus Zierer spricht von Haltungsarbeit, wenn er Erziehungsbegriffe und Menschenbilder vorstellt, wenn er eine dialogische Erziehung propagiert und die Schulpädagogik als Flaschenhals der Lehrerbildung beschreibt. Nach seiner Meinung kann sich nur an Digitalisierung und Inklusion wagen, wer eben diese innere Haltung dazu hat. Aber was geschieht in der Realität, bei der Lehreraus- und Lehrerweiterbildung, im Schulalltag, wo diese Qualitätsmerkmale bei Lehrern dem Anschein nach so dünn gesät sind?

Viele Artikel habe ich gelesen, über die Probleme der Lehrer, über den Langzeitkrankenstand, über die Überforderung und Desillusionierung, die oftmals bereits während des ersten Lehramtsjahrs eintritt. Da kann man unter anderem lesen:»Auf welche Weise willst du scheitern? Frisch von der Uni – und schon fertig mit den Nerven«.[299] Und man lernt: Das Dilemma der Lehrer in Deutschland ist leider sehr vielschichtig.

Die Kinder sollen laut Lehrplänen zu selbstständigen und selbstbewussten Persönlichkeiten erzogen werden, mit kind- und altersgerechten Lehrmethoden, die in vielen Universitäten oftmals nur theoretisch und sehr unterschiedlich abgehandelt werden. Es werden harte Eingangsprüfungen beklagt, die am Bedarf vorbei prüfen, auch das Fehlen der frühzeitigen Einführung in die Praxis, die zu Anfang mangelnde Begleitung und sofortige Beurteilung, und es wird die für einen Anfänger zu hohe Stundenzahl hervorgehoben. Weder ist der Vorbereitungsdienst im Referendariat einheitlich lang noch gibt es einheitliche Vorgaben für die Nachqualifikation von den so dringend benötigten Quer- und Seiteneinsteigern.[300]

Auch die Tatsache, dass den Lehrenden oftmals die Schulerfahrung aus erster Hand fehlt, gilt als großes Ausbildungsdefizit. Des Weiteren besteht der Schulalltag aus (zu) großen Klassen mit Kindern aus schwierigen Verhältnissen, Kindern, die sich nicht konzentrieren können, Kindern, die sprachliche Defizite haben, Kindern, die zu Hause nicht erzogen werden. In ihrer Ausbildung sollen angehende Lehrer idealerweise lernen,»eine Haltung« einzunehmen, infolgedessen hohe Ansprüche an sich stellen, um dann aber im Schulalltag auf die geballten sozialen Probleme einer mittlerweile sehr heterogenen, sehr anspruchsvollen, sehr schwierigen Schülerklientel zu treffen. Laut dem Bildungsjournalist Anant Agarwala ist in jeder Stunde zu spüren, wie es die Lehrer zerreibt, weil sie nie auch nur ansatzweise den Bedürfnissen ihrer Schüler nachkommen können.[301]

Das ist gesellschaftliche Realität, doch darauf werden Lehrer offensichtlich nicht vorbereitet. Sie sind diagnostisch und methodisch nicht ausgebildet, um mit der Unterschiedlichkeit ihrer Schüler umgehen, geschweige denn begabte und leistungsfähige Schüler identifizieren zu können. Sie lernen psychologisch und pädagogisch nicht, wie sie die intellektuellen, musischen, sportlichen, künstlerischen und sozialen Potenziale ihrer Schüler entdecken und fördern können.[302]

Ich weiß von einer jungen Lehramtsstudentin, dass das Thema Wahrnehmung als kognitive Fähigkeit nicht Teil ihrer Lehrerausbildung ist. Alle Informationen zum Thema Konzentration und Koordination in der kindlichen Entwicklung musste sie sich privat aneignen. Erst seit Kurzem, ab dem 1. Dezember 2019, fördert die »Qualitätsoffensive Lehrerbildung« von Bund und Ländern innovative Projekte an Universitäten mit Lehramtsprüfung. In Bayern werden sich fortan die ausbildenden Universitäten mit Internationalisierung, Inklusion, Ethik, Medienbildung, Digitalisierung und nachhaltiger Entwicklung auseinandersetzen. Da fragt man sich, wie und vor allem was die Schulpädagogik bisher unterrichtet hat.

Auch in den Kitas mangelt es an verbindlicher psychologischer Aus- und Weiterbildung. Auch hier spricht man in den Erziehungsplänen vom »kompetenten« Kind, das selbstbestimmt und angstfrei lernen soll. Doch die Wirklichkeit sieht oft anders aus. Kinder werden in (zu) großen Gruppen als »defizitär« behandelt und sollen mittels »Gleichschaltung« und »Druck« funktionieren. Daher gibt es Erzieher, die fordern, dass eine Psychotherapie, ein Aufarbeiten der eigenen Verletzungen, Teil der Aus- und Weiterbildung sein sollte.[303]

90 Prozent der Eltern würden sich eine bundesweit einheitliche Lehrerausbildung wünschen, wie die Umfrage des Ifo-Zentrums für Bildungsökonomie ergeben hat[304], doch auch die gibt es nicht. Der ehemalige Berliner Staatssekretär Mark Rackles bezeichnet die gegenwärtige Lehrerausbildung als ein »relativ ungesteuertes System von fast 5000 Studiengängen an über hundert Hochschulen«, in dem die Anzahl der Studienplätze, und nicht der Absolventenzahlen, den Lehrerbedarf decken soll. Dieser Mangel an Lehrern ist hausgemacht, da er das Ergebnis von falschen Prognosen der Kultusministerkonferenz ist. Der Bedarf wird regelmäßig unterschätzt, das Angebot überschätzt[305], die Länder stimmen sich nicht ab, und die Abbrecherquote steigt von Jahr zu Jahr. Die Gründe hierfür werden dem Ausbildungssystem angelastet[306], denn die Lehrerausbildung unterscheidet sich von Universität zu Universität darin, wie sie Stellung bezieht zu einer gesamtgesellschaftlichen Bildungsvision: Was ist der Dienst am Kind? Was ist gute Bildung? Wie geht gute Schule, deren kreative und innovative Konzepte unsere Kinder in die Zukunft führen und dabei helfen, echte Lernerfolge zu erzielen?

Besonders betroffen sind davon die Grundschulen, dann die Mittel-, Berufs- und Sonderschulen. Daher fordert Mark Rackles, dass der Lehrerbedarf länderübergreifend und verbindlich zur Eigenbedarfsdeckung geplant wird, dass die Lehrerbildung strukturell verändert wird, indem länderübergreifende »Schools of Education« die notwendigen Anpassungen und Verbesserungen einführen und umsetzen, damit nicht mehr »zu wenige Lehrer und dazu noch die falschen an Fächern und Schularten vorbei ausgebildet werden«.[307]

Die Präsidentin des Bayerischen Lehrerverbands Simone Fleischmann fordert »eine integrierte Lehrerausbildung, die uns künftig professionell qualifizierte Lehrpersonen bringt, die wirklich in jeder Schulform einsetzbar sind«, indem wir das Personalrecht für Schulen aus dem 20. Jahrhundert reformieren.[308] Und Sigrid Wagner, Lehrerin und Autorin von »Das Problem sind die Lehrer. Eine Bilanz«, empfiehlt, dass die Lehrerausbildung erst einmal darauf abzielt, den Lehramtsstudenten von Anfang an erfahrbar zu machen, ob sie für die Anforderungen überhaupt geeignet sind oder nicht.[309]

Ihre Bereitschaft, »ihre Kraft, ihr Wissen und ihren Optimismus in den Dienst der Kinder zu stellen«, sollte sich dann auch in der Art und Weise widerspiegeln, wie sich Aspiranten und Lehrer weiterbilden. Doch selbst wenn unsere Lehrer ihre Weiterbildung vorantreiben, sieht es bei uns nicht rosig aus. Unsere Lehrer müssen ihre Weiterbildungskurse entweder in ihrer Freizeit absolvieren oder sie müssen sich freistellen lassen, denn sie besuchen dafür externe Veranstaltungen oder Vorträge. Ob sie sich überhaupt weiterbilden, wird in den wenigsten Fällen nachgeprüft. Zudem ist Weiterbildung in Zeiten des Lehrermangels nicht gerne gesehen beziehungsweise kaum möglich, wenn bereits zu viele Stunden ausfallen.

In Neuseeland hingegen ist Fortbildung verbindlich und qualitativ geprüft. Die Weiterbilder kommen NACH dem (Ganztags-)Unterricht an die Schulen, sie geben Modellunterrichtsstunden und können auf die individuellen Probleme und Fragen der Lehrer eingehen. Zudem können neuseeländische Lehrer nur dann ihre Lehrerlaubnis alle drei Jahre verlängern, wenn sie den Nachweis erbringen, dass sie an Fortbildungen teilgenommen haben. »Lebenslanges Lernen« ist dort nicht nur ein Lippenbekenntnis, sondern Tatbestand. In anderen europäischen Ländern »opfern« Lehrer aus gutem Grund ihre Freizeit, so, wie es Angestellte tun, die Wochenendseminare oder Abendkurse besuchen. Nicht immer werden diese vom Arbeitgeber bezahlt.

Schulleiter managen und führen

Auch die Aus- und Weiterbildung von Schulleitern gilt es zu stärken. Sie managen den Schulbetrieb im Alltag, mit allen finanziellen und rechtlichen Pflichten, und noch wichtiger, sie führen ihr Kollegium, indem sie Orientierung geben, Strategien entwickeln, kommunizieren und umsetzen, Verantwortung übertragen. Sie kennen am besten ihr Kollegium, ihre Schüler und die Herausforderungen vor Ort. Sollten sie dann nicht auch eigenverantwortlich den Lernort Schule neu denken, eine Innovationskultur schaffen dürfen und die Transformation ihrer Schule meistern?[310]

Schulleiter stehen in einer streng hierarchischen und bürokratischen Abhängigkeit von Schulträgern, Landesinstituten und Kultusministerien, die die Entscheidungen treffen, auf die sie warten müssen. Ich könnte mir vorstellen, dass Schulleiter effizienter, nachhaltiger und auch innovativer führen könnten, hätten sie mehr Handlungsspielräume und mehr Freiheiten. Das unterscheidet Manager nicht so sehr von Schulleitern. Beide brauchen »offene, transparente und partizipative Lösungsentwicklungen«.[311]

Die Bildungsforscher Marcus Pietsch und Pierre Tulowitzki haben anhand zahlreicher Studien nachgewiesen, dass es vor allem die Schulleitung ist, die maßgeblichen Einfluss darauf hat, wie Lehrer ihren Unterricht gestalten und wie erfolgreich die Schüler der Schule lernen. »Die Qualifikation und Fortbildung von Schulleitungen ist eine der wirksamsten und gleichzeitig kostengünstigsten Möglichkeiten, um den Lernerfolg von Schülerinnen und Schülern systemweit nachhaltig zu verbessern.«[312]

Es geht darum, wie fundiert sie den Unterricht der Lehrer einschätzen können, ob sie weiterführende Rückmeldungen hinsichtlich Qualität und Pädagogik geben können, wie sie die professionelle Kompetenz der Lehrer vorantreiben und unterstützen, welche Verantwortung sie ihren Fachleitern übertragen.

Gute Schulleiter haben eine Vision, wohin sie ihre Schüler bringen wollen. Sie sehen nicht nur die Noten der Schüler, sie wollen, dass sie denken lernen, Probleme lösen, die sie nie zuvor gesehen haben. Und sie schaffen eine Atmosphäre, die nur aus einer Kultur der Entwicklung und der fortwährenden Veränderung entstehen kann. Doch »great vision without great people is irrelevant«.[313]

In Deutschland gibt es keine landesweit verbindlichen Standards für die Qualifizierung von Schulleitern. In der Mehrzahl der Bundesländer gibt es eine verpflichtende Qualifizierung, die sich allerdings nach Art und Dauer stark unterscheidet, und es gibt Schulmanagement-Studiengänge, die wiederum, wie mir eine Schuldirektorin versichert hat, nicht ausreichen sollen, um eine Schulleiterposition ausüben zu dürfen. Wen wundert es, wenn Schulleiter Mangelware sind, zumal sie die eierlegende Wollmilchsau im Schulbetrieb sind. Ihre Verantwortung, ihr Arbeitspensum sind enorm, ihr Gehalt überschaubar, besonders in den Grundschulen, die für eine frühe Förderung so wichtig sind. Warum spielt das bei der Mittelallokation keine Rolle?[314] Da fällt mir nur noch ein: I am still confused, but on a much higher level.

Lehrer im Team und im Netzwerk

Wenn es um Strukturen in Schulen geht, dann hat sich bekanntlich nicht viel verändert. Dem Lehrer wird das Arbeiten zunächst einmal erschwert, weil der Kopierer nicht funktioniert, das WLAN nicht existiert, digitale Hardware, Software und Kompetenz nicht vorhanden sind. Zudem herrscht Lehrermangel, und die zu wenigen Lehrer agieren zumeist als Einzelkämpfer. Abhilfe würde zweifelsohne eine Professionalisierung in der Lehrerbildung schaffen, durch die systematische und effiziente Umsetzung der angestrebten Modernisierung der Schulen durch den Digitalpakt, und das so schnell wie möglich.

Zum anderen, und ebenso wichtig, würde die künftig zahlenmäßig richtige Planung des Lehrerbedarfs durch die Kultusministerien der Länder die strukturelle Situation unserer Schulen stark entlasten. Der Lehrermangel an den Grund-, Haupt-, Mittel- und Förderschulen ist ein Erbe. Gymnasiallehrer, die an diesen Schulen ausgeholfen haben, werden wegen des Rück-Wechsels zu G9 wieder an den Gymnasien gebraucht. Dazu gesellt sich ein zusätzlicher Bedarf an Lehrern, die nicht im regulären Unterricht verplant sind, weil beispielsweise integriert unterrichtet werden soll.[315]

Besonders jedoch leiden mal wieder die Grundschulen. Nach einer Bertelsmann-Studie fehlen deutschlandweit bis 2025 26 000 Grundschullehrer, und das Potenzial der Quereinsteiger scheint ausgeschöpft, bislang sind sie noch »das Schmuddelkind der Lehrkräftebildung«.[316] Fehlen Lehrer und fallen Stunden aus, hat das gravierende Folgen für unsere jüngsten Schüler, denn insbesondere die Qualität und Intensität des Zahlen- und Spracherwerbs an der Grundschule kann die gesamte Bildungskarriere eines Schülers beeinflussen.[317]

Die Bildungsforscher Wößmann, Klemm und Ramseger sprechen in diesem Zusammenhang von prozentualen Einbußen des Lebenseinkommens. Manche plädieren deshalb dafür, Lehrer öfters zu versetzen, damit sie gleichmäßiger verteilt werden. Andere empfehlen, außerschulische Betreuungsangebote zu engagieren, die sich ersatzweise oder nachmittags um die Kinder kümmern sollen. Dabei kennen viele Schulleiter diese Betreuungsfirmen noch nicht einmal! Doch diese Vorschläge sind allesamt wieder weit von einem »Out of the box«-Denken entfernt!

Ganz anders dieser Vorschlag, der angesichts der langfristigen Problemlage den größten Entlastungsfaktor darstellt: Es geht um eine Kooperation und Kommunikation unter den Lehrern in Form von Austausch und Teamarbeit. Der Rückstand in Sachen Digitalisierung wirkt natürlich auch in die Lehrerstrukturen

hinein, wenn moderne Ideen im Kollegium versanden, ausgebremst werden oder eben am Lehrermangel und an der nicht
vorhandenen Ausstattung scheitern. Dabei spielt auch der Alters-
unterschied eine Rolle und die Anbahnung einer Art Genera-
tionenwechsel im Lehrerzimmer. »Denn meist fühlen sich die
jungen Kollegen als Einzelkämpfer, die in ein überaltertes, teils
resigniertes Umfeld kommen.«[318] Aus Angst kritisiert zu werden,
sitzen sie alleine hinter geschlossenen Türen.

Daher mein Appell an alle Lehrer: Raus der Komfortzone,
und »das braucht Neugierde, Zeit und Vernetzung«.[319] Ein erster
Schritt in diese Richtung ist die Akzeptanz sozialer Medien, um
sich besser zu vernetzen. Über beispielsweise Twitter[320] können
sich Lehrer bundesweit über digitale Lehrmetoden, über innovative Ideen austauschen. Sie können Gleichgesinnte finden und
sich Ratschläge holen.

An dieser Stelle möchte ich wieder die NRW-Talentschulen
als leuchtendes Beispiel heranziehen, die es ihren Lehrern
ermöglichen, in sogenannten Systemstunden eine gemeinsame
Unterrichtsplanung zu besprechen und für ihre Schüler individuelle Förderkonzepte auszuarbeiten.[321] Diese individuelle und
daher aufwendige Vorbereitungszeit für den Unterricht können
Lehrer dann leisten, wenn sie sich gegenseitig unterstützen, sich
dadurch Arbeit abnehmen und vor allem voneinander lernen
können, weil sie, wie an einer Chemnitzer Oberschule, ein über
das Lehrerkollegium weit hinausreichendes Mitarbeiternetz mit
unterschiedlichen Kompetenzen aufgebaut haben, »das dann in
Teamstärke im Klassenzimmer auftaucht«.[322]

Lehrer sollten bereits in ihrer Ausbildung sowie in Weiterbil-
dungseinheiten lernen, gemeinsam zu unterrichten, damit sie
nicht mehr alle Aufgaben allein bewältigen müssen. Was spricht
dagegen, sich grundsätzlich beim Unterrichten zu besuchen und
zu beobachten? Mittels Kooperation und Teamarbeit gewinnen
innovative Lehrer und Lehrerinnen mehr Zeit und Raum in den

mittlerweile sehr viel heterogeneren Klassen, um auf die unterschiedlichen Bedürfnisse Einzelner eingehen zu können. Dann werden nicht nur Randgruppen der Kinder gefördert und unterstützt, sondern alle unsere Kinder kommen in den Genuss innovativer und zukunftsorientierter Maßnahmen.

In Neuseeland oder Finnland fördern Schulinspektoren auf nationaler Ebene die Zusammenarbeit von Lehrern, indem sie gegenseitige Unterrichtsbesuche von Lehrern organisieren – eben ohne Bewertung! Das ist der wesentliche Unterschied zum deutschen Referendariat: Es geht um die Lernkultur, nicht um Bewertung!

Einen Schritt weiter geht Rudolf Kammerl, Professor für Medienpädagogik an der Universität Erlangen-Nürnberg und Leiter des Instituts für Lerninnovation. Er fordert, dass nicht nur Lehrer, sondern Schulen zusammenarbeiten, um digitale Kompetenzen zu teilen und Mittel einzusparen, »sofern Lehrer ihre Gedanken als ›Open Educational Resources‹ zur Verfügung stellen«.[323]

Ein gelungenes Beispiel für ein Kommunikations- und Kooperationsnetzwerk von und für Lehrer ist die Privatinitiative der beiden Mathematiklehrer Sebastian Schmidt und Ferdinand Stipberger, die diese Veränderung in der Lehrerarbeit und infolgedessen auch im Unterricht ermöglicht. Beide bekamen den Deutschen Lehrerpreis für innovative Lehrmethoden. Beide Mathematiklehrer unterrichten mit der Methode des »Converted« oder »Flipped Classroom«, bereits seit vielen Jahren aus den USA bekannt. Sie wurden für ihr Netzwerk »Lernbüro digital kooperativ« ausgezeichnet, denn durch diese Initiative arbeiten nunmehr über 30 Lehrer aus sieben Realschulen eng zusammen, Tendenz stark steigend.

Schmidt und Stipberger haben gemeinsam die Lernvideos durch Übungsaufgaben und Klausuren für verschiedene Jahrgänge der Realschule sowie durch Prüfungstrainings- und Fortbildungsclips für Lehrerkollegen ergänzt. Sie beraten andere Schulen und bilden andere Lehrer fort. Ihr »Lernbüro« findet mittlerweile weitere Nachahmer in anderen Unterrichtsbereichen. Erste Englisch- und Deutschnetzwerke bilden sich bereits.

Was ich nur für bedingt umsetzbar halte, ist die Forderung Zierers nach einer digital gesteuerten Bewertung von Lehrern durch ihre Schüler, wie dies an amerikanischen Schulen und Hochschulen praktiziert wird. Dies kann meines Erachtens nur in einem sehr offenen und respektvollen Umfeld gelingen, in dem der Lehrer grundsätzlich wertgeschätzt wird und Bildung höchste Priorität genießt. Ob das bei uns so der Fall ist, wage ich zu bezweifeln! Auch Politiker hatten sich einst in diese Richtung vorgewagt. Eine App, die den wenig sympathischen Namen »Lernsieg« trug und Schülern ermöglichen sollte, Lehrer mittels eines Sterne-Rankings zu bewerten, wurde jedoch bald aus dem Netz genommen.

Die Summit Public School in Kalifornien verfolgt einen Ansatz, der sehr viel mehr einleuchtet. In einer Schule, in der 67 Prozent der Schüler Englisch nicht als Muttersprache haben, konzentrieren sich die Lehrer stark auf akademische und nicht-akademische Projektarbeit (beispielsweise innerhalb der Gemeinde) und auf das E-Lernen. Um ihren Schülern eine möglichst individuelle Unterstützung gewährleisten zu können, ermutigen sie ihre Schüler, jeden Aspekt des integrativen Lernprozesses zu beurteilen und zu bewerten. Wenn das Ergebnis einer Zusammenarbeit nicht wie gewünscht ausfällt, arbeiten Lehrer und Schüler gemeinsam an den Problemen und ihrer Lösung.

15. Interkulturelle Kompetenz und Mobbing

Aus der modernen bildungs-ökonomischen Forschung wissen wir, dass eine gute Bildung von zentraler Bedeutung »sowohl für den wirtschaftlichen Wohlstand als auch für die Chancengleichheit in der Gesellschaft ist«.[324] Wir wissen aber auch, dass wir für gute Bildung in Deutschland die »richtigen« Eltern haben müssen, weil ihnen zusätzlich zu Erziehung und nachmittäglicher Nachhilfe auch ein Großteil der Betreuungs- und Motivationsarbeit übertragen wird. Da geraten Schülergruppen mit schwierigen Startbedingungen ins Hintertreffen, nicht nur, weil sie aus bildungsfernen Familien stammen, sondern es genügen bereits andere kulturelle Prägungen.

Selbst ausländische Kinder aus westlichen Ländern tun sich in unseren Schulen oft schwer. Ein Botschafter aus einem westeuropäischen Land beklagte sich bitterlich, dass die Lehrer auf keinerlei Unterschiede hinsichtlich der Schulbildung seiner Kinder Rücksicht nahmen. Sie reagierten weder mit Empathie und Verständnis auf anfängliche Anpassungsprobleme, noch bauten sie Brücken zu den anderen Kindern. Internationale Kinder und Kinder mit Migrationshintergrund treffen bei uns auf ein stark konformes Schulsystem, in dem nicht Unterschiede und Individualität gefördert werden, sondern gleichgeschaltetes Verhalten, um entweder nicht aufzufallen oder Probleme zu vermeiden. Folglich ist Andersartigkeit oder Originalität eher lästig, jedenfalls nicht sehr erstrebenswert.

Das zeigt sich im Unterricht, wenn die Mathematikaufgabe oder der Deutschaufsatz nur nach dem einen Lösungs- oder Korrekturweg korrigiert werden dürfen, andere Wege nicht vorgesehen sind, »gefährlich individuell« erscheinen und mit einer schlechten Note bestraft werden. Die Notenbildung erfolgt also durch Addition von Teilleistungen, und nicht durch die Gesamtwürdigung einer individuellen, vielleicht sogar intelligenten

Herangehensweise.[325] Die sehr stringenten Lehrpläne für unsere Schulen, mit den sehr strengen Vorgaben durch die Ministerien für die korrigierenden Lehrer, sind weit davon entfernt zu beachten, dass Kinder aus unterschiedlichen Kulturkreisen nicht gleich sind und auch nicht sein können.

Auch gibt es wenig Anstrengungen, um Kindern eine interkulturelle Kompetenz gezielt und pragmatisch im Kindergarten oder im Schulunterricht – in Projekten – zu vermitteln. Das wäre die »Fähigkeit, mit Menschen anderer Kulturen angemessen und erfolgreich zu kommunizieren, den Umgang zu pflegen und sich zu verständigen«, denn »die Vernetzung zwischen verschiedenen Kulturen« nimmt auch in Deutschland zu. Eine interkulturelle Erziehung würde ermöglichen, »Kinder bestmöglich mit den Werten Akzeptanz, Offenheit und Respekt vertraut zu machen«.[326] Vielleicht tut dies die eine oder andere Leuchtturmschule, aber im Großen und Ganzen sind sich viele unserer Kinder der kulturellen Unterschiede überhaupt nicht bewusst, sie wissen nichts bis wenig über die kulturellen Werte und Verhaltensweisen in den anderen Ländern und können sie auch nicht wirklich einschätzen und ins Verhältnis setzen. Ein Nährboden für viele Vorurteile und für Mobbing, wenn »andere« immer nur »komisch« sind.

Interkulturelle Kompetenz ist das Tor zur Welt

Wenn also der wirtschaftliche Erfolg der Zukunft maßgeblich von der Fähigkeit der Unternehmen zu Kreativität und Innovation abhängig ist, dann werden Letztere durch eine Diversität der Mitarbeiter und ihre interkulturelle Kompetenz ermöglicht und gefördert. Wie wir bereits wissen, liegt an den Schnittstellen das Potenzial und die Kraft zu Neuem, und nicht in der Homogenität und Konformität der Menschen. Das gilt auch für die Schnittstellen unterschiedlicher Kulturen. Die interkulturelle Kompetenz ist demnach der Katalysator, der es unseren Kindern leichter macht, in Zukunft erfolgreich kreativ zusammenzuarbeiten, um innovative Lösungen zu erarbeiten.

2018 gründete unser älterer Sohn Alexander eine Firma in San Francisco. Die Mitarbeiter kommen aus den unterschiedlichsten Ländern und somit Kulturen. In Corona-Zeiten funktioniert die Firma mit ihren Mitarbeitern auf drei verschiedenen Kontinenten einfach online weiter. Das ist unter anderem möglich, weil alle Mitarbeiter, die ihre Diversität in eine sehr heterogene Gruppe einbringen, gewohnt sind, sich mit ihrer Diversität auseinanderzusetzen. Alle kennen sich mit kulturellen Unterschieden aus und haben in der Schule und in ihrer Ausbildung gelernt, mit ihnen umzugehen. Dennoch teilen sie dieselben Werte, wenn es um fachliche Qualifizierung, um die Bereitschaft zu Leistung und Einsatz, zu Teamarbeit und Kooperation geht, unterstützt durch eine weltweite Kommunikation. So wird es auch möglich, dass sich alle gegenseitig vertrauen. Es ist die Umsetzung der Werte, der Haltung, der Prinzipien, die zu einer Arbeitswelt wie eben beschrieben führt.

Und dazu gehört unabdingbar die kulturelle Toleranz der Schüler, Studenten oder Arbeitnehmer. Sie trägt dazu bei, dass die symbiotische Ausrichtung aller Potenziale auf ein gemeinsames Ziel gelingen kann, dass die Gestaltung offener kreativer Räume im Sinne von Lernen durch Handeln und die ansteckende Wirkung von Begeisterung entstehen.

Jetzt werden viele sagen, das ist doch ein Idealzustand, ein gänzlich optimiertes Arbeiten, und die Wirklichkeit sieht für die meisten von uns doch ganz anders aus. Doch gerade über diese Start-up-Entwicklung und Start-up-Generation ändert sich die Führung von Unternehmen in Richtung Anerkennung auch verhältnismäßig junger Menschen, in Richtung Respekt für die Diversität untereinander, und fokussiert auf ihre Verbundenheit und Potenzialentfaltung[327].

Unser Sohn formuliert es etwas pragmatischer: Ein guter Geschäftsführer sorgt dafür, dass die Firma genug Geld hat, er stellt kompetente Mitarbeiter (ohne Rücksicht auf Gender, Hautfarbe, Herkunft etc.) ein und kümmert sich um das Kulturmanagement. Warum bringen wir unseren Kindern in Kindergärten und Schulen nicht bei, was es alles braucht, was wir alles tun müssen, damit viele unterschiedliche Menschen in Zukunft lebendiger, intelligenter, kreativer und innovativer werden, zusammenarbeiten und auf diese Weise besser damit zurechtkommen, auf aktuelle Herausforderungen und Unvorhersehbarkeiten zu reagieren?[328] Dann würde ich nicht gefragt werden, warum es an der TU München so viele türkische Studenten gibt. Wahrscheinlich ist das eine sehr subjektive Annahme, und wenn dem so ist, dann sind diese Studenten höchstwahrscheinlich sehr intelligent und haben eine sehr gute Bewerbung abgeliefert.

Viele Mitarbeiter von morgen werden sich ohne Unterlass neuen Herausforderungen stellen müssen, denn Arbeitsfelder und Firmenideen werden so neu sein, dass sie nicht nur strategisch antizipiert und kontinuierlich weiterentwickelt werden müssen, sondern auch fortwährend besprochen, verstanden und geteilt werden. Dieses kreative Arbeiten im Sinne von innovativen Lösungen, Prozessen oder Inhalten gelingt leichter, wenn die für die Thematik kompetentesten Mitarbeiter auf der ganzen Welt gesucht werden können, damit sie anschließend zusammenarbeiten können.

Soziale Toleranz versus Mobbing

Tolerant zu sein gilt heutzutage geradezu als selbstverständlich, und so halten wir uns alle für tolerant. Doch wenn wir genauer hinsehen, dann entdecken wir viele Verhaltensweisen, die auf das Gegenteil hindeuten. Wir schauen auf die Freunde unserer Kinder und wünschen uns homogene Verhältnisse. Wir freuen uns, wenn sich auch unsere Kinder gegenseitig befreunden, und viele von uns bevorzugen Schulen, die unseren sozialen Vorstellungen entsprechen.

Dabei haben Kinder mit Unterschieden erst einmal kein Problem. Bis zu ihrem dritten Lebensjahr werten sie noch nicht, sie bleiben unvoreingenommen. Werden sie älter, dann passiert es, dass sie Kinder aus fremden Ländern und Kulturen »komisch« finden, wenn ihre Eltern ihnen diese Vorbehalte vorleben. Daher kommt es auch vor, dass deutsche Kinder von der Mehrzahl ihrer Mitschüler mit Migrationshintergrund gemobbt werden. Kinder reagieren auf negative emotionale Signale oder die passive Zurückhaltung ihrer Eltern. Weil Eltern Vorbildfunktion haben, werden deren Vorurteile und Bewertungen übernommen.

Eine Orientierung an sozialer Einbindung und am toleranten Umgang mit den anderen Kindern äußert sich meines Erachtens darin, dass bereits Kindergartenkinder lernen, Rücksicht auf andere Kinder und Erwachsene zu nehmen, und vor allem, andere Kinder anzuerkennen und zu respektieren. »Es ist wichtig, dass Kinder hier so früh wie möglich eigenständig soziale Kontakte knüpfen können und etwa durch Lieder, Geschichten oder Spiele aus anderen Ländern lernen, unvoreingenommen und selbstverständlich mit Fremdem und zunächst Unbekanntem umzugehen.«[329] Das heißt natürlich nicht, dass eigene Werte und Vorstellungen aufgegeben werden sollen. Es geht um das Miteinander in einem für alle und von allen respektierten Rahmen.

In Internationalen Schulen gelingt das sehr viel leichter, denn sie bilden die kulturelle Heterogenität ihrer Schüler aus bis zu 60 Nationen ab. Da hat man die Wahl und kann Freunde finden, die anders sind als man selbst, aber doch zu einem passen. Das gelingt, weil alle Kinder dann doch wieder in einem Punkt harmonieren: Sie kommen aus geordneten Verhältnissen. Kommt es vor, dass Kinder ausscheren, dann gibt es ausreichend Methodik, Einsatz und Fürsorge, um diesen Kindern zu helfen.

Nicht so in öffentlichen Schulen. Dort sind Kinder aus sozial benachteiligten und ungebildeten Verhältnissen eine echte Herausforderung für jede Schulklasse, für jeden Lehrer und für viele Familien. Was an deutschen Kindergärten und Schulen im Vergleich zu Internationalen Schulen auffällt, ist nicht nur die oftmals mangelnde Sensibilität hinsichtlich des Phänomens sozialer Toleranz im Allgemeinen (soll ich dem vermeintlichen Mobbing-Opfer glauben?), sondern eben auch die mangelhafte bis nicht existente proaktive Verhinderung sowie eine kindgerechte und gezielte Konfliktbewältigung.

Simone Fleischmann, Präsidentin des Bayerischen Lehrer- und Lehrerinnenverbands BLLV, bestätigt Zahlen, wonach beispielsweise jedes sechste Kind in Bayern ab der fünften Klasse bereits Mobbing erfahren hat. Für jede zweite Angststörung eines Kindes ist das Mobbing nicht der Grund, aber der Auslöser. Die Probleme sind hinlänglich bekannt, die Lehrer sind damit konfrontiert und überfordert, und daher passiert zu wenig oder das Falsche.[330]

Die Einschulung, der Übertritt in eine weiterführende Schule und die Pubertät sind Zeiten im Leben eines Kindes, die Brüche und Verunsicherung mit sich bringen. Dazu kommen weitere Risikofaktoren, wie Handys und soziale Medien, die das Mobbing nach der Schule weiter am Laufen halten, oder Anfeindungen, die in Rassismus oder Homophobie ihren Ursprung haben. Gerade in unsicheren Zeiten wie diesen blühen Anfeindungen und Vorurteile wieder auf.

Eine teils unbewusste, teils aber auch institutionalisierte soziale Intoleranz beginnt in allen unseren Schulen bereits bei der Einteilung der Schüler in Klassen. In manchen Schulen gibt es pro Jahrgang die eine »schicke« Klasse, in die alle möchten, weil Eltern wollen, dass ihre Kinder die »richtigen« Freunde behalten. Beinahe in allen Schulen bleiben die Schüler die gesamte Schulzeit in der Klasse a oder c. Damit ist man »Gang«-Mitglied der Klasse a oder c, und das wiederum bedeutet oftmals eine Klasse gegen die andere, vielleicht nicht mehr mit 16 Jahren, definitiv aber mit 11, 12 oder 13 Jahren. Die Kinder identifizieren sich oft nicht mit ihrer Schule, aber mit den Kindern in der Klasse. Die Freunde in der Klasse definieren ihre Zugehörigkeit. Oder erinnern Sie sich an das Auszählen von Kindern, wenn es um das Aufstellen von Sportteams ging? Es blieben immer die gleichen Kinder übrig. Oder man durfte sich nur setzen, wenn man die Aufgabe gelöst hatte, alle anderen mussten stehen bleiben. Diese beinahe schon institutionalisierten, auf jeden Fall ritualisierten Formen der Ausgrenzung gibt es immer noch, um immer dieselben Kinder zu erniedrigen. Das entbehrt nicht einer gewissen Grausamkeit.

Daher hat man in der Internationalen Schule einen anderen Weg gefunden, um dieses Phänomens Herr zu werden. Für jedes neue Schuljahr werden die Klassen in Kindergarten und Schule neu zusammengestellt. Die Kinder müssen lernen, »neue« Kinder zu akzeptieren, denn sie sind in ihrer jeweiligen Klasse selbst neu. Sie lernen sich zu arrangieren, verlieren aber geschlossene Freundschaften nicht, denn die einzelnen Klassen schotten sich nicht voneinander ab und bilden im Laufe der Zeit einen Zusammenhalt innerhalb des gesamten Jahrgangs.

Eine weitere Methode, um die Kinder in gegenseitiger Toleranz zu schulen, ist die Veranstaltung gemeinsamer Erlebnisse, Projekte oder Aktionen wie das Zubereiten internationaler Gerichte am United Model Food Day, das Ausüben fremdländischer Sportarten, das Einstudieren internationaler Lieder im Internationalen Chor, internationale Aufführungen oder gemeinsame Feste. Kulturelle Vielfalt wird zur Normalität, weil Unterschiede gleichberechtigt nebeneinander existieren können und als solche nicht mehr wahrgenommen werden.[331]

Ich habe mich oft gefragt, warum Menschen andere ausgrenzen, die Jungen wie die Alten! Der Unterschied zwischen Kindern und Erwachsenen ist, dass Kinder sich grundsätzlich noch unverblümter verhalten. Erwachsene haben bereits gelernt, sehr subtil und manipulativ vorzugehen und sich politisch vordergründig korrekt zu verhalten. Doch manchmal trifft man auch auf Kinder, die dieses »Spiel« bereits in sehr jungen Jahren überzeugend beherrschen.

Wenn deutsche Eltern mit dieser Situation konfrontiert werden, sind sie oft der Meinung, dass sie mit dem Kindergarten oder der Schule nicht sprechen sollten, da dies letztlich dem Kind schaden könnte. Das geht so weit, dass Eltern lediglich zu Hause beschwichtigen, aber nicht wirklich helfen. Sie überlassen das Kind dieser Stresssituation und retten sich in die Vorstellung, dass sich die Kinder selbst helfen müssen. Aber Kinder sind doch nicht in der Lage, derartige Situationen selbst aufzulösen, wo selbst Erwachsene oft hilflos sind! Wie also kann man das vom eigenen Kind verlangen?

Und so geschieht oft, was nicht geschehen sollte: Nach langer Frustration und großem Kummer geht das Kind lieber auf eine andere Schule, als dass es die Mobbing-Situation erfolgreich und den Umständen entsprechend positiv auflöst. Die Eltern versäumen es, die Chance zur Wiederherstellung des kindlichen Selbstbewusstseins zu ergreifen, bestärken das Kind dadurch in seiner Hilflosigkeit und Beschämung. Es wird vielleicht viel geredet, aber wenig bis nichts getan, und die Eltern gehen einer aktiven Konfliktlösung aus dem Weg. Vielleicht, weil sie auch selbst Mobbingopfer waren und zur damaligen Zeit nie erleben durften, dass man diese Kränkungen nicht ertragen muss.

Selbst Lehrer sind manchmal nicht in der Lage, nachvollziehen zu können, warum ein Kind gemobbt wird. Das Opfer gilt wieder einmal als »schwierig« und wird als »Streber« oder »Schleicher« gebrandmarkt. So geschehen mit einem sehr intelligenten Jungen, der immer Klassenbester war. Das hat seinen

Mitschülern nicht gefallen und sie haben ihm das Leben zur Hölle gemacht, bis er es nicht mehr aushielt und sich seinen Eltern offenbarte. Die Eltern trafen sich viel zu spät mit der Schulleitung, die völlig unsensibel und konfliktscheu argumentierte, dass es doch keinerlei Probleme gäbe angesichts seiner Bestnoten. Endergebnis war: Der Schüler ging nach England in ein Internat, in dem er nicht nur gefördert, sondern auch toleriert wird. Es ist bereits absehbar, dass er in England oder in den USA studieren wird, und Deutschland hat einen potenziellen Visionär und künftigen Innovator weniger.

Diese Sichtweise mag Ihnen vielleicht voreilig und übertrieben vorkommen, aber es gibt viele Artikel zu lesen, die beschreiben, wie und warum sehr intelligente junge Menschen unter Mobbing leiden und infolgedessen Deutschland verlassen. Wenn Kinder soziale oder emotionale Konflikte unter sich ausmachen sollen oder ihre Eltern Angst haben, dass Beschwerden beim Lehrer anschließend am Kind ausgelassen werden, dann wird das »Mobben« kaum aufhören. Die Ausgrenzung wird zur Gewohnheit und damit Teil der Kindergarten- oder Schulkultur. Man beginnt sich an einen Zustand zu gewöhnen, der nicht nur nicht toleriert werden darf, sondern sofort und ohne Ausnahme beendet werden muss.

Leider leistet die deutsche Pädagogik in diesem wichtigen Bereich nicht annähernd, was die angelsächsische Pädagogik bietet. Mobbing wird immer mit externen Mitteln gelöst, denn die Lehrer, die mit einem Mobbing-Fall zu tun haben, sind überfordert, weil nicht ausgebildet. Und so besteht die »Hilfe« oftmals darin, dass das Kreisverwaltungsreferat verspätet und unpersönlich einen externen Sachverständigen schickt, der vor allen Schülern einen Vortrag hält. Im besten Fall hat die Schule von Zeit zu Zeit einen Schulpsychologen vor Ort oder einen Lehrer mit Erfahrung in Mediation und Gewaltprävention, der sich zu gegebener Zeit um das Opfer kümmert.[332]

Es genügt aber nicht, zusätzliche Schulpsychologen oder Sozialarbeiter einzustellen, die sich tageweise und damit zu distanziert, zu spät und zu wenig integriert der Sache annehmen. Für vollkommen zynisch halte ich den Vorschlag, das betroffene Opfer solle doch in einen Selbstverteidigungskurs gehen, oder den Hinweis auf den Notfallordner des jeweiligen Bundeslandes, der Empfehlungen zum pädagogischen Vorgehen bei Mobbing enthält.

Kommt angelsächsische Erziehung zum Einsatz, sind der angesprochene, der wahrnehmende Lehrer und sein Prinzipal (Klassenstufenleiter) involviert, und diese arbeiten mit einem zuvor festgelegten Klassenzimmer- und Schulhof-Management-Plan, der für alle Schüler, Lehrer und Eltern die geltenden Rechte und Verantwortlichkeiten festlegt, die Schulregeln und Konsequenzen beschreibt. Diese sind allen mit Beginn der Schulzeit bekannt und für alle bindend. Dazu gehört auch, dass sich die Vorgehensweise des Lehrers ausschließlich an den Kindern ausrichtet, ohne die Eltern miteinzubeziehen. Die Korrektur geschieht unmittelbar und auf pragmatische Art und Weise. Sie ist nah am Kind und zeitnah in der Wirkung, denn der sogenannte No-Blame-Ansatz (kein Vorwurf) kommt direkt zwischen den Betroffenen zur Anwendung. Er garantiert sofortige Maßnahmen, die sich auf die Problemsituation konzentrieren, ohne dass Informationen durch Dritte (auch die Eltern) missbraucht, verschleppt oder verfälscht und »Informanten« verraten werden.

Den Kindern wird vorsorglich beigebracht, dass sie sich sofort an den Lehrer wenden sollen, wenn sie betroffen sind, aber auch, wenn sie Mobbing bei anderen sehen. Niemand wird dadurch zum »Petzer«. In einer Report-Form wird festgehalten, was sich zugetragen hat, wie sich der Betroffene gefühlt hat, wie sich die anderen dabei gefühlt haben und was nach Meinung der Betroffenen geschehen soll. Dem mobbenden Mädchen oder

Jungen wird vor Augen geführt, wie sich ihr oder sein Verhalten anfühlt und welches Leid sie damit anderen zufügen. Die Betroffenen dürfen den Spieß in Zusammenarbeit mit dem Klassenstufenleiter umdrehen und dem intoleranten Mädchen oder Jungen zeigen und erklären, worunter sie leiden (Farsta-Methode). Gleichzeitig erfahren die Mobber, welche Konsequenzen sie zu tragen haben, wenn sie ihr verletzendes Verhalten nicht ändern.

Durch die Kombination von Bewusst-Machen und Zur-Verantwortung-Ziehen erhalten alle die Möglichkeit zu erkennen, dass nicht nur einer allein die alleinige Schuld trägt. Es werden Verhaltensweisen wahrgenommen und analysiert, damit alle die Chance erhalten, von vorne anzufangen, ohne Verlust von Ansehen und Empathie. In manchen Fällen kann es sein, dass die gesamte Klasse in die Konfliktbewältigung miteinbezogen wird.

Die gute Nachricht ist: Es gibt mittlerweile viele Anstrengungen, um an unseren Kindergärten und Schulen auch Fortschritte zu erzielen. Es gibt Arbeitskreise oder Vereine, wie beispielsweise der Deutsche Kinderschutzbund mit seinem Projekt »Komm, wir finden eine Lösung«, der sich mit zwölf anderen Projekten zum Arbeitskreis »Gewaltprävention« vernetzt und zusammengeschlossen hat. Die Einzelinitiativen in diesem Verbund ergänzen sich, weil sie jeweils eine andere Zielgruppe unterstützen. Die einen kümmern sich um Grundschüler, die anderen um Gymnasiasten, oder nur um Mädchen, oder nur um Jungen. Sie bieten auch Fortbildungskurse für Lehrer an und beraten Erzieher und Lehrer. Der Nachteil ist, dass diese Hilfsmaßnahmen wieder einmal nicht zeitnah abgerufen werden können, denn die Präventionsprojekte sind meist ein Jahr im Voraus ausgebucht.[333]

Das kann auch daran liegen, dass Kultusministerium und Schulämter abwehren, weil Änderungen durch beamtische »Widerstands- und Teamgeistfilter« laufen.[334] So berichtet vom Verein »Seniorpartner in School«, der sein Konzept, Grundschulkinder bei Konflikten zu unterstützen, stattdessen in Folge den Schulleitern direkt anbot und mit offenen Armen empfangen wurde.[335] So groß ist der Bedarf an Hilfe und Unterstützung. Sehr viel besser wäre es daher, Konfliktbewältigung und Gewaltprävention sowie die Erkennung psychischer Stresssituationen und psychischer Erkrankungen wie Depression zum festen Bestandteil der Lehrerausbildung zu machen. Damit wären Lehrer geschult wahrzunehmen, was sich vor ihren Augen, oder auch verborgen, abspielt. Sie wären in der Lage, mit der Situation einfühlsam und gleichzeitig konsequent umzugehen, und könnten zum einen viel Leid verhindern, zum anderen zum Schulklima und zur Erziehung der Kinder wesentlich beitragen.

Wenn zudem Schule wie in einer Ganztagsschule nicht nur Pflicht-Lern-Raum, sondern auch Lebensraum sein darf, wo soziales Leben stattfindet, dann können Präventivmaßnahmen bereits im Kindergarten fruchten, denn die Kinder lernen spielerisch, sich mit Themen wie Freundschaft und Streit auseinanderzusetzen.

Die Quintessenz ist: Je besser Lehrer ausgebildet sind, und je früher Kinder sensibilisiert werden, desto weniger schaden ihnen negative Erlebnisse und Erfahrungen. Idealerweise unterstützen schulinterne Kindergruppen den jeweiligen Lehrer oder Schulleiter. Die Kindergruppen sind darauf trainiert, soziale Intoleranz zu erkennen und vor allem auch zu verhindern, indem sie die beteiligten und betroffenen Kinder aufklären, begleiten und unterstützen.

16. Soziales Engagement kann man lernen

Ich finde soziales Engagement während der Schulzeit so wichtig, dass ich mir wünschen würde, dass alle Jugendlichen in allen Schulen einen Nachmittag in der Woche diesem Thema widmen würden. In den Internationalen Schulen gibt es hinsichtlich des sozialen Engagements der Schüler und Schülerinnen ziemlich genaue Vorstellungen und Vorgaben.

Teil des schulischen Pflichtprogramms sind die sogenannten Community, Activity, Service Hours (Gemeinwesen- und Dienstleistungsstunden), die jeder Schüler und jede Schülerin absolvieren muss. Ab der achten Klasse müssen die Kinder in der Middle School und später die Jugendlichen in der Senior School bis zu 60 Stunden im Schuljahr für das Gemeinwohl arbeiten. Diese müssen sie sich von den Empfängern ihrer sozialen Taten schriftlich bestätigen lassen, und sie müssen zum Ende eines jeden Schuljahres einen selbst geschriebenen Bericht bei der Schulbeauftragten einreichen (die Schulbeauftragte ist eine Angestellte der Schule, die sich um die erfolgreiche Durchführung und Dokumentation der Sozialarbeit kümmert). Wird dieses Protokoll der geleisteten Hilfsmaßnahmen nicht abgegeben, gilt das Schuljahr als nicht abgeschlossen, und das Schulzeugnis wird nicht ausgestellt.

Anfangs, wenn die Kinder noch recht jung sind, muss man sich oft mit Rasenmähen beim Nachbarn oder Tischdecken bei der Großmutter behelfen. Später dann, mit 14 oder 15 Jahren, können die Jugendlichen wirklich sinnvolle Aufgaben übernehmen und ausführen. Waltraud Lučić, Vorsitzende des Münchener Lehrerverbands, schlägt vor, dass Gymnasiasten Kindern ohne Deutschkenntnisse in ihren Projektseminaren Deutschunterricht geben und ihnen damit helfen, nicht den schulischen Anschluss zu verlieren. Oder Schüler werden ehrenamtliche Paten in einem Kinderheim. Dann kümmern sie sich um ein bestimmtes Kind in der Wohngruppe, besuchen es einmal in der Woche im Heim. Sie spielen miteinander, machen Sport, gehen ins Kino, helfen ihnen bei den Hausaufgaben, spazieren durch die Stadt, unterhalten sich über Themen, die die Kinder bewegen, und helfen, wenn es Probleme gibt.

Die vergleichsweise behüteten und umsorgten Kinder aus funktionierenden Familien lernen so die Nöte, Bedürfnisse und Lebensumstände von Kindern kennen, die weniger Glück im Leben haben, die aufgrund ihrer Familienverhältnisse zu Hause oder, weil sie kein Zuhause mehr haben, im Heim leben müssen. Sie erleben, wie Kinder, die in Heimen leben und aufwachsen, bereits erfahren haben, dass ihr Elternhaus kein sicherer Hafen ist. Sie lernen die Bedürfnisse und Nöte von Kindern kennen, die einen eher schweren Start ins Leben haben, weil es Defizite gibt, die vom Alkohol- und Drogenmissbrauch der Mütter herrühren. Sie erkennen, dass manche Kinder nicht sehr belastbar sind, dass ihre Konzentrationsspanne eher kurz ist und dass sie schnell versagen, wo andere Kinder problemlos reüssieren.

Das lehrt Verständnis und Toleranz, Geduld, Durchhaltevermögen und ein zuverlässiger Partner zu werden. Die Heimkinder wiederum profitieren von der Freundschaft zu positiven, motivierten und stabilen Jugendlichen, die sie liebevoll umsorgen, ihnen vielleicht familiäre Werte vermitteln oder vorleben können, die ihnen auf Augenhöhe begegnen und ein wenig mehr Halt in ihrer unsicheren Welt geben können. Gleichzeitig nehmen die Jugendlichen wahr, dass Heime für Kinder, trotz ihrer oftmals traurigen Geschichten, auch ein Ort der Heiterkeit und Zuversicht sein können. Sie erfahren die Realität und legen falsche Vorstellungen und Vorurteile ab.

Realitätsgefühl und Heiterkeit und die erlebte Tiefe der Empfindungen und Erfahrungen sind meiner Meinung nach sehr wichtige Faktoren einer werteorientierten Erziehung. Die Jugendlichen lernen, den Dingen positiv zu begegnen, auch wenn das Erlebte nicht ihrer Vorstellungswelt entspricht. Sie betrachten alltägliche Ereignisse bewusster und erleben ihre Bewältigung fröhlicher und zufriedener. Sie werden dankbar nicht nur für die vergleichsweise guten Lebensumstände in ihren Familien, sondern für die einfache Tatsache, dass ihre Eltern mit ihnen zu Hause wohnen und für ihr Wohl sorgen. Diese Achtsamkeit gegenüber anderen, die Bereitschaft zu guten Taten und die Fähigkeit, ein soziales Gewissen zu entwickeln, machen laut Martin Seligman glücklich. Anderen Menschen zu helfen lenkt vom eigenen Ich ab, ermöglicht sinnvolle Erfolgserlebnisse und stärkt unsere Beziehungen mit anderen Menschen.

Auch Internate, wie die Internatsschule Salem oder die École d'Humanité in der Schweiz, fordern von ihren Schülern die Wahl von sozialen Diensten, und damit verbunden die verpflichtende Teilnahme. Jeder Schüler hilft zwei Stunden pro Woche, drei Jahre lang und ohne die Möglichkeit, den Dienst zu wechseln. Bevor Sie jetzt sagen, das sind doch alles private Schulträger, die sich nicht jeder leisten kann, frage ich zurück, warum staatliche und städtische Schulen nicht altruistische Erziehung bieten können oder wollen?

Waltraud Lučić schlägt beispielsweise vor, dass Gymnasiasten mithelfen, damit Kinder ohne Deutschkenntnisse den schulischen Anschluss nicht verlieren. Sie können ihre Projektseminare dazu nutzen Deutschunterricht zu geben.»Wenn man lernt, dass es Schwächere gibt, denen man helfen muss, ist das ja gesellschaftlich auch nicht verkehrt.«[336]

In einer Ganztagsschule nach angelsächsischem Vorbild wären genug Zeit und genug Ressourcen, um sich mit den umliegenden Kommunen und ihren sozialen Akteuren zu verbinden. Ich bin mir auch sicher, dass sich Eltern finden, die ein solches Vorhaben langfristig unterstützen würden. Wenn Ihre Schule dahingehend nichts bietet, überlegen Sie gemeinsam mit Ihren Kindern und befreundeten Familien, wofür sie sich engagieren könnten. Ob sie etwas Eigenes auf die Beine stellen wollen oder sich beispielsweise am Lauf gegen den Hunger[337] beteiligen, einem kostenfreien Schulprojekt, an dem jeder teilnehmen kann und das Bildung, Sport und soziales Engagement geschickt verbindet.

Mein liebstes Beispiel sind die Schüler der United World Colleges, die sich in unzähligen Projekten im Rahmen des jährlichen Aurora Humanitarian Project for UWC engagieren und ihre Erfahrungen mit uns teilen.[338] Hervorheben möchte ich das HOPE-Projekt der Chinesin Xueying gegen Kindesmissbrauch in ihrer Region. Sie ist Schülerin an der UWC Changshu in China und Co-Gründerin lokaler Informationsteams, die Kinder in Schulen zwischen sechs und vierzehn Jahren darüber aufklären, welche Teile des Körpers betroffen sind, was genau sexueller Missbrauch bedeutet, wie die Kinder reagieren sollen und wie sie Hilfe finden können. Die Projektteilnehmer arbeiten in den Bereichen Media, Public Relations, Unterricht, Finanzen und Entwicklung. Xueying fasst ihre Erfahrungen auf dem Weg zu einem nachhaltigen und wirkungsvollen Projekt folgendermaßen zusammen:[339]

1. Beginne mit deiner Leidenschaft. Wenn du etwas verändern möchtest, brauchst du Leidenschaft und Entschlossenheit, damit die anderen dich wahrnehmen und ernst nehmen.

2. Lerne von anderen. Tue dich mit anderen zusammen, von denen du lernen kannst. Im Verlauf der Zusammenarbeit bekommst du ein besseres Gefühl dafür, was dein Projekt braucht.

3. Konzentriere dich auf ein spezielles Feld, auf ein konkretes Problem. Es bringt nichts, die ganze Welt ändern zu wollen.

4. Recherchiere gut. Fragebögen und Interviews zuerst. Wenn man seine Aktivitäten auf Basis guter und zahlreicher Daten beginnt, dann erfährt man, worauf es wirklich ankommt. Indem man mehr herausfindet, wird man noch engagierter.

5. Baue ein Team auf. Alleine ist man zu einsam und kann auch nicht alle anfallenden Arbeiten erledigen. In Partnern findet man Rückhalt, sie stärken die Glaubwürdigkeit des Vorhabens und sie sind Freund, wenn man einen braucht.

6. Sei furchtlos. Sei mutig, nicht schüchtern, wenn du andere ansprichst. Nur dann findest du Menschen, die dir helfen.

Dann kannst du überzeugen und Zweifel zerstreuen, dass du dein Ziel erreichen wirst. Du wirst auch Druck aushalten müssen, und da schadet Angst sehr.

7. Reflektiere dich selbst. Bleibe bescheiden und betrachte alle Errungenschaften als Ergebnis eines Teams. Leicht läuft man Gefahr, alle Erfolge auf sich selbst zu beziehen und so das Projekt an die eigene Eitelkeit zu verlieren.

17. Sport ist wichtig

Sport ist für Kinder wichtig, aber nicht jedes Kind ist sportlich!

Es gibt Kinder, die sind einfach talentiert. Sie haben Ballgefühl, sind koordiniert und tun sich leicht mit sportlichen Aufgaben. Solche Kinder gewinnen für ihr Team oder in Einzelsportwettkämpfen, sie wachsen an ihren Leistungen und Erfolgen, sie sind ausgelastet und auf ihre Ziele fokussiert, auch wenn die Pubertät einsetzt.

Nehmen wir das andere Extrem. Die rechte Hand weiß nicht, was die linke tut, jeder Ballwurf in den Korb misslingt, das Gleichgewichtsgefühl ist schlecht und der Muskelaufbau kaum vorhanden. Diesem Kind wünsche ich einen Trainer, der einfühlsam und mit viel positiver Energie versucht, die Schwächen in den Griff zu bekommen und das Selbstbewusstsein zu stärken. Nicht nur um der körperlichen und seelischen Gesundheit willen, sondern schlichtweg auch, um in der Schule unter Gleichaltrigen besser bestehen zu können, denn Kinder beurteilen sich lange Zeit nicht vorrangig nach ihren intellektuellen, sondern nach ihren pragmatischen Fähigkeiten im Alltag. Gerade für Jungs gehören das Rennen in der Schulpause, das Klettern und vor allem das Fußballspielen dazu.

Im Sport lernen wir über uns: ob wir uns anstrengen wollen, ob wir Kampfgeist haben, ob wir besser werden wollen. Wir lernen nicht nur unseren Körper kennen, sondern auch unseren Geist, denn der Sport verbindet unsere Muskeln mit unserer Konzentrationsfähigkeit, unserer Koordination, unserer Resilienz, unseren Grenzen.

Sophia Saller, ehemalige Triathletin und Oxfordstudentin, sagt dazu: »Ich glaube, wer hart trainieren kann, der kann auch hart nachdenken, weil Körper und Geist dann koordiniert sind, sich über längere Zeit anzustrengen und an die Grenzen zu gehen.«[340] Sie ist überzeugt, konzentrierter und effizienter lernen und arbeiten zu können, wenn sie sich zwischendrin bewegt – einfach, weil man etwas ganz anderes macht und sich auf etwas ganz anderes konzentriert. Es gibt etliche Studien, die belegen, dass insbesondere Mädchen vom Sport während der Schulzeit profitieren. Sie haben mit größerer Wahrscheinlichkeit gute Noten, erhalten einen Abschluss, haben ein besseres Selbstbild und Selbstvertrauen und werden in der Schulzeit weniger häufig schwanger als Mädchen, die keinen Sport betreiben.[341]

Sport ist also nicht nur der Weg, mit Druck und Anstrengung besser umgehen zu lernen, er ist auch ein Ausgleich und eine Möglichkeit den Druck hinter sich zu lassen. Werden Kinder Mitglieder in Sportvereinen oder -gruppen, lernen sie darüber hinaus Zusammenhalt und Teamgeist. Sie erfahren die Freude, einen Sieg gemeinsam zu erreichen und zu teilen, und sie trainieren ihre Fähigkeit, auch gemeinsam zu verlieren. Sie gewinnen Freunde, lernen, sich auf andere verlassen zu können und die für den Wettbewerb notwendige Kraft auch in der Gemeinsamkeit zu finden.

Als bestes Beispiel hierfür fällt mir der Rudersport ein, der in vielen Ländern als schulische Wettkampfdisziplin betrieben wird und für Kinder und Jugendliche zum großen Lehrstück für Disziplin werden kann, wenn, wie in England oder in den USA, mit großer Selbstverständlichkeit und ohne Jammern bei Wind und Wetter an sechs Tagen der Woche trainiert wird.

Ziel des harten Trainings ist es, die Verschmelzung von Körper und Geist der gesamten Rudermannschaft zu einer Einheit im Boot zu erreichen und aufrechtzuerhalten, bis das gegnerische Team bezwungen ist. Die Schüler lernen auf diese Weise, was es an Einsatz, Konzentration und Teamgeist braucht, um zu gewinnen.

Schulsport wird besonders in angelsächsischen Ländern, in den USA, in Kanada, Australien oder Neuseeland großgeschrieben. Auch in Internationalen Schulen nimmt Sport mehr Zeit und Raum in Anspruch und hat einen höheren Stellenwert als an deutschen Schulen. Nicht nur, dass es mehr Sportunterricht pro Woche gibt und ein sehr viel breiteres Angebot an schulsportlichen Aktivitäten, es wird auch mehr Mannschaftssport betrieben, und Wettkämpfe sind ein Teil davon. Man darf viele Sportarten ausprobieren, und nach dem Unterricht gibt es Sportteams in ganz unterschiedlichen Disziplinen, die mehrmals pro Woche mit dem Ziel trainieren, an schulinternen, nationalen oder sogar internationalen Wettkämpfen teilzunehmen.

18. Freizeit ist anders

Für mich tut sich oft eine große Schere auf: Die Schüler in Internationalen Schulen machen in ihrer Freizeit weiter, was sie zum Teil bereits vor Jahren begonnen haben, Teamsport, Musik, Drama, MUN (Model United Nations), während pubertäre deutsche Kinder nachmittags chillen und abends ausgehen. Nicht alle natürlich, aber sehr, sehr viele. Gleichzeitig treten sie aus dem Sportverein aus, haben keine Lust mehr auf Klavier und boykottieren vieles, was nach Konsequenz und Aktivität aussieht.

Ich kann beobachten, wie liberal und nachsichtig, oft auch unbeteiligt viele deutsche Eltern im Gegensatz zu internationalen Eltern denken und handeln, beziehungsweise nicht handeln, wenn es darum geht, einzugreifen, durchzugreifen oder einzufordern. Im Gegensatz hierzu bleiben internationale Eltern konsequenter, fördern schulische und andere sinnvolle Aktivitäten im Rahmen der Ganztagsschule, füllen die Wochenenden weiterhin mit Wettbewerben aller Art und aktivieren so auf relativ selbstverständliche Weise die frei verfügbare Zeit. Zudem sind Internationale Eltern fordernder und wesentlich fokussierter auf die Ausbildungs- und Bewerbungszeit, die nach der Schule kommt und die man eventuell schon während der Schulzeit vorbereiten kann.

Wir hingegen hängen immer noch einem Idealzustand der selbstbestimmten Freizeitgestaltung an, wenn Kinder nach der Schule selbstständig ihre Hausaufgaben erledigen, danach unbeaufsichtigt miteinander spielen und ihre Umgebung erkunden und abends glücklich aus dem Wald wiederkommen. Ich kann mich erinnern, dass meine Kindheit zumindest zeitweise in etwa so ablief.

Aber das ist sehr lange her und die Zeiten haben sich sehr geändert. Vieles ist komplizierter geworden, die Digitalisierung, Globalisierung und Migration haben vieles verändert, und die Pandemie beschleunigt diese Veränderung in hohem Maße. Doch nicht die Schulen werden immer digitaler, sondern die Freizeit. Zudem sind die Ansprüche gewachsen, alles ist schneller geworden, und Freiräume werden immer begrenzter und überwachter. Heutzutage führt zu viel Freizeit oftmals dazu, dass sie nicht in Wald und Natur oder auf dem Sportplatz genutzt wird, sondern Eltern kämpfen nach der (Halbtags-)Schule gegen Computerspiele und soziale Medien zulasten der bisherigen Hobbys und Interessen.

Natürlich sollten Kinder auch nicht überbehütet aufwachsen, indem jede Sekunde der Freizeit durchorganisiert wird und nur pädagogisch wertvolle Dinge passieren dürfen, weil nichts mehr spontan und aus der Situation heraus geschieht. Das ist das andere Extrem. Wir steuern also die goldene Mitte an: Kinder erfahren Struktur, Förderung und Forderung, und sie lernen auch, selbstständig und unabhängig zu werden, ohne dass sich die Eltern oder die Schule ständig einmischen.

Wenn das Modell »Mutter bleibt zu Hause und kümmert sich um die Kinder« so funktioniert und alle damit zufrieden sind, ist das mehr als in Ordnung. Aber nicht alle Mütter oder Väter wollen oder können das leisten, weil sie arbeiten gehen. Das gilt auch für Mütter oder Väter, die Unterstützung brauchen, weil sie nicht nur ein Kind haben, alleinstehend und/oder keine semiprofessionellen Nachhilfelehrer sind, und es gilt für Kinder, die Unterstützung brauchen, weil sie nicht »funktionieren«, wenn sie immer alles selbst und alleine machen müssen.

Ein Hort, der die Kinder nach der Schule »aufbewahrt«, ist sicherlich keine Lösung. Das gilt auch für alle Ganztagsschulen, die den Sinn und den Zweck einer Ganztagsbetreuung vortäuschen, letztendlich aber Unterricht nur vormittags und eine belanglose und wenig inspirierende Hausaufgaben-Überwachung nachmittags bieten.

Eine Ganztagsschule nach angelsächsischem Vorbild kann da Abhilfe schaffen. Die Schüler kommen erst am späteren Nachmittag nach Hause und müssen anschließend noch ihre Hausaufgaben erledigen. Wenn die Kinder noch klein sind, gibt es keine bis nur wenige Hausaufgaben, und diese können die Schüler unbeschwert erledigen, weil sie in der Schule ausreichend Anleitung erhalten haben. Später, wenn die Kinder älter werden, hält sie ihr Pensum davon ab, abends unter der Woche auszugehen. Die Jugendlichen sind weg von der Straße, denn vor allem in der Senior School gibt es eine Fülle von Fachprojekten, die bewältigt werden müssen, und einen straffen Lehrplan, der nicht nur Hausaufgaben und die Vorbereitung auf Prüfungen abverlangt, sondern auch Teamarbeit, Jahrgangswettbewerbe oder die gleichzeitige Vorbereitung auf die Zeit nach der Schule beinhaltet.

Ein englisches Internat hat wochentags zwischen 20 und 22 Uhr Study Hour (Studierstunde). Vielerorts gilt das bei uns noch als Zumutung. Doch die Schüler stellen weder ihre Hausaufgabenzeit infrage, noch brechen sie unter einer spätnachmittäglichen oder abendlichen Belastung zusammen!

Und das ist mein wichtigster Punkt: Sie leben in ihrer Schule und erfahren den Lebensraum der Schule auch als einen Ort der aktiven und sinnvollen Freizeit, die sie nicht unter Aufsicht der Eltern, sondern gemeinsam mit ihren Freunden verbringen können.

Nachwort:
Erziehung zu Freiheit und Demokratie

Ein Buch zu schreiben heißt für mich auch immer »besser zu verstehen«, weil ich mich intensiv mit dem gewählten Thema auseinandersetze und daraus meine Sätze formuliere. Indem ich schreibe, entwickle ich Gedankengänge, Einsichten und Haltungen. Im Laufe des Schreibens wurde mir daher immer bewusster, dass man Schule nicht als eine unveränderbare Größe betrachten darf, die aufgrund ihrer starren Unveränderlichkeit ausgetrickst oder zumindest innerlich umgangen werden soll. Diese Einstellung ist bei uns leider weit verbreitet. Auch kann und will ich nicht eine gesunde Einstellung zu Leistung und Anstrengung per se verteufeln und aus dem Kosmos Bildung und Schule verbannen, denn spätestens im Berufsleben einer globalisierten Welt werden unsere Kinder leisten müssen.

Wenn Kinder im Rahmen ihrer Möglichkeiten nicht lernen, Widerstandskraft zu entwickeln und Druck auszuhalten, dann werden sie es später schwer haben – zumal Kinder anderer (ärmerer) Kontinente ganz andere Lebensprüfungen bestehen müssen. Ich finde auch nicht, dass man immer den einfacheren Ausweg suchen soll, weil der eigentliche Weg zu anstrengend scheint oder gerade bei der Ausübung der Pubertät stört! Für manche kann man sogar den besseren Weg suchen und finden.

»Das bürgerlich-emanzipatorische Bildungskonzept beruht auf der Vorstellung, dass nicht Herkunft oder Stand über beruflichen Erfolg und die gesellschaftliche Position entscheiden, sondern individuelle Leistung und freie Entscheidung.«[342] Doch leider sieht die Realität anders aus, wenn Kinder nicht »die richtigen Eltern« haben. Deutschland ist ein Industrieland, in dem »Bildungschancen vererbt werden«, weil die sozio-ökonomische Herkunft nach wie vor über Chancengerechtigkeit und Schulerfolg bestimmt. Wir haben bei den unter Sechsjährigen mittlerweile 38 Prozent Kinder mit Migrationshintergrund[343], und bei diesem hohen Anteil können wir künftig nicht mehr von Randgruppen unserer Gesellschaft sprechen. Auch diese Kinder werden sich dem internationalen Wettbewerb in einer globalisierten Welt stellen und darin auch bestehen müssen.

Da wir eine offene Leistungsgesellschaft sind, die ihre Standards behaupten muss, »bleibt die Erziehung zu Freiheit und Demokratie eine grundlegende Bildungsaufgabe, gerade in einer zunehmend heterogenen Gesellschaft. Die Spielregeln einer aktiven Bürgergesellschaft, die Offenheit mit klaren Regeln verbindet, müssen immer wieder vermittelt und auch durchgesetzt werden. So führt Bildung tatsächlich zu Integration.«[344] Ich hätte es nicht besser sagen können, als dieses Zitat aus der *FAZ* vom März 2020 es tut!

An dieser Stelle habe ich auch verstanden, mit welchen Problematiken unsere Lehrer kämpfen müssen, die das Gefühl haben, ihren Schülern nicht mehr gerecht werden zu können. Viele Bücher und Zeitungsartikel beschäftigen sich mit dem bildungsfernen Milieu und den dadurch benachteiligten Kindern. Viele Bücher und Zeitungsartikel beklagen die chronische Überlastung der Lehrer, die sich aus der Heterogenität und den damit verbundenen Leistungsunterschieden und aus den Verhaltensauffälligkeiten der Schüler ergibt.[345]

Alle Studien und Stellungnahmen haben eins gemein: Es geht immer nur um eine nachträgliche und distanzierte Problemlösung oder Konfliktbewältigung. Wir reagieren immer nur, anstatt die grundlegenden Strukturen, Inhalte und Beziehungen proaktiv zu verändern. Es fehlt an einer gemeinsamen Vision und folglich an gemeinsamen Zielen. Es fehlt uns offensichtlich an Mut und an einer positiven Haltung, um zu positiven Herangehensweisen zu gelangen. Dadurch wird alles immer so negativ aufgeladen und für alle zur Belastung. Wie wollen wir unseren Kindern Entschlossenheit und Widerstandsfähigkeit vermitteln, wenn wir uns selbst nicht trauen, wenn wir lieber den vordergründig bequemen Weg gehen oder einfach nur vor uns hindösen?

Ich möchte mit diesem Buch einen Beitrag dazu leisten, dass jetzt endlich die Diskussion über diese Fragen und infolgedessen auch konkrete Veränderungen in Gang kommen. Eine große Rolle spielen dabei auch viele Journalisten, die unsere Bildungsproblematik schon verstanden haben und im Laufe der letzten beiden Jahre dazu beigetragen haben, dass wir uns mit innovativen und pragmatischen Veränderungen in unseren Schulen auseinandersetzen.

Diese Journalisten fordern unter anderem ein Bildungssystem, das digitale Medien integriert und nutzt, um Bildungschancen zu demokratisieren[346], um frei auswählen zu können, weil Möglichkeiten geschaffen werden, um an einer Horizonterweiterung und an neuen Perspektiven teilhaben zu können. Dabei knüpfen sie an den Lernrealitäten und Erfahrungswelten der Kinder und Jugendlichen an. Sie plädieren für Pragmatismus und zeitnahe Umsetzung. Sie helfen dabei in die Öffentlichkeit zu tragen, dass unsere Kinder nicht für die Zukunft gewappnet sind, wenn Medienbildung[347], Interdisziplinarität, Ganzheitlichkeit und Stärken fehlen.

Es wird also höchste Zeit, dass wir einige Fragen beantworten: Worauf wird es für unser Kinder in Zukunft ankommen? Wie können sie Freude am Lernen und Leisten entwickeln? Welche Aufgaben haben schon längst begonnen, und vor allem, wie können wir unsere Kinder auf dem Weg in eine internationale

Zukunft unterstützen, statt rückwärtsgewandt, ängstlich oder desinteressiert auf das Althergebrachte zu vertrauen?

Später, wenn unsere Kinder erwachsen sind, wenn sie ihren eigenen Weg gehen, dann können sie auf das zurückgreifen, was sie gelernt haben. Sie können darauf aufbauen. Sie können es noch besser machen, sie können es gleich oder anders machen. Sie haben die Wurzeln bekommen, die sie brauchen, um fliegen zu können.

Danke

Ich bedanke mich sehr herzlich bei meinem liebevollen und geduldigen Ehemann, bei meinen Vorbild-Eltern, bei meinen Unterstützern Jenny Levié, Amelie Sanktjohanser, Katharina Ilgen, Klaus Füreder, Dr. Patrizia Scherer und Naomi Lawrence, bei Regina Pötke, der Leiterin der Roland Berger Stiftung, bei den Kommunikationsexperten Susanne und Thomas Tenzler, bei Sissi Klauser und Daniela Wilhelm-Bernstein vom Langen Müller Verlag, bei meinem Lektor Achim Gralke, bei Matthias Trüper von der Studienberatung Campusmondi und bei allen Journalisten, die mit ihren Beiträgen im Laufe der letzten Jahre die Diskussion bereichert haben.

Quellenhinweise

1   Isabelle Liegl/Albert Wunsch: Wo bitte geht's nach Stanford? Wie Eltern die Leistungsbereitschaft ihrer Kinder fördern können. Beltz Verlag, 2017.

2   Zeit online, 30. Juni 2020, S. 2 und 3, »Schule unter Verdacht«.

3   Siehe hierzu Schule 4.0, Roland Berger Stiftung, Regine Pötke, S. 23.

4   FAZ, 29. Juni 2020, S. 1, »Vormoderne Verhältnisse« von Heike Schmoll.

5   SZ, 24. Juni 2020, S. 5, »Digitalisierung: mangelhaft« von Paul Munzinger.

6   FAZ, 24. Juni 2020, S. 8, »Ohne Abschluss« von Heike Schmoll.

7   FAZ, 24. Juni 2020, S. 1, »Deutsches Bildungssystem wird durchlässiger« von Heike Schmoll.

8   SZ, 2. Juli 2020, S. R11, »Konzept mit Handlungsbedarf« von Anna Günther.

9   Handelsblatt, 19./20./21. Juni 2020, »Die Bildungslücke« von Barbara Gillmann u. a.

10   Spiegel 18/2020, S. 15, »Der deutsche Leerplan« von Susmita Arp u. a.

11   Ebenda, S. 11

12   SZ, 6. Juli 2020, S. R3, »Am Rande der Verzweiflung« von Jakob Wetzel.

13   Spiegel online, 30. Juni 2020, S. 4, »Lehrkräfte haben in der Pandemie zu wenig zurückgegeben« von Swantje Unterberg.

14   FAZ, 10. Dezember 2020, S. 7, »Wo bleibt Plan B?« von Heike Schmoll. Thiel wird von Heike Schmoll interviewt und berichtet von den zwei Studien, eine von Wissenschaftlern in Oxford, die andere aus der Schweiz.

15   SZ, 21. Januar 2021, S. 5, »Vorrang für die Schwachen« von Paul Munzinger.

16   FAZ, 10. Dezember 2020, S. 7, »Wo bleibt der Plan B« von Heike Schmoll.

17 Handelsblatt, 19./20./21. Juni 2020, S. 46, »Die Bildungslücke« von Barbara Gillmann u. a.

18 Bundeszentrale für politische Bildung, 1. Januar 2017, »Schulgeschichte bis 1945« von Benjamin Edelstein u. a. Siehe auch MDR.de, Lexikon, 6. April 2020, »Schulsystem der DDR«.

19 FAZ, 3. Juli 2020, S. 22, »Viele Gründer verschieben ihre Pläne wegen Corona« von Tim Kanning.

20 SZ, 6. Mai 2020, S. 3, »A, B, Corona« von Gianna Nievel.

21 In der Neuen Zürcher Zeitung vom 9. November 2018.

22 SZ, 4. Dezember 2019, S. 2, »Erlesenes Mittelmaß« von Kristina Reiss.

23 Siehe dazu mein Buch »Wo bitte geht's nach Stanford?«, Beltz Verlag, 2017.

24 Schule 4.0, Roland Berger Stiftung, 2018, Regina Pötke, S. 9.

25 Pressemitteilung: Bayerns Schulen im Aufbruch, 16. November 2020, Dirk Uhlemann; www.schule-im-aufbruch.de.

26 FAZ, 13. Februar 2020, S. 5, »Ich bin als Sozialarbeiter geendet« von Heike Schmoll.

27 Spiegel 22/2020, S. 24, 27, »Jung, motiviert, abgehängt« von Markus Dettmer u. a. ntv online, 28.5.2020, »Schützt Deutschland Ältere mehr als Kinder?« von Martin Karlsson.

28 FAS, 31. Mai 2020, S. 23, »Verlorenes Jahrzehnt« von Inge Kloepfer.

29 FAS, 22. November 2020, S. 2, »So kann man die Schlacht nicht gewinnen« von Frank Pergande.

30 Spiegel 22/2020, S. 27, »Die Jungen zahlen doppelt«, von Markus Brauck.

31 Analyse des jährlichen Global Entrepreneurship Monitors, in SZ, 12. Oktober 2020, S. 18, »Minderjährig und Geschäftsführer« von Frida Preuss.

32 www.xing.com, »Kinder müssen lernen, wie Elon Musk und Jeff Bezos zu denken« von Frank Thelen.

33 TUMCampus 4/20, S. 6, »Gemeinsam am Puls der Zukunft«, von Lisa Pietrzyk.

34 TUMCampus 1/2020, S. 10, TUM Campus 2/20, S. 6 ff.

35 SZ, 24. Januar 2020, S. 18, SZ Spezial Lernen, »Trainer statt Dozent«, von Christiane Bertelsmann..

36 Siehe dazu auch Blog www.isabelle-liegl.com, »Education meets Future – nur nicht an deutschen Schulen«.

37 www.xing.com, »Wir müssen kreative Menschen ausbilden, keine Roboter«, S. 2, von Andreas Schleicher.

38 www.xing.com, »Vier Thesen zur Bildung der Zukunft«, S. 3, von Hubertus Porschen.

39 Handelsblatt, 26. Februar 2020, S. 13, »Mangelware China-Experten« von Barbara Gillmann.

40 Handelsblatt, 19./20./21. Juni 2020, S. 46, »Die Bildungslücke« von Barbara Gillmann u. a.

41 FAZ, 30. April 2020, S. 7, »Wachsende Ungleichheit« von Hanna Dumont und Petra Stanat.

42 Spiegel 26/2020, S. 15, »Wir bleiben im Krisenmodus« von Katrin Elger u. a.

43 Spiegel 26/2020, S. 11, »Wir bleiben im Krisenmodus« von Katrin Elger u. a.

44 SZ, 26. Oktober 2020, S. 22, »Die Nervosität steigt« von Susanne Klein.

45 Handelsblatt, 19./20./21. Juni 2020, S. 45, »Die Bildungslücke« von Regina Gillmann u. a.

46 TUMCampus, 4/20, S. 12, »Gemeinsam am Puls der Zukunft«, von Lisa Pietrzyk.

47 Siehe hierzu www.isabelle-liegl.com, Blog »Education meets Future – nur leider nicht an deutschen Schulen«.

48 FAZ Podcast: »Wenn fast kein Schüler mehr Deutsch spricht« von Timo Steppat.

49 www.iflw.de/blog, 12. Oktober 2016, S. 2, »Was ist integrative Lerntherapie«, Christine Falk-Frühbrodt.

50 Phillips Academy Andover, S. 39, »The insider's guide to the big blue experience«.

51 »Grit« von Angela Duckworth, Bertelsmann 2017.

52 www.medium.com, 30. November 2018, »In the Maker's Lab students develop their skills by experimenting with materials« von Sylvain Léauthier.

53 NZZ, 25. November 2020, S. 7–10.

54 www.maker-space.de.

55 Schule 4.0, 2018, Roland Berger Stiftung, Regina Pötke, S. 15.

56 Schule 4.0, 2018, Roland Berger Stiftung, Regina Pötke, S. 19.

57 FAZ Podcast, »Wenn fast kein Schüler mehr Deutsch spricht« von Timo Steppat.

58 SZ, 21. Juli 2020, S. R2, »Von klein auf das große Ganze im Blick« von Jakob Wetzel.

59 Munich International School, Approaches to Learning, Primary Years Program.

60 SZ, 31. März 2020, S. R6, »Wir erwarten nicht lauter kleine Einsteins« von Martina Scherf.

61 FAZ, 28. Mai 2020, S. 6, »Jenseits des Digitalen« von Tim Engartner.

62 NZZ online, 18. Juni 2020, S. 4, »Schweizer Schüler sind deutlich besser durch die Corona-Krise gekommen als deutsche Kinder« von Erich Aschwanden.

63 www.xing.com, »Vier Thesen zur Bildung der Zukunft«, S. 3, von Hubertus Porschen.

64 Laut einer aktuellen Forsa-Umfrage im Auftrag des Verbandes Bildung und Erziehung (VBE) in FAZ, 26. März 2020, S. 8, »Digitales Lernen ersetzt keinen Unterricht«.

65 SZ, 24. Juni 2020, S. 5, »Digitalisierung: mangelhaft« von Paul Munzinger.

66 Spiegel online, 8. September 2020, S. 1–6, »Digitalunterricht so schlecht wie in Deutschland«.

67 www.learntec.de, Forum Bildung Digitalisierung, Digitales Lernen in der Schule.

68 NZZ, 9. Juni 2020, S. 12, »Die Debatte über digitale Bildung ist entgleist« von Julian Nida-Rümelin und Klaus Zierer.

69 FAZ, 20. August 2020, S. 6, »Krisen sind Lügendetektoren« von Wolfgang Schimpf.

70 SZ, 12. Dezember 2019, »Herzen und Hirne« von Klaus Zierer.

71 FAZ, 14. Mai 2020, S. 6, »Startbeschleunigung mit Tücken« von Michael Felten.

72 Focus, 21/20, S. 33, »Die Schwächsten zuletzt« von H. Broeg u. a.

73 FAZ, 10. Juni 2020, S. 6, »Die Publikationslücke der Frauen« von Christian Thomsen.

74 Spiegel 26/2020, S. 10, »Wir bleiben im Krisenmodus« von Katrin Elger u. a.

75 SZ, 24. Juni 2020, S. 5, »Digitalisierung: mangelhaft« von Paul Munzinger.

76 Spiegel online, 8. September 2020, S. 1–6, »Digitalunterricht so schlecht wie in Deutschland«.

77 www.arrowsmithschool.org.

78 Frankfurter Allgemeine Spezial, Internate und Privatschulen, S. 11, »Die digitale Schere« von Kim Berg.

79 FAZ, 17. Februar 2020, S. 22.

80 SZ, 30. Juli 2020, S. R5, »Aus der Zeit gefallen« von Nicole Graner.

81 FAZ, 23. September 2020, S. 2, »Mit Laptop und Lüftung« von Heike Schmoll.

82 FAS, 20. Dezember 2020, S. 10, »Das Digitaldefizit« von Heike Schmoll.

83 SZ, 23. September 2020, S. 5, »Laptops für Lehrer« von Boris Herrmann.

84 FAZ, 29. Juni 2020, S. 1, »Vormoderne Verhältnisse« von Heike Schmoll.

85 SZ, 26. Oktober 2020, S. 22, »Zehn Jahre lang verschlafen« von Christian Füller.

86 www.xing.com, »Unser Bildungsföderalismus braucht dringend ein Update«, S. 2, von Verena Pausder; SZ, 2. September 2020, S. 2, »Stotternder Turbo« von Anna Günther.

87 Manager Magazin, September 2020, S. 67, »Warum Digitalisierung keine Schule macht« von Christoph Bornschein.

88 FAZ, 21. September 2020, S. 4, »Digitalisierung beschleunigen«.

89 FAZ, 21. September 2020, S. 4, »Digitalisierung beschleunigen«.

90 FAZ, 23. September 2020, S. 2, »Mit Laptop und Lüftung« von Heike Schmoll.

91 FAZ, 6. August 2020, S. 5, »Vorbereiten auf den nächsten Lockdown« von Heike Schmoll.

92 FAZ, 18. August 2020, S. 17, »Wehe, wenn die Schulen schließen« von Corinna Budras.

93 NZZ, 14. Dezember 2020, S. 1, «Schulen warten auf versprochenes Geld« von Anja Stehle.

94 SZ, 14. Mai 2020, S. R9, »Schule in Teilzeit« von Viktoria Spinrad.

95 Spiegel 26/2020, S. 10, »Wir bleiben im Krisenmodus« von Katrin Elger u. a.

96 Spiegel online, 27. Juni 2020, S. 2, »Lehrkräfte haben in der Pandemie zu wenig zurückgegeben« von Swantje Unterberg.

97 SZ, 23. Juni 2020, S. R3, »Tanker gegen Schnellboot« von Viktoria Spinrad.

98 SZ, 8. September 2020, S. R1, »Corona-Warnung noch vor der ersten Stunde« von Ekaterina Kel.

99 Rudolf Kammerl, Professor für Medienpädagogik in Erlangen-Nürnberg, in der SZ vom 4. Mai 2020, S. R9, in »Die großen Unterschiede« von Anna Günther.

100 Die Welt, 9. März 2020, »Corona-Krise legt Defizite an Deutschlands Schulen schonungslos offen« von Inga Michler

101 FAZ, 17. Mai 2020, S. 16, »Lessons as usual« von Anke Schipp.

102 tagesschau.de, 13. Januar 2021, »Fehler im System«: https://www.tagesschau.de/inland/gesellschaft/probleme-digitales-lernen-101.html.

103 Ebenda.

104 SZ, 21. Dezember 2020, S. 23, »Jetzt mal realistisch« von Robert Plötz.

105 Unter www.bitkom.org können die Anwendungen abgerufen werden, mit denen digitaler Unterricht stattfinden kann. https://www.bitkom.org/Themen/Bildung-Arbeit/Anwendungen-digitaler-Unterricht. Siehe auch FAZ, 26. März 2020, S. 8, »Digitales Lernen ersetzt keinen Unterricht« von Heike Schmoll.

106 FAS, 31. Mai 2020, S. 23, »Verlorenes Jahrzehnt« von Inge Kloepfer.

107 Bildungsökonom Ludger Wößmann in Focus 21/20, S. 33, »Die Schwächsten zuletzt« von H. Broeg u. a.

108 FAZ, 14. Mai 2020, S. 6, »Startbeschleunigung mit Tücken« von Michael Felten.

109 Spiegel online, 27. Juni 2020, S. 4, »Lehrkräfte haben in der Pandemie zu wenig zurückgegeben« von Swantje Unterberg.

110 FAZ, 24. Juni 2020, S. 2, »Technik allein genügt nicht« von Heike Schmoll.

111 FAZ, 5. Mai 2020, S. 17, »Der neue Arbeitsalltag der Lehrer« von Lisa Becker.

112 Spiegel 26/2020, S. 12, »Wir bleiben im Krisenmodus« von Katrin Elger u. a.

113 Handelsblatt, 19./20./21. Juni 2020, S. 48, »Die Bildungslücke« von Barbara Gillmann u. a.

114 FAZ, 21. September 2020, S. 4, »Digitalisierung beschleunigen«.

115 SZ, 13. Juli 2020, S. 20, »Unbekanntes Terrain« von Christian Füller.

116 faq-online-lernen.de.

117 fwu-mediathek.de.

118 SZ online, 4. September 2020, Feuilleton, »Schulwunder in Digitalien« von Alex Rühle.

119 teachfromhome.google.

120 www.support.microsoft.com, Schulungspakete für Lehrkräfte.

121 www.BG3000.de, www.smart-camps.de.

122 SZ, 13. Juli 2020, S. 20, »Unbekanntes Terrain« von Christian Füller.

123 SZ, 13. Juli 2020, S. 20, »Unbekanntes Terrain« von Christian Füller.

124 FAS, 29. März 2020, S. 2, »Der Ruhepol Schule fällt komplett weg« von Christian Füller.

125 SZ, 23. März 2020, S. 20, »Mit Geduld und iPad« von Barbara Vorsamer.

126 FAS, 9. August 2020, S. 11, »Es braucht jetzt wirklich guten Fernunterricht« von Julia Schaaf.

127 Tang Institute, Andover, 21. April 2020, »How we are creating an inclusive and reflective learning community…remotely« von Andy Housiaux.

128 Handelsblatt, 19./20./21. Juni 2020, S. 48, »Bildungslücke« von Barbara Gillmann u. a.

129 Spiegel 26/2020, S. 16, »Wir bleiben im Krisenmodus« von Katrin Elter u. a.

130 SZ, 7. September 2020, S. 20, »Wechselstimmung« von Christian Füller.

131 SZ, 22. Mai 2020, »Wir stürzen uns da alle gerade rein« von Martina Scherf.

132 Aufbruch Nr. 20, Lernen und Arbeiten, S. 5/6, »Per Videokonferenz zum Abitur« von Christoph Henn.

133 Spiegel 26/2020, »Wir bleiben im Krisenmodus« von Katrin Elger u. a.

134 FAZ, 11. Dezember 2020, S. 9, »Hier kann man im Lockdown noch etwas lernen« von Uwe Ebbinghaus.

135 FAZ, 26. November 2020, S. 7, »Wer nicht einloggt, wird angerufen« von Heike Schmoll.

136 Spiegel online, 14. Juni 2020, »Neuland ohne Kompass«, S. 2, von Arno Frank.

137 Spiegel online, 14. Juni 2020, »Neuland ohne Kompass«, S. 3, von Arno Frank.

138 FAZ, 26. März 2020, S. 8, »Digitales Lernen ersetzt keinen Unterricht« von Heike Schmoll.

139 Esther Wojcicki und Lance Izumi, »Moonshots in Education«, Pacific Research Institute, 2015, S. 47.

140 SZ, 8. Juni 2020, S. 21, »Lizenz zum Lernen«, von Johannes Nebe.

141 SZ, 11. Juni 2019, S. 20, »Mathe auf der Schule hilft uns überhaupt nicht« von Susanne Klein.

142 SZ, 6. März 2020, S. R5, »Unendliche Weiten« von Jakob Wetz.

143 FAZ, 31. August 2020, S. 22, »Der Lehrplan als Abenteuer« von Bastian Benrath.

144 www.xing.com, »Sieben Tools, mit denen Ihr Kind digital kompetent wird« von Diana Knodel.

145 Focus 16/20, S. 59, »Milliardenmarkt E-Learning« von Corinna Baier u. a.

146 FAZ, 29. Juni 2020, S. 1, »Vormoderne Verhältnisse« von Heike Schmoll.

147 Kostenloser digitaler Unterricht mit www.estonianworld.com, unter Education Nation vermarktet der estnische Staat seine digitale Bildung.

148 FAZ, 19. März 2020, S. 2, »Wir sind nicht in den Ferien« von Michaela Wiegel.

149 FAS, 17. Mai 2020, S. 16, »Lessons as usual« von Anke Schipp.

150 Merkur.de, 5. Mai 2020, »Bavarian International School: Wie Homeschooling wirklich funktioniert«.

151 SZ, 14./15./16. August 2020, S. 10, »Ist das jetzt schon Handysucht?« von Oliver Klasen.

152 Welt.de, 3. Juli 2016, »Ab wann sollte man Kinder an den Computer lassen« von Anja-Maria Meister.

153 Ebenda.

154 FAZ, 31. August 2020, S. 22, »Der Lehrplan als Abenteuer« von Bastian Benrath.

155 www.anahomayoun.com.

156 Handelsblatt online, 18. Juni 2020, S. 2, »Es reicht nicht Schulen irgendwelche Tools zur Verfügung zu stellen« von Larissa Holzki.

157 Siehe auch Club Creo, www.clubcreo.com, 8 Tipps zur Verkürzung der Bildschirmzeit für Kinder.

158 SZ, 4./5. Mai 2019, S. R6, »Raus aus der Hölle«.

159 Welt am Sonntag, 5. Mai 2019, S. 40, »Eltern ermitteln« von Cordula Dernbach.

160 Der Neurowissenschaftler Henning Beck in Focus, 16/20, S. 62, »Wissen muss geheimnisvoll sein«.

161 FAS, 19. Mai 2019, S. 33, »Illusionen der Pädagogik« von Jürgen Kaube.

162 »Lehrer haben einen großen Teil von Schülern dasitzen, die Kleinkinder geblieben sind«, schreibt Michael Winterhoff, der glaubt, »Deutschland verdummt«, Stern, 20. Mai 2019.

163 Focus 21/20, S. 33 »Die Schwächsten zuletzt« von H. Broeg u. a.

164 Welt.de, 13. Mai 2018, S. 5, »Verhaltensauffällig: Überforderte Eltern, schwierige Kinder – die Erziehungsmisere«, von Ricarda Breyton.

165 FAZ, 29. September 2020, S. 9, »Prävention statt Nachsorge« von Astrid Mannes.

166 Deutsches-Schulportal.de, 3. Dezember 2019, S. 1, »Jeder fünfte 15-Jährige liest auf Grundschulniveau« von Annette Kuhn.

167 FAS, 15. Dezember 2019, S. 33, »Wozu noch lesen« von Mark Siemons.

168 FAS, 15. Dezember 2019, S. 33, »Wozu noch lesen« von Mark Siemons.

169 Zeit online, 26. Dezember 2019, »Gebt den Kindern einen Grund zum Lernen« von Verena Friederike Hasel.

170 FAS, 10. Januar 2021, S. 36, »Nicht auf dem Lehrplan« von Caroline Jebens.

171 FAZ, 12. Dezember 2019, S. 6, »Leselust statt Lesefrust« von Alexandra Marx.

172 FAS, 10. Januar 2021, S. 36, »Nicht auf dem Lehrplan« von Caroline Jebens.

173 FAZ, 29. September 2020, S. 9, »Prävention statt Nachsorge« von Astrid Mannes.

174 Siehe hierzu mein Buch »Wo bitte geht's nach Stanford?«, Beltz Verlag, 2017, S. 33 ff.

175 Deutsches-Schulportal.de, 3. Dezember 2019, S. 3, »Jeder fünfte 15-jährige liest auf Grundschulniveau« von Annette Kuhn.

176 SZ, 19. Oktober 2020, S. 19, »Im Blindflug« von Alex Rühle.

177 Wissen online, 14. Juni 2020, »Was ist eine Hauptschule? Vorteile und Schwierigkeiten« von Sarah Dreyer.

178 SZ, 19. Oktober 2020, S. 19, »Im Blindflug« von Alex Rühle.

179 Hamburger Bücherkoffer: Von Buchstaben, die in vielen Sprachen und bunten Koffern zu kleinen und großen Menschen rollen, um für mehr Lesefreude und Bildungschancen zu sorgen, Geschäftsbereich 2019, S. 1–60.

180 FAZ, 17. September 2020, S. 6, »Fremdsprachenunterricht neu denken« von Dirk Siepmann.

181 FAZ, 17. September 2020, S. 6, »Fremdsprachenunterricht neu denken« von Dirk Siepmann.

182 Spiegel online, 2. September 2019, »Wer in der Schule Latein hatte, gilt als höher gebildet« von Heike Klovert.

183 Manuskript »Mission Zukunft« von Dr. Hubertus Hoffmann, 2020, S. 195.

184 Wissen online, 14. Juni 2020, »Was ist eine Hauptschule? Vorteile und Schwierigkeiten« von Sarah Dreyer.

185 FAZ, 3. März 2020, S. 9, »Chancengleichheit am Saxophon« von Johanna Christner.

186 Die Welt Forum online, 20. April 2007, »Die Hauptschule ist ein Skandal« von Reinhard Kahl.

187 SZ, 3. Juli 2020, S. 5, »Weniger Tabakwerbung, mehr Zeit in der Schule« von dpa.

188 SZ, 20. Mai 2019, S. 14, »Die Stunde des Kängurus« von Jan-Martin Wiarda.

189 FAZ Podcast, »Wenn fast kein Schüler mehr Deutsch spricht« von Timo Steppat.

190 Handelsblatt, 27. Januar 2020, S. 10, Stefanie Hubig im Interview mit Barbara Gillmann, »In Mangelfächern stellen wir sie auch ein«.

191 FAZ 19. Oktober 2020, S. 1, »Unvergleichbares Abitur« von Heike Schmoll.

192 Handelsblatt online, 3. September 2019, S. 2/3, »Flickenteppich Schulsystem: FDP fordert zentrale Prüfungen für Abitur und Mittlere Reife« von Barbara Gillmann.

193 FAZ, 5. März 2020, S. 6, »Das Volk soll abstimmen« von Mathias Brodkorb und Katja Koch.

194 FAZ, 1. Juli 2020, S. 5, »Tricksen an den Noten« von Heike Schmoll.

195 »Der Abiturbetrug. Vom Scheitern des deutschen Bildungsföderalismus« 2020.

196 FAZ, 3. September 2020, S. 4, »Unbedingt vergleichen« von Timo
Steppat.

197 Welt online, 18. Mai 2014, S. 2, »Den Lehrplan entrümpeln« von
Insa Gall.

198 FAS, 26. April 2020, S. 4, »Weniger Abiturienten braucht das
Land« von F. P.

199 FAZ, 28. März 2020, S. 1, »Föderalismus heißt Ungleichheit« von
Jürgen Kaube.

200 FAZ, 3. September 2020, S. 4, »Unbedingt vergleichen« von Timo
Steppat.

201 Welt online, 15. Mai 2014, S. 3, »Den Lehrplan entrümpeln« von
Insa Gall.

202 SZ, 6. Juli 2020, S. 19, »Mit Abstand die Besten« von Paul Munzinger.

203 Thomas Sattelberger, in »Bildung muss Talent-Biotop sein«,
Podcast von Gabor Steingart, 24. Juli 2020.

204 FAZ, 28. November 2019, S. 6, »Schreiben fördern muss die
gesamte Universität« von Dagmar Knorr.

205 SZ.de, 1. Juni 2017, »Fast jeder Dritte bricht sein Studium ab«, von
Matthias Kohlmaier.

206 FAZ, 1. Juli 2020, S. 5, »Tricksen an den Noten« von Heike
Schmoll.

207 Statista online, 17. September 2020, Anteil der Schulabsolven-
ten/-innen mit allgemeiner Hochschulreife in Bremen bis 2019.

208 Deutsche Unternehmerbörse, »Mein Job hat Zukunft«, »Maschinen machen Arbeit menschlicher«, S. 9, http://www.jdb.de/
dub/201906/epaper-DUB_Kiosk_6.19/#0. Linguamarina: 23 Jobs
of the future. www.cognizant.com: 21 jobs of the future.

209 FAZ, 15. Mai 2019, S. 7, »Das sind Profis wie im Sport« von
Norman Bitterlich.

210 Die Welt, 17. Mai 2019, S. 2, »Schule verblödet« von Jürgen Kaube.

211 www.xing.com, »Auf zu neuen Ufern – starten wir heute die
Schule von morgen« von Verena Pausder.

212 SZ, 7. September 2020, S. 20, »Wechselstimmung« von Christian
Füller.

213 Podcast von Gabor Steingart, 24. Juli 2020, »Bildung muss
Talent-Biotop sein«.

214 Zeit online, 26. Dezember 2019, »Gebt den Kindern einen Grund zum Lernen« von Friederike Hasel.

215 SZ, 27. November 2020, S. 5, »Behäbigkeit« von der Schriftstellerin Jagoda Marinic.

216 Spiegel online, 30. Juni 2018, »Entrümpelt die Lehrpläne!« von Julian Nida-Rümelin u. a.

217 SZ.de, 12. Dezember 2019, »Herzen und Hirne« von Klaus Zierer.

218 Zeit Campus online, 1. April 2020, »Schule, du hast ein Problem!« von Klaus Zierer.

219 Bildungsklick online, 29. Mai 2008, S. 6, »Wie macht man Entrümpelung der Lehrpläne richtig« von Ulrich Herrmann.

220 Bildungsklick online, 29. Mai 2008, S. 5, »Wie macht man ›Entrümpelung‹ der Lehrpläne und Schulzeitverkürzung für das G8 richtig?« von Ulrich Herrmann.

221 FAZ, 11. Dezember 2020, S. 9, »Hier kann man im Lockdown noch etwas lernen« von Uwe Ebbinghaus.

222 Schulbroschüre der Bavarian International School, Welcome to BIS, Believe. Inspire. Succeed, S. 16/17.

223 Frankfurter Allgemeine Spezial, Internate und Privatschulen, S. 10, »Die digitale Schere« von Kim Berg.

224 SZ, 24. Januar 2020, S. 18, SZ Spezial Lernen, »Trainer statt Dozent« von Christiane Bertelsmann.

225 SZ, 23. März 2020, S. 20, »Mit Geduld und iPad« von Barbara Vorsamer.

226 FAZ, 11. Dezember 2020, S. 9, »Hier kann man im Lockdown noch etwas lernen« von Uwe Ebbinghaus.

227 »Moonshots in Education« von Esther Wojcicki und Lance Izumi, Pacific Research Institute, 2015, S. 68.

228 SZ online, 4. September 2020, S. 1, »Schulwunder in Digitalien« von Alex Rühe.

229 https://www.actonacademy.org.

230 Esther Wojcicki, »How to raise successful People«, Houghton, Mifflin, Harcourt 2019, und Esther Wojcicki und Lance Izumi »Moonshots in Education« Pacific Research Institute, 2015..

231 »Moonshots in Education« von Esther Wojcicki und Lance Izumi, S. 24.

一

232 SZ, 24./25./26. Dezember 2019, S. R14, »Von wegen Sparmodell« von Anna Günther.

233 FAS, 19. Mai 2019, S. 33, »Illusionen der Pädagogik« von Jürgen Kaube.

234 Die Welt, 17. Mai 2019, S. 2, »Schule verblödet« von Jürgen Kaube.

235 www.sachsen.schule. Comenius-Institut, Juni 2004, »Fachübergreifender und fächerverbindender Unterricht«. www.connecticum.de, November 2016, »Interdisziplinärer Unterricht in deutscher Grundschule«.

236 www.bildungsluecke.net, 26. März 2016, »Woran fächerübergreifender Unterricht scheitert«.

237 www.riffreporter.de, »Wir vermiesen vielen Schülern die Mathematik«.

238 FAZ, 6. August 2020, S. 8, »Furcht und Elend des Deutschunterrichts« von einem Deutschlehrer an einem bayerischen Gymnasium.

239 Focus 28/20, S. 64, »Der ultimative Krisenratschlag lautet: Helfen macht glücklich« von Elke Hartmann-Wolff.

240 Martin Seligman, »Wie wir aufblühen«, Goldmann 2015, S. 122.

241 Martin Seligman, »Wie wir aufblühen«, Goldmann 2015.

242 Ebenda, S. 64.

243 Ebenda, S. 40.

244 Ebenda, S. 41.

245 Ebenda, S. 134.

246 FAS, 1. Dezember 2019, S. 26, »So ticken die Erfolgreichen« von Hanno Beck.

247 https://de.wikipedia.org/wiki/Belohnungsaufschub.

248 Einfühlungsvermögen, Kooperation, positives Durchsetzungsvermögen, Selbstkontrolle.

249 Martin Seligman, »Wie wir aufblühen«, S. 119 ff.

250 Innovator 1/2020, The Red Bulletin, S. 77 ff., S. 75, »Keine Angst vor KI« von Jürgen Schmieder.

251 Martin Seligman, »Wie wir aufblühen«, S. 129 ff.

252 Ebenda, S. 169.

253 Ebenda, S. 171.

254 Ebenda, S. 175.

255 Ebenda, S. 181.

256 www.t-online.de, 5. Februar 2013, »So erziehen Sie Ihr Kind zum Optimisten« von Simone Blaß.

257 Focus 28/20, S. 64, »Der ultimative Krisenratschlag lautet: Helfen macht glücklich« von Elke Hartmann-Wolff.

258 SZ, 25./26. April 2020, S. 50, »Fehler frei« von Julia Rothhaas und Tanja Rest.

259 Innovator 1/2020, S. 77 ff., »So bleibst du fit für die Zukunft« von Michael Moorstedt.

260 www.freecodecamp.org.

261 FAZ, 10. März 2020, S. 5.

262 Zitiert nach: Bildungsklick.de, 29. Mai 2008, »Wie macht man ›Entrümpelung‹ der Lehrpläne und Schulzeitverkürzung für das G8 richtig?«, S. 6/7, von Dr. Ulrich Herrmann.

263 Stern online, 29. Mai 2019, Michael Winterhoff in »Lehrer haben einen großen Teil von Schülern da sitzen, die Kleinkinder geblieben sind«.

264 FAZ, 3. März 2020, S. 9, »Chancengleichheit am Saxophon« von Johanna Christner.

265 www.Rolandbergerstiftung.org.

266 Programm AIM Bildungskonferenz 2019, S. 45.

267 https://www.sptg.de/projekte/unsere-themen/bildung/diesterweg-stipendium/.

268 www.ggs.vic.edu.au.

269 Martin Seligman, »Wie wir aufblühen«, S. 134.

270 Zeit online, 26. Dezember 2019, S. 4, »Gebt den Kindern einen Grund zum Lernen« von Verena Friedericke Hasel.

271 www.xing.com, »Wir müssen kreative Menschen ausbilden, keine Roboter«, S. 2, von Andreas Schleicher.

272 Thomas Sattelberger in »Bildung muss Talent-Biotop sein«, Podcast von Gabor Steingart, 24. Juli 2020.

273 »Schulen im Aufbruch« von Magret Rasfeld und Stephan Breidenbach, Kösel 2019, S. 65.

274 Zeit online, 8. Dezember 2016, » Estland. Die Lehrer müssen bereit sein, zu lernen« von Veronika Völlinger.

275 www.xing.com, »Kinder müssen lernen, wie Elon Musk und Jeff Bezos zu denken«, S. 1 und 2, von Frank Thelen.

276 FAZ, 15. Oktober 2020, S. 7, »Was im Unterricht wirkt« von Rainer Werner.

277   Zeit online, 26. Dezember 2019, »Gebt den Kindern einen Grund zum Lernen« von Friederike Hasel.

278   Spiegel 18/2020, S. 16, »Der deutsche Leerplan« von Susmita Arp u. a.

279   Handelsblatt, 20. November 2019, S. 14, »Der lange Weg zur Chancengleichheit« von Philipp Frohn.

280   FAS, 16. August 2020, S. 10, »O Captain! My Captain!« von Sebastian Eder und Timo Steppat.

281   FAS vom 16. August 2020. Zitiert nach: https://www.klartext.la/was-macht-einen-guten-lehrer-aus/.

282   Amanda Ripley, »The smartest kids in the world«, Simon & Schuster 2013, S. 211.

283   Focus 16/20, S. 62, der Neurologe Henning Beck in »Wissen muss geheimnisvoll sein«.

284   SZ, 16./17. November 2019, S. R15, »Haltung einnehmen« von Anna Günther.

285   FAZ, 14. Mai 2020, S. 6, »Startbeschleunigung mit Ticken« von Michael Felten.

286   www.xing.com, »Vier Thesen zur Bildung der Zukunft« von Hubertus Poschen.

287   Die Zeit, 6. August 2020, S. 26, »Bereit für den Unterricht« von Martin Spiewak.

288   FAZ, 10. Juni 2020, S. 8, »Weltfremde Lehrer« von Heike Schmoll.

289   FAZ, 17. August 2020, S. 1, »Werte des Lebens« von Reinhard Müller.

290   FAS, 16. August, S. 18, »Fordert die Lehrer« von Marcus Theurer.

291   Die Zeit, 6. August 2020, S. 25, Nationale Wissenschaftsakademie Leopoldina in »Bereit für die Schüler« von Manuel Hartung.

292   SZ, 11. August 2020, S. R9, »Den meisten Schulen fehlt schnelles Internet« von KAU.

293   Welt.de, 3. Juli 2016, »Ab wann sollte man Kinder an den Computer lassen«, S. 6, von Anja-Maria Meister.

294   FAZ, 17. August 2020, S. 1, »Werte des Lebens« von Reinhard Müller.

295   FAZ, 6. August 2020, S. 8, »Furcht und Elend des Deutschunterrichts« von Anonym.

296   Spiegel 18/2020, S. 16, Andreas Schleicher in »Der deutsche Leerplan«.

297 FAZ, 15. Oktober 2020, S. 7, »Was im Unterricht wirkt« von Rainer Werner.

298 Die Zeit, 6. August 2020, S. 26, »Bereit für den Unterricht« von Martin Spiewak.

299 FAS, 1. Dezember 2019, S. 11, »Auf welche Weise willst Du scheitern« von Theresa Weiß.

300 FAZ, 19. Oktober 2020, S. 1, »Unvergleichbares Abitur« von Heike Schmoll.

301 SZ, 19. Oktober 2020, S. 19, »Im Blindflug« von Alex Rühle.

302 FAZ, 15. Oktober 2020, S. 7, »Nicht bloß Elitenförderung« von Heike Schmoll.

303 Die Zeit, 10. September 2020, S. 64, »Mir kommt das teilweise wie Massenabfertigung vor« von Nataly Bleuel u. a.

304 FAZ, 3. September 2020, S. 4, »Unbedingt vergleichen« von Timo Steppat.

305 FAZ, 19. September 2020, S. 2, »Gefangen in der föderalen Sackgasse« von Heike Schmoll.

306 SZ, 12. Oktober 2020, S. 20, »Defizit im System« von Paul Munzinger.

307 FAZ, 19. September 2020, S. 2, »Gefangen in der föderalen Sackgasse« von Heike Schmoll.

308 SZ, 26. Oktober 2020, S. 22, »Zehn Jahre lang verschlafen« von Christian Füller.

309 www.xing.org, »Lehrer und Lehrerinnen müssen auf Eignung geprüft werden«, S. 2, von Sigrid Wagner.

310 www.xing.org, »Auf zu neuen Ufern – starten wir heute die Schule von morgen!«, S. 3, von Verena Pausder.

311 www.xing.com, »Barcamps in Schulen, statt Lehrpläne von gestern« von Dejan Mihajlovic.

312 Deutsches-Schulportal.de, 18. Juni 2020, »Es ist Zeit, Schulleitungen zu stärken«, S. 3, von Markus Pietsch und Pierre Tulowitzki.

313 Jim Collins, »Good to Great« in »The smartest kids in the world«, Amanda Ripley, Simon & Schuster 2013.

314 Stern online, 15. Dezember 2019, »Am unteren Ende der Statusskala: Warum in Deutschland mehr als 1000 Schulleiter fehlen«.

315 SZ, 2. Juli 2020, S. R11, »Konzept mit Handlungsbedarf« von Anna Günther.

316 SZ, 12. Oktober 2020, S. 20, »Defizit mit System« von Paul Munzinger.

317 FAZ online, 2. August 2020, »Der Lehrermangel wird noch größer« von Lisa Becker.

318 FAS, 1. Dezember 2019, S. 12, »Auf welche Weise wirst du scheitern« von Theresa Weiß.

319 FAZ, 14. November 2020, S. 22, »Im traditionellen Lehren verhaftet« von Lisa Becker.

320 #twitterlehrerzimmer.

321 Handelsblatt, 20. November 2019, S. 14, »Der lange Weg zur Chancengleichheit« von Philipp Frohn.

322 SZ, 19. Oktober 2020, S. 19, »Im Blindflug« von Alex Rühle.

323 SZ, 4. Mai 2020, S. R9, »Die großen Unterschiede« von Anna Günther.

324 Handelsblatt, 24./25./26. Januar 2020, S. 14, Ludger Wößmann, Professor für Volkswirtschaft an der LMU München und Leiter des Ifo-Zentrums für Bildungsökonomie, in »Boom an Privatschulen« von Kirstin von Elm.

325 FAZ, 6. August 2020, S. 8, »Furcht und Elend des Deutschunterrichts« von Anonym.

326 www.alphajump.de.

327 Margret Rasfeld und Stephan Breidenbach, »Schulen im Aufbruch«, Kösel 2019, S. 62.

328 Ebenda, S. 60.

329 t-online.de, 5. Februar 2013, »Jeder ist anders – und das ist gut so! So lernen Kinder soziale Toleranz« von Nicola Wilbrand-Donzelli.

330 SZ, 12. Dezember 2019, S. R4, »Damit die Schule nicht mehr krank macht« von Jakob Wetzel.

331 t-online.de, 5. Februar 2013, »Jeder ist anders – und das ist gut so! So lernen Kinder soziale Toleranz« von Nicola Wilbrand-Donzelli.

332 Deutsches-Schulportal.de, 4. Februar 2020, »Erste Schritte, wenn ein Kind über Mobbing klagt« von Annette Kuhn.

333 SZ, 20. November 2019, S. R2, »Das Leid zieht Kreise« von Jakob Wetzel.

334 SZ, 21. Dezember 2020, S. R5, Hans Michael Miller, 20 Jahre Schulleiter, in »Mebis – schlecht in Form und meistens platt«.

335 SZ, 11. Dezember 2020, S. R17, »Streiten lernen« von Julia Bergmann.

336 SZ, 28. Oktober 2020, S. R2, »Man rechnet sich die Zahlen schön« von Jakob Wetzel.

337 Lauf-gegen-den-Hunger.de.

338 www.uwc.org, Tomorrow's Leaders start today. A Guide to alternative School Experiences for future Changemakers.

339 Ebenda.

340 FAS, 10. Mai 2020, S. 36, »Wer hart trainiert, kann auch hart denken« von Michael Eder.

341 »Sport spielt an amerikanischen Schulen eine wesentliche Rolle«, auf: de.usembassy.gov/de/sport-an-schulen/.

342 FAZ.net, 15. März 2020, S. 2, »Urteilsvermögen und Handlungs-fähigkeit« von Thomas Köhler u. a.

343 Siehe hierzu Schule 4.0, Roland Berger Stiftung, Regina Pötke, S. 3 ff.

344 FAZ, 3. März 2020, S. 9, »Urteilsvermögen und Handlungsfähig-keit, Bildungspolitik für die Bürgergesellschaft im 21. Jahrhun-dert« von Thomas Köhler, Andreas Rödder und Bettina M. Wiesmann.

345 FAZ, 10. März 2020, S. 4, »Hohe Arbeitsbelastung für Lehrer. Studie: 95 Prozent empfinden Leistungsunterschiede der Schüler als größtes Problem«.

346 Zeit.de, 21. Mai 2020, »Schule unter Verdacht« von Benjamin Edelstein.

347 FAZ Verlagsspezial »Internate und Privatschulen«, Januar 2021, S. 11, »Kinder- und Jugendkultur ist Medienkultur« von Kim Berg.

Mutiger Blick
auf die Zukunft

Corona, die bisher größte Menschheitskrise im 21. Jahrhundert, wird unsere Zukunft radikal verändern. Der renommierte Trendforscher Daniel Dettling argumentiert dafür, der verbreiteten Zukunftsangst mit Intelligenz zu begegnen und den Corona-Effekt zu nutzen, um Gesellschaft, Wirtschaft und Demokratie neu zu erfinden. In seiner fundierten Analyse bietet er Orientierungshilfe und beschreibt, wie wir die Herausforderungen und Chancen der neuen digitalen Welt kreativ nutzen können, um nicht Opfer, sondern Gestalter unserer Zukunft zu werden.

Daniel Dettling
ZUKUNFTSINTELLIGENZ
240 Seiten · ISBN 978-3-7844-3571-8
Auch als E-Book erhältlich

LANGENMÜLLER

langenmueller.de

Orientierungshilfe
für die digitale Welt

Alle reden über KI (Künstliche Intelligenz) — aber was ist das eigentlich? Wo wird sie heute schon eingesetzt und welche Folgen erwachsen daraus? Jaromir Konecny klärt uns auf — allgemeinverständlich und humorvoll. Mit vielen Anekdoten aus der Forschung und Anwendung, ganz ohne komplizierte Formeln. Er erklärt, wie KI-Programme funktionieren, wozu wir sie brauchen und wo die eigentlichen Probleme, Chancen und Risiken von Künstlicher Intelligenz liegen.

Jaromir Konecny
IST DAS INTELLIGENT ODER KANN DAS WEG?
208 Seiten · ISBN 978-3-7844-3541-1
Auch als E-Book erhältlich

langenmueller.de